本书系国家社科基金重大项目“百年南海疆文献资料的发掘与整理研究”（18ZDA193）、
教育部人文社会科学研究青年基金项目“国际争端预防与解决中第三方介入问题研究”（22YJC820007）、
河南省高校人文社会科学研究一般项目“国际争端预防与解决中第三方介入问题研究”（2023-ZDJH-008）、
河南财经政法大学科研项目“海洋权益争端解决中的参加制度研究”（803211）资助。

Research on Third-party Intervention in the Prevention and Settlement of International Disputes

国际争端预防与解决中第三方介入问题研究

丁洁琼 著

法律出版社
LAW PRESS·CHINA
北京

图书在版编目（CIP）数据

国际争端预防与解决中第三方介入问题研究 / 丁洁琼著. -- 北京 : 法律出版社, 2024. -- ISBN 978 - 7 - 5197 - 9652 - 5

Ⅰ. D815

中国国家版本馆 CIP 数据核字第 20243QD920 号

国际争端预防与解决中第三方介入问题研究
GUOJI ZHENGDUAN YUFANG YU JIEJUEZHONG DISANFANG JIERU WENTI YANJIU

丁洁琼 著

责任编辑 黄倩倩 孔明林
装帧设计 臧晓飞

出版发行 法律出版社
编辑统筹 学术·对外出版分社
责任校对 王晓萍
责任印制 胡晓雅 宋万春
经　　销 新华书店

开本 A5
印张 11　**字数** 250 千
版本 2024 年 11 月第 1 版
印次 2024 年 11 月第 1 次印刷
印刷 唐山玺诚印务有限公司

地址:北京市丰台区莲花池西里 7 号(100073)
网址:www.lawpress.com.cn
投稿邮箱:info@lawpress.com.cn
举报盗版邮箱:jbwq@lawpress.com.cn

销售电话:010 - 83938349
客服电话:010 - 83938350
咨询电话:010 - 63939796

书号:ISBN 978 - 7 - 5197 - 9652 - 5
定价:58.00 元

凡购买本社图书,如有印装错误,我社负责退换。电话:010 - 83938349

目录

绪　论

第一节　选题说明

国际法是人类理性构建世界秩序的智慧结晶。国际裁判,要关注案外第三方的国际法程序性权利。

书中的第三方,指国际争端解决中当事方之外的第三方,主要指国家。根据类型不同,第三方可以分为“普通第三方”和“不可或缺第三方”(indispensable parties)。

书中的“不可或缺第三方原则”,使用“第三方”,而非“第三国”,是因为“东帝汶案”中,个别法官意见表明,该规则的适用主体范围可以扩大,不仅仅指国家。

国际争端解决中的“第三方介入制度”,可追溯至国内裁判程序。在国内现有研究成果中,也被译作“参加制度”。

国际法院审理案件,主要依据《国际法院规约》和《国际法院规则》。《国际法院规约》是 1945 年 6 月 26 日《联合国宪章》的组成部分。《国际法院规约》和《国际法院规则》的中文版本,在国际法院网站上均可下载。《国际法院规则》于 1978 年 4 月 14 日通过,7 月 1 日生效。

国际海洋法法庭审理案件,主要依据《国际海洋法法庭规约》和《国际海洋法法庭规则》。《国际海洋法法庭规约》是《联合国海洋法公约》的组成部分,生效时间是 1994 年 11 月 16 日。《国际海洋法法庭规则》于 1997 年 10 月 28 日通过,此后于 2001 年 3 月 15 日,2001 年 9 月 21 日,2009 年 3 月 17 日,2018 年 9 月 25 日,2020 年 9 月 25 日,2021 年 3 月 25 日分别做出修改。《国际海洋法法庭规约》和《国际海洋法法庭规则》的英文版本,在国际海洋法法庭网站上均可下载。

一、维护国家领土权益的需要

古罗马哲学家西塞罗曾说过"谁控制了海洋就控制了全世界",美国的海权论创始人 A. T. 马汉(Alfred Thayer Mahan)在《海权对历史的影响》①这本书中认为海权的重要意义是国家间权利争端的核心。欧美海权思想均深深地植入日本的海洋国家意识当中,以吉田茂(よしだしげる)、福泽俞季(ふくざわゆきち)、高阪征遥(こうさかまさたか)为代表的日本海洋国家论者积极主张日本"脱亚入欧",同英国、美国等海洋大国建设友好的关系。中国作为一个世界大国,应当始终坚持自己的立场,拒绝

① Alfred Thayer Mahan, The Influence of Sea Power Upon History 1660 - 1783, Published in 1980. 中文译本[美]A. T. 马汉:《海权对历史的影响》,安常容、成忠勤译,中国人民解放军出版社 1997 年版。

参与威胁国家利益的仲裁或诉讼,因此否认法庭的管辖权成为极其重要的应对措施之一。通过查阅多种资料,发现不可或缺第三方规则源于第三方介入制度。在第三方介入制度的历史发展和演变中,如果在一个案件中存在不可或缺第三方,同时该第三方不同意介入该案件中去,那么法庭将失去对该案的管辖权,即使已经审判结束,审判结果也变得毫无意义。由此,笔者对国际争端中第三方介入问题产生了浓厚的研究兴趣,沿着上述思路,一步一步地去探索研究。

第三方介入制度的起源是在1875年,当时国际法研究会(the Institute of International Law)采纳了《国际仲裁规则》(the Règlement for International Arbitration)第16条的内容。1920年常设国际法院由国际联盟主持设立,1945年6月26日,国际法院由在旧金山签署的《联合国宪章》(United Nations Charter)设立,作为联合国的主要裁决机关,国际法院的运作依据为《国际法院规约》(Statute of the International Tribunal for the Law of the Sea)和《国际法院规则》(The Rules of the International Tribunal for the Law of the Sea),《国际法院规约》是《联合国宪章》的其中一部分。《国际法院规约》第62条[①]规定了基于法院许可的第三方介入制度,《国际法院规约》第63条[②]规定了基于条约解释的第三方介入制度,《国际法院规则》对相应的程序进行了细化规定。由此可见,第三方介入制度的起源并非来自国际法院,介入制度

① 《国际法院规约》第62条规定:一、某一国家如认为某案件之判决可影响属于该国具有法律性质之利益时,得向法院声请介入。二、此项声请应由法院裁决之。

② 《国际法院规约》第63条规定:一、凡协约发生解释问题,而诉讼当事国以外尚有其他国家为该协约之签字国者,应立由书记官长通知各该国家。二、受前项通知之国家有介入程序之权;但如该国行使此项权利时,判决中之解释对该国具有同样拘束力。

不仅存在于国际法院的诉讼程序。第三方介入制度的发展和演变在国际诉讼和仲裁程序的发展中也有所体现,二者是一体化的。研究第三方介入制度需要综合分析和评价第三方介入制度的立法史和制度发展史。第三方介入制度之所以设定,是为了确保国际裁决程序的公平、平等和法治等价值,让国际裁决程序在定纷止争的过程中所作出的裁判带来的影响尽量限制在争端国之内。但是,国际之间的争端往往会牵涉第三方的利益,这也是由国际争端的自身性质决定的,很多纠纷,尤其是国际海洋争端中,国际争端解决机构的裁判无法确保仅限于诉讼当事国,裁决将很可能影响数个第三方的利益,此时只有第三方介入裁决程序,才会尽可能地缩小裁决对第三方不公平性的影响。第三方介入制度的发展历史时间较长,但却在国际裁决实践中长期处于沉寂状态,停滞不前。第三方介入制度直到20世纪90年代才有了实质性的发展。在国际海洋争端中,根据提起诉讼时间的先后顺序,依次为:1981年1月30日突尼斯诉阿拉伯利比亚人民社会主义民众国大陆架案,①马耳他依据《国际法院规约》第62条请求介入,国际法院驳回介入请求;1983年10月24日阿拉伯利比亚人民社会主义民众国诉马耳他大陆架案,意大利依据《国际法院规约》第62条的请求介入,国际法院予以驳回;1989年11月17日萨尔瓦多诉洪都拉斯陆地、岛屿和海上边界争端案,②尼加拉瓜依据《国际法院规约》第62条,申请以非当事国(non-party)身份介入,获得国际法院的允许;1991年2月22日葡萄牙诉澳大利

① Continental Shelf (Libyan Arab Jamahiriya/ Malta), apply to intervene by Italy in 1983.

② Land, Island and Maritime Frontier Dispute (El Salvador/ Honduras), apply to intervene by Nicaragua in 1989.

亚东帝汶案，由于东帝汶是不可或缺第三方，且东帝汶没有申请介入，因此国际法院对案件不具有管辖权；1995 年 8 月新西兰诉法国，依 1974 年核试验案判决第 63 段请求审查情势案，澳大利亚、萨摩亚、所罗门群岛、马绍尔群岛和密克罗尼西亚联邦依据《国际法院规约》第 62 条的申请介入，国际法院予以驳回；1999 年 6 月 30 日喀麦隆诉尼日利亚陆地和海洋疆界案，①赤道几内亚依据《国际法院规约》第 62 条请求介入，国际法院予以准许；2001 年 3 月 13 日印度尼西亚诉马来西亚对利吉坦岛和锡帕丹岛的主权案，②菲律宾依据《国际法院规约》第 62 条申请介入，国际法院驳回申请；2001 年 12 月 6 日尼加拉瓜诉哥伦比亚领土与海洋争端案，③根据《国际法院规约》第 62 条的内容，哥斯达黎加在 2010 年 2 月 25 日申请以非当事国身份介入本案，被国际法院拒绝，洪都拉斯在 2010 年 6 月 10 日请求以当事方身份或者以非当事国身份介入案件，国际法院没有准许。2012 年 11 月 20 日澳大利亚诉日本南大洋捕鲸案，新西兰依据《国际法院规约》第 63 条的申请介入，国际法院准许介入。

在国际法院涉及第三方介入制度的所有判例中，国际法院在早期几乎全部拒绝了第三方的介入申请，除了 1951 年 3 月 13 日哥伦比亚诉秘鲁的哈雅德拉托雷案，古巴依据《国际法院规约》第 63 条的申请介入，获得国际法院的准许，在此后的数十年间没

---

① Land and Maritime Boundary between Cameroon and Nigeria, apply to intervene by Equatorial Guinea in 1999.

② Sovereignty over Pulau Ligitan and Pulau Sipadan (Indonesial/ Malaysia), apply to intervene by Philippines in 1998.

③ Territorial and Maritime Dispute (Nicaragua v. Colombia), separately apply to intervene by Costa Rica and Honduras in 2010.

有准许第三方介入的判例，直到 1989 年 11 月 17 日萨尔瓦多诉洪都拉斯陆地、岛屿和海上边界争端案，尼加拉瓜依据《国际法院规约》第 62 条，申请以非当事国身份介入，在 1990 年 2 月 28 日获得国际法院的允许，并且该案是一个涉及国际海洋争端的案件。这一历史性的转折并非偶然，而是源于国际法院针对第三方介入制度进行了新的法理解释。之后，国际法院又相继在 1999 年 10 月 21 日作出允许赤道几内亚介入喀麦隆诉尼日利亚的陆地和海洋疆界案的命令，2011 年 7 月 4 日作出希腊以非当事方身份介入德国诉意大利国家的管辖豁免案的命令，2013 年 2 月 6 日作出允许新西兰介入澳大利亚诉日本南大洋捕鲸案的命令。第三方介入制度是国际法院诉讼程序中的一个附带程序（incidental proceeding），但是它所体现的国际法的公正、平等和法治的意义非同小可，第三方介入制度的发展和演变极大地推进了国际裁决程序的完善，推动了国际争端和平解决的进程，尤其在当今世界各国日益注重捍卫自己海洋权益的时代背景下，第三方介入制度将会在国际裁决实践中取得更快的发展。

在第三方介入制度的历史发展中，又衍生出一个极其重要的新的问题，即不可或缺第三方规则，并且其朝着成为习惯国际法的方向不断发展，形成了一种新的国际法制度。在国际法院时期，与不可或缺第三方有关的案件有以下几个：根据诉讼提起的时间先后顺序，依次为 1953 年 5 月 19 日意大利诉法国、英国、美国货币黄金案，涉及的第三方是阿尔巴尼亚，法院于 1954 年 6 月 15 日作出判决，认为法院不具有管辖权；1986 年 7 月 28 日尼加拉瓜诉洪都拉斯边界和跨边界武装行动案，法院于 1988 年 12 月 20 日作出判决，该案中本身不存在不可或缺第三方规则，但是在施韦贝尔法官的个人意见中提到“声称与其他三个国家实行集体自卫的美国,则强调它们是不可或缺的当事方,法院在它们缺席的条件下不能进行审理”,最终法院认定对案件具有管辖权;1989年5月19日瑙鲁诉澳大利亚瑙鲁境内的一些磷酸盐地案,涉及的第三方是新西兰和联合王国,最后法院在1992年6月26日认定对案件具有管辖权;1991年2月22日葡萄牙诉澳大利亚东帝汶案,涉及的第三方是东帝汶,法院于1995年6月30日作出判决,认定对该案不具有管辖权。1943年国际法院在对货币黄金案的判决中确立了“由于阿尔巴尼亚的法律利益不但会受到判决的影响,而且构成本案裁决的标的(the very subject-matter),因此在缺乏第三国即阿尔巴尼亚同意的条件下,国际法院不能作出任何关于阿尔巴尼亚国际责任的裁定”。[①] 货币黄金案体现了国家同意原则(the principle of consent of states),一般情况下,国家同意原则针对的是争端当事国两方,而1943年货币黄金案证明了国家同意原则对第三国也一样适用。国家同意原则是《国际法院规约》的一个基本原则,意为不能未经国家同意而管辖这些国家之间的纠纷,该原则除了体现在1943年的货币黄金案之外,还体现在1984年阿拉伯利比亚人民社会主义民众国诉马耳他大陆架案、1984年尼加拉瓜诉美国军事与准军事行动案。国家同意原则源于《联合国宪章》和国际法院的审判理论与裁决实践,是现代国际法中的一个重要原则。

1989年5月19日瑙鲁诉澳大利亚瑙鲁境内的一些磷酸盐地案,涉及的第三方是新西兰和联合王国。针对新西兰与联合王国均非诉讼当事方的反对意见,法院予以驳回,瑙鲁没有针对新西兰与联合王国提起诉讼,仅针对澳大利亚提起诉讼,虽然在先的

① ICJ Reports 1954, p. 32.

国际联盟和之后的联合国,均基于法律上的平等,一起委托了澳大利亚、新西兰与联合王国这3个国家管理瑙鲁,最后法院在1992年6月26日认定对案件具有管辖权,罗伯特·詹宁斯爵士院长不同意国际法院驳回澳大利亚对管辖权的反对意见,1920年“英王陛下”授予瑙鲁的委任统治,1947年在托管协定中指定澳大利亚、新西兰和联合王国为管理瑙鲁的联合当局,新西兰与联合王国都是英国磷酸盐专员成员方,且二者和澳大利亚是1967年《堪培拉协定》的共同缔约国,因此新西兰与联合王国的利益与澳大利亚息息相关,国际法院的裁决不但影响到新西兰与联合王国的利益,而且新西兰与联合王国的利益也构成对瑙鲁申请书实质问题裁决的主题事项,也就是说,新西兰与联合王国是该案的不可或缺第三方,同时国际法院的做法违背管辖权的行使基于国家同意原则。施韦贝尔法官在反对意见中认为,国内法的管辖权具有强制性,与之不同,国际法上的管辖权基于争端双方的同意,最主要的先例是货币黄金案,对出庭的双方之间的矛盾进行裁决的时间方面和逻辑方面的先决条件均包括缺席的阿尔巴尼亚的责任问题如何裁定,本案中却没有采用这一观点,国际法院最终认定的确定新西兰与联合王国的责任并非确定澳大利亚责任的前提条件,在这点上,法院区别对待的决定性效力是毫无说服力的,起到决定性意义的是确定出席方的法律权利,是否能够同时有效地确定缺席方的法律权利。法院依据1984年对尼加拉瓜和针对尼加拉瓜的军事和准军事活动案的裁决的做法不恰当,这是因为先前的裁决具有一些错误,在这一案件中尼加拉瓜虽然指出萨尔瓦多、洪都拉斯与哥斯达黎加均严重地参与了违法行为,但仅仅对美国提起诉讼,美国认为自己是与其他三个国家共同进行集体自卫行动,对尼加拉瓜等于武装攻击的颠覆性干涉进行反击。1986年,国际法院对该案的实质问题进行裁定,认为尼加拉瓜无须对经过尼加拉瓜领土将武器运送至萨尔瓦多反叛者手中一事承担责任。但若与1984年国际法院裁判内容中关于萨尔瓦多、洪都拉斯与哥斯达黎加受《国际法院规约》第59条的保护,避免受到关于美国的实质问题的裁决的不利影响相较,似乎1984年模糊的裁决表达是以1986年清晰的裁决表达的前提条件,因为如果1984年对美国与萨尔瓦多的事实认定不是错误的,那么时至今日《国际法院规约》第59条对第三国没有提供任何有效的保护。假设美国根据国际法院1986年的裁决停止对萨尔瓦多行动的支持,那么萨尔瓦多的政府利益可能不会得到《国际法院规约》第59条的保护。尼加拉瓜否认自己给萨尔瓦多的叛乱者提供任何物质帮助,但是在之后得知尼加拉瓜和苏联的承认表明物质帮助是存在的,并且发挥了重要作用,这一切表明《国际法院规约》第59条没有起到作用。1986年尼加拉瓜的行为与1984年国际法院判例中的论点相悖,因为之前它声称诉讼仅针对美国。概括来说,类比于货币黄金案,美国在1984年声称的采取集体自卫行动的国家的安全利益构成该案的主题,除此之外,本案的裁决与1992年9月11日作出裁决的萨尔瓦多诉洪都拉斯陆地、岛屿和海上边界争端案相违背。本案案件事实反映澳大利亚、新西兰与联合王国被委任统治和托管管理瑙鲁,澳大利亚根据管制性国际法律文书,代表以上三个国家和文书中的“联合当局”的部分管理当局共同行动,上述三国政府作为“伙伴国政府”。委任统治和托管的相关函件来往交换于三方管理当局与这类组织之间。作为三国政府代表的英国磷酸盐专员经营着磷酸盐业务,瑙鲁一直坚持声称管理当局与三个伙伴国政府应当对修复开采的磷酸盐地承担责任,在瑙鲁针对澳大利亚一国提起的诉讼中,公开正式地表述自己对新西兰与联合王国提出与澳大利亚相同的要求。因此,施韦贝尔法官认为如果法院针对该案作出裁决,那么等同于对并未出庭的新西兰与联合王国也作出裁决,由此推断法院缺乏对该案的管辖权。

1991 年 2 月 22 日葡萄牙诉澳大利亚东帝汶案,涉及的第三方是东帝汶,法院于 1995 年 6 月 30 日作出判决,以缺乏印度尼西亚的同意为由认定对该案不具有管辖权。被诉方澳大利亚声称,如果国际法院支持葡萄牙的诉讼申请,那么就需要在未经第三方同意的前提下,首先裁决第三方印度尼西亚进入并长期保持存在于东帝汶,和与其他国家谈判东帝汶大陆架划界等行为的合法性,这样将违背 1943 年货币黄金案的裁决中确立的国家同意原则和不可或缺第三方规则,即“国际法院不能在缺乏第三国阿尔巴尼亚同意的前提下,裁定任何与其相关的国际责任,这是因为阿尔巴尼亚的法律权益既会受到裁决的影响,又构成该案的标的”。起诉方葡萄牙认为自己的申请事项仅仅为澳大利亚在与东帝汶之间的大陆架划界和资源勘探开发,与印度尼西亚进行谈判缔结并初步履行条约中的一系列行为,这些行为和印度尼西亚的相关行为可以区分,申请要求解决的主题事项是葡萄牙具有对东帝汶行使领土管理者的权力,东帝汶的国际地位是非自治领土,澳大利亚的行为违背国际法,既损害了葡萄牙的上述权力,又损害了东帝汶人民的民族自决权。国际法院认为本案的根本问题在于:是葡萄牙还是印度尼西亚能够代表东帝汶缔结关于大陆架的条约。[①] 法院认同葡萄牙所提出的民族自决权源于《联合国宪

---

① Judgement on Case Concerning East Timor (Portugal v. Australia), ICJ Reports 1995, para. 27.

章》和联合国的实践且具有"对一切"的性质,货币黄金案中确认的国家同意原则是现代国际法的一个重要原则,但是规范的强制性和国家同意原则不是一个概念,无论援引的义务性质如何,国际法院均不能在作出的裁决可能影响对未介入的第三方的行为作出认定的情形下,裁判某一国家行为的合法性。[①] 威拉曼特里法官在异议意见中对诉讼中的第三方规则进行了详细的论述,他认为货币黄金案中确立的原则不妨碍法院在本案中行使管辖权,因为判决可能给印度尼西亚的法律利益带来影响,但该影响并非判决的主题事项。斯库比热维斯基法官的异议意见中针对联合国与印度尼西亚是否构成本案不可或缺第三方规则进行了论述,认为法院决定管辖的基础是东帝汶的地位,尽管东帝汶被合并入印度尼西亚,但它仍旧属于《联合国宪章》第 11 章中的非自治领土,法院的意见不可违背《联合国宪章》,以及国际组织在裁决实践中逐渐形成的规则。欧达法官的个别意见表示:虽然他同意法院缺乏对案件的管辖权,但不同意法院所说的源于缺乏第三方印度尼西亚的同意,应当考虑以葡萄牙缺乏介入诉讼的正式地位为原因。沙哈布登法官的个别意见认为,国内法院具有强制要求第三方介入的权力,而国际法院缺乏这种权力,同时,法院是否具有介入的权力,或者是否可能设定独立的法律程序,都不能保证对申请方充分的救济。因此在法院作出的裁决事实上等同于确定了非当事方的权利的情形下,法院被要求在缺乏第三方同意的前提下行使管辖权,但是货币黄金案否定了这一说法。韦列谢京法官的个别意见认为,本案中第三方不只印度尼西亚,还有东帝汶

① Judgement on Case Concerning East Timor (Portugal v. Australia), ICJ Reports 1995, para. 29.

人民,在缺乏东帝汶人民同意的前提下国际法院对该案不具有管辖权。在葡萄牙提交起诉书、澳大利亚和印度尼西亚 1989 年缔结帝汶海条约之前,均未谈及和征求东帝汶人民的同意,但是葡萄牙却在起诉状中声称代表东帝汶人民的利益,被起诉方澳大利亚缔结的条约损害了东帝汶人民关于自然资源的永久主权。① 国际法院判决中没有谈及这一问题,因此可能导致错误的结论,即东帝汶人民在本案中不起作用,本案的焦点是东帝汶人民的民族自决权,要求国际法院应当考虑东帝汶人民的期待。② 不可或缺第三方规则随着国际裁决实践的发展,已经逐步形成一种习惯国际法,并朝着制度完善的方向发展。

国际争端预防与解决中的第三方介入问题和实践中产生的不可或缺第三方规则具有重要的理论研究价值和实践研究价值,因此本书选择该主题进行深入探析。

二、构建和谐海洋秩序的需要

研究国际争端预防与解决中的第三方介入问题,不仅为我国应对海权纠纷奠定稳妥扎实的基础,更是作为海洋大国维持与构建和谐的海洋秩序的义务与责任。随着科技的发展进步,人类的发展更加依赖于海洋,由此也进入更加激烈的海权争夺时代。世界的发展离不开和平的海洋秩序,为了更好地发挥国际裁决定分止争的法律功能,提高裁决的维持地区和平稳定的功效,第三方介入制度的作用不容小觑。

国际争端的长久妥善解决要求必须重视第三方介入制度。世界上存在许多海湾或半闭海,而地处这些区域的各个国家为了

① Separation Opinion of Judge Vereshchetin, p. 1, para. 2, ICJ Reports 1995, p. 135.

② Separation Opinion of Judge Vereshchetin, p. 1, para. 3, ICJ Reports 1995, p. 135.

物质文化等的发展,对海洋利益的争夺愈演愈烈,一些地理面积相对不大的国家极其偏向于向国际裁决机构寻求救济,不惜耗费数年的时间完成对海权的诉讼。在世界上这些海湾与半闭海区域,周边沿岸国有时甚至接连不断地进行循环性诉讼,而与纠纷相关的各国也积极呈递介入申请,因此第三方介入制度的发展更多的是在海权争夺中得到推动。在前一起大陆架案中,马耳他作为请求介入方,在后一起大陆架案中又转变为被诉方。而尼加拉瓜、洪都拉斯、萨尔瓦多、哥伦比亚等更是常常出现在国际海洋争端的视野。仔细探究这背后的原因,可以发现更多的是这些国家所处的地理位置使然,突尼斯和阿拉伯利比亚人民社会主义民众国之间存在着半闭海地形的缅因湾海域,萨尔瓦多与洪都拉斯地处丰塞卡湾海域,乍得湖(Lake Chad)周边分布着喀麦隆等四个国家。这些国家之间的海权争夺极易牵涉第三方的利益,因此无论是否出现第三方呈递介入请求,国际裁决中往往需要对第三方的利益进行论证。在早先的国际海权争夺中,马耳他、意大利和萨尔瓦多先后进行了介入的尝试,但是囿于介入的一些模糊规定和国际法院对介入的较为消极的态度,最终驳回了这些请求。在介入制度历经数十年的发展之后,一些裁夺标准已经相对清晰,同时也不断出现成功介入的案例,这使各国对介入制度有了更多的期冀。

在第三方介入实践在国际法院得到极大的推进的同时,《联合国海洋法公约》在特殊的历史背景下应运而生。《联合国海洋法公约》附件六对介入的规定,极大地丰富了介入制度的内涵。作为《联合国海洋法公约》的成员国,我国更需要对介入制度进行充分了解,以备不时之需。我国南海海域周边分布着较多国家,人类对海洋依赖性不断增强,海权是国家主权的特别表现形式,中国始终坚持在和平发展的前提下维护海洋权益。南海等海域拥有特殊的地情地貌，这必然易于与介入制度产生联系，因此亟须对介入制度进行详细剖析，对其涉及的相关重要规则等进行充分理解。中国当前对海权的重视程度较高，对第三方介入制度进行充分探究，有利于中国的和平与发展。中国的和平发展战略与国际法的基本原则相通，因此采用各类和平的方式处理海域纠纷势在必行。在《联合国海洋法公约》这一海洋宪章出现之后，国际海洋争端也随之呈现出司法化的倾向，中国也应顺应这一历史潮流勇于并运用司法机制维护海权。因此，目前的首要任务是加强对国际海洋法的基础理论研究，结合我国国情，打好扎实的理论基础。国际法规则的形成离不开世界各国的努力，和谐的海洋秩序是人类发展的必然需要。中国要努力为国际海洋秩序的稳定与和谐贡献自己的力量，一方面要积极参加国际海洋问题的“立法”活动，另一方面要积极推动国际海洋“司法”进程，加强对国际海洋法规则的探究与运用。

第二节　国内外研究现状

一、国内文献综述

目前，国内学者几乎没有针对国际争端中的第三方介入问题进行专门研究，已有的研究成果中有不少是关于第三方介入问题。本书梳理了相关文献，根据研究成果的时间先后顺序总结如下：

我国台湾地区陈治世在其《国际法院》[①]一书中曾简要地研

① 陈治世：《国际法院》，台北，台湾商务印书馆股份有限公司 1991 年版，第 146 ~ 149 页。

究了国际法院中的第三方介入制度问题,如第三国的申请介入是从管辖行为与否,哪些情况下第三国的法律利益构成主诉讼的标的,裁决会影响到第三国法律利益的情形,非联合国成员方的第三国能否申请介入等。这篇文章中的创新点在于作者提出了非联合国成员方的第三国能否申请介入和第三国的申请介入是否属于管辖行为这两大问题,反映了作者独到的思考探究能力,也为对第三方介入制度的研究提出了崭新的观点。但是咎于作者研究的时间比较早,第三方介入制度的发展处于不断变化之中,作者有的观点比较滞后,如文中提到的介入国依据《国际法院规约》第62条或第63条的介入都被视为承认国际法院具有管辖权,但现在国际法院明确了以非当事国身份申请介入的第三国,不视为接受国际法院管辖的观点。这篇文章中对第三方介入制度的研究不够充分,提出的崭新的观点有待于后续学者的探索和补充。

张颖军、宋连斌的《国际法院1991年葡萄牙诉澳大利亚"东帝汶案"简析》一文,[①]通过详细描述1991年国际法院的葡萄牙诉澳大利亚"东帝汶案"经过、争端双方的辩诉经过、国际法院的判决推理过程,从中选出两个重要的问题,即国际诉讼中的第三国问题和事实上的承认问题进行分析。在国际诉讼中的第三国问题上,作者提出国内法中普遍地存在诉讼中的第三人的规定,既包括依申请加入诉讼中的第三人,即原告或被告主动向法院申请认为与己方诉讼请求利害相关的一人或数人加入诉讼,又包括法院依职权主动追加的第三人到诉讼中来。但国际法中的第三

① 张颖军、宋连斌:《国际法院1991年葡萄牙诉澳大利亚"东帝汶案"简析》,载《武大国际法评论》2003年第1期。

人一般是国家,因此国际法院无权依职权主动加入第三方介入诉讼,这反映了国际法和国内法的性质不同。由国际法院1943年的货币黄金案、1989年的瑙鲁境内的一些磷酸盐地案、1991年的东帝汶案等一系列判例,确定了一项理论原则,即国际法院可以作出可能给非介入方第三国造成影响的裁决,但是若第三国的行为构成裁决所要解决的主要问题,那么未经第三国同意,法院对该案不具有管辖权。

许昌的《国际法院迟延同意管辖权研究》[①]一文分析了迟延同意管辖权和第三方介入制度的关系,国际法院对《国际法院规则》的"管辖根据"的适用前提进行解释,满足规定的第三国可以介入诉讼,并行使提出己方观点、提出意见、获取书状、口述程序中发言等权利,这扩大了国际法院的裁决范围,加深了对案情的法理探析,国际法院的裁决对非当事国身份介入案件的第三方无拘束力(binding),第三国是否介入以及是否以当事国身份介入均影响着诉讼程序的实质和外部表现形式。国际法院的判决结果代表着国际法治的公平价值是否实现。在争端方同意第三国介入的前提下,法院的裁决对第三国有拘束力,此时法院对第三国的管辖权可以称作基于迟延同意管辖,法院在某种程度上管辖权扩大化,不但扩大了当事国的数量,而且诉讼程序和对实体判决的影响效果扩大化。此时,在第三方的推动下,权利义务关系由两方增至三方,对案件的法理推导更加深入,裁决的公平平等价值体现得更为全面。在第三国希望以当事国身份介入到诉讼中的情形下,若争端当事国拒绝,则第三国不能以当事国身份介入,国际法院更不能取得迟延同意管辖权,第三方最多只能选择以非当事国

① 许昌:《国际法院迟延同意管辖权研究》,外交学院2013年博士学位论文。

身份进入诉讼。第三国选择以当事国身份介入与否,取决于案件复杂程度、裁决对第三国可能的影响程度、诉讼程序的进程、第三国对国际法院的态度。如果可能受到严重的影响,第三国或者会选择以当事国身份介入诉讼,在法庭上提出主张,或者会选择另行起诉一国或多国,或者利用政治外交等手段解决争端。迟延同意管辖是第三国以当事国身份介入诉讼的法院临时取得管辖权的途径,迟延同意管辖权让法院可以允许第三国介入的申请。

宋杰在《国际法院司法实践中的非当事国形式的介入问题研究》①一文探索了《国际法院规约》第 62 条和非当事国身份介入的发展历程,提出了几个重要的问题并得出结论,即《国际法院规约》第 62 条的"裁决"包含初步反对判决,"裁决"的实质内涵应宽泛化,第三国提出介入申请的条件应当是第三国的法律性质的利益(the interest of a legal nature)可能受到裁决"主文"或推导"主文"的关键性步骤的影响。以普遍性法律利益为由申请的介入案件,法院应当先解决存在如此利益的问题,再解决具备可诉性的问题。国际法院对《国际法院规约》第 62 条的态度由严格和限制解释转向逐渐开放和扩张解释,但国际法院对于以非介入国身份介入的案件的法律利益的证明标准仍持严格立场。国际法院未全面阐述以非当事国身份介入的条件和效果问题,有待法院明确这一问题的普遍性法理。

李明峻的《国际法院规约第 62 条的适用问题——以诉讼参加申请国的举证责任为中心》一文中专门从诉讼介入申请国的举证责任方面针对《国际法院规约》第 62 条的适用问题进行研究,

---

① 宋杰:《国际法院司法实践中的非当事国形式的介入问题研究》,中国青年国际法学者暨博士生论坛论文,2006 年 10 月于武汉。

分析了第三方介入制度的一些基础问题,包括《国际法院规约》第 62 条和第 63 条之间的关系,对于这两个与第三方介入制度相关的条款是否具有交错重复的矛盾的问题,作者既尊重《国际法院规约》的设置目的,又在一定程度上以体系解释为视角。文中认为最基本的区别是,《国际法院规约》第 62 条的介入国指的是与事件的裁判利害相关的第三国,《国际法院规约》第 63 条的介入国指的是与条约的解释利害相关的第三国,介入在适用过程中要严格遵守这一基本区别。文中从法律渊源的角度对介入要件进行分类,提出第三国申请介入的绝对要件包括法律性质的利益,不包括管辖基础与介入目的,原因是法律性质的利益源于《国际法院规约》的规定,管辖基础和介入的目的来源于《国际法院规则》的规定。

宋杰在《法院裁决实践中的解释问题研究》[①]一文中运用法律解释的方法研究了国际法院的第三方介入这一程序性问题,具体包括《国际法院规约》与《国际法院规则》中第三方介入的相关条款的内涵和联系、国际法院的管辖权与《国际法院规约》第 62 款的联系、对介入中的法律利益的证明证据、介入中的普遍性法律利益的含义、《国际法院规约》第 63 条与临时法官等一系列问题。文章最重要的贡献是对国际法院的管辖权问题的缜密细致研究,文中结合相关案例透彻地分析了法官的意见,可以说是一篇学术性和创新性非常强的文章。明于这篇文章出版于 2008 年,而国际法院此后在德国诉意大利国家的管辖豁免案中于 2011 年 7 月 4 日允许希腊依据《国际法院规约》第 62 条以非案件当事方的身份介入诉讼,在澳大利亚诉日本的南大洋捕鲸案

① 宋杰:《国际法院司法实践中的解释问题研究》,武汉大学出版社 2008 年版。

中,国际法院于2013年2月6日作出允许新西兰依据《国际法院规约》第63条介入的命令,因此对处于发展状态中的第三方介入制度的研究任重而道远。判例的数量、判决结果和法官意见为第三方介入制度的发展提供方向,也为国际法研究者提供不同的视角和探索空间。同时,这篇文章的重点在于研究法律解释,略于对第三方介入问题的其他方面的研究。

张卫彬的《国际法院解决领土争端中的证据问题研究》①一文中指出,国际法院未要求第三方申请介入诉讼时提交相关书面证据,而是只有在第三方介入申请获许,或申请书中明确列出了支持第三方介入诉讼主张的证据的条件下,才可要求第三方提供佐证的文件目录。文中解读了《国际法院规约》第62条,该条款中用的是"一国"(a state)一词,而非"第三方"(a third party),另外"一国"不限于《国际法院规约》当事国,而且,"一国"并不仅限于法院规约的当事国。鲁达(Ruda)认为,《国际法院规约》第62条是可裁量的介入诉讼,第63条是当事方所享有的一种权利的介入诉讼。《国际法院规约》第62条没有给予国际法院就是否准许第三方介入诉讼问题上充分的自由裁量权。领土争端案件中几乎未涉及适用第63条的判例。国际法院判例在解读《国际法院规约》第62条时对其界定太过严格,因而引起申请介入的第三方和国际社会的不满,因此曾有学者提出建议,国际法院既应适当修改法庭规则,又应增加"法庭之友"(amicuscuriae)程序,尽可能地减少对当事国自治权的损害,维护第三方的程序性权利。文中得出的结论为:首先,第三方可以在没有管辖权联系的前提下

① 张卫彬:《国际法院解决领土争端中的证据问题研究》,华东政法大学2011年博士学位论文。

获许介入,但若当事国提出反对,则第三方不能作为案件当事国,判决对第三方无拘束力;其次,若第三方有证据显示与当事国具有管辖联系,或诉讼当事国同意第三方介入,则第三方可能获准介入,或者作为案件的当事方,此时,第三国可能受到裁决的拘束,也可以对法院先前的裁决提出反对。这篇文章没有对第三方介入过程中的程序性问题提出建议。

弋浩婕的《〈国际法院规约〉第 62 条参加制度研究》[①]一文从五个方面对参加制度进行研究:第一部分从宏观的角度探索了参加一词的概念、参加制度的历史沿革以及产生的法律基础理论,文章以《国际法院规约》第 62 条关于参加的规定为研究中心,同时也分析了《国际法院规约》第 63 条的规定,二者在制度起源和历史演进过程中相互联系、相辅相成,既包含共同点,又存在差异,通过对二者的详细对比研究,使《国际法院规约》第 62 条的规定更加清晰化。第二部分通过分析《国际法院规约》《国际法院规则》的相关规定和国际法院的判例,得出第三方参加的一般构成要件和第三方以非当事国身份参加的构成要件均包括介入目的与法律利益的结论。而对于第三方以当事国身份参加,国际法院仅在理论上给予了承认,与上述介入方式相比,这种第三方参加形式的构成要件还需增加一项——与诉讼争端国家之间具有管辖联系(jurisdictional link),这恰恰符合国家同意才能管辖的原则。文中以一般与特殊情形作为要件的分类标准,管辖基础是第三国请求以当事国身份参加的构成要件,不是第三国请求以非当事国身份参加的构成要件,也就是说,第三国申请参加的一般

① 弋浩婕:《〈国际法院规约〉第 62 条参加制度研究》,外交学院 2014 年博士学位论文。

要件不包括管辖基础,管辖基础是参加的特别要件。第三部分分析参加制度的程序性事项,包括第三方提出参加的时间,决定是否准许参加的主体,请求参加的第三方的口述程序参与权、阅卷权、指派特别选任法官等权利。请求参加的第三方能否取得上述程序性权利会受到参加身份的影响。第四部分通过分析 2008 年的德国诉意大利国家的管辖豁免案,希腊请求以非当事国身份参加,发现国际法院近年来对参加制度的态度和认定方法,这一案件中希腊的参加申请获得允许,国际法院对法律利益的判断具有重要意义。第五部分评价了参加制度的价值,参加制度的存在和发展对国际法院、诉讼争端各方以及第三方都具有极其重大的意义,中国作为一个政治大国,与国际裁决活动密切相关,存在利用参加制度的可能性,应当积极利用这一制度为国家的发展做好良好的保障。通过这五个方面的分析,作者得出结论:《国际法院规约》第 62 条的参加制度的构成要件比较明确,由于它仍处于不断发展之中,对构成要件的认定将会更加清晰化,中国应当适时考虑运用介入制度参与到国际裁决活动中去。

何田田在《国际法院"南大洋捕鲸"案评析》①中讲述了"南大洋捕鲸"案是日本表示接受《国际法院规约》第 36 条第 2 款之后的首个案例,日本第一次以被告的身份在国际法院出现,这个案件中国际法院提出《国际法院规约》第 62 条的介入要求第三方介入申请国的"法律性质利益"可能受到裁决的影响,第 63 条的介入则不需要,即两个介入条款赋予第三方介入申请国的权利是不同的。要想实现国际法院认为一个案件具有可受理性,既需要第三方申请国提交声明,又同时需要符合《国际法院规约》第 63 条

① 何田田:《国际法院"南大洋捕鲸"案评析》,载《国际法研究》2015 年第 1 期。

与《国际法院规则》第82条的规定。《国际法院规则》第82条第2款的规定是国际法院判断一个第三方介入案件是否具备可受理性的基本要求。《国际法院规约》第63条是赋予第三方介入国的权利来源,满足程序和实质要件的国家均可行使自己的权利。《国际法院规约》的缔约国众多,因此《国际法院规约》的内容存在很多不确定的地方,每个缔约国均应积极地提出自己对《国际法院规约》条文的解释建议,这将会促进《国际法院规约》不断与时俱进地发展,得到更加合理的解释,文中赞许了国际法院在这一问题上的推理和决定。近年来,国际法院对待第三方介入案件的态度有重大转变,裁决干预的法学理论逐渐明确化,第三方介入属于国际法院诉讼程序中的一个附带程序,与传统国际法中的国家同意才能管辖原则存在联系,第三方介入目前较为缺乏国际实践,因此在后续对第三方介入问题作出法理解释和明确标准的时候,应当慎重斟酌,不能与国家同意才能管辖原则产生冲突。第三方介入问题应当受到国际法院和国际社会的广泛重视,第三方介入案件中有助于国际法院全面地了解案件的来龙去脉,寻找提起诉讼国家的请求的本质,有效地发挥国际法院解决国际争端的作用。第三方介入制度为一些非《国际法院规约》成员或不接受国际法院管辖的国家打开了一扇进入国际法院的崭新的大门,使第三方介入制度体现了它的真正价值,国际法院应当认真、慎重和周密地考虑第三方介入问题。

易显河在《介入〈联合国海洋法公约〉附件七下仲裁程序?》[①]中对《联合国海洋法公约》附件七中不存在的介入制度进行探讨

---

① 易显河:《介入〈联合国海洋法公约〉附件七下仲裁程序?》,魏妩媚译,载《国际法研究》2015年第6期。

时指出，介入的前提是经过当事国的同意，目前介入存在于《国际法院规约》《国际海洋法法庭规则》《国际海洋法法庭规约》《国际海洋法法庭规则》这些文本中，《联合国海洋法公约》附件七的起草者拒绝纳入介入程序，《联合国海洋法公约》附件七的第 5 条也不足以支撑介入程序，强制仲裁程序中的仲裁庭也没有自行在实践中承认介入的管辖权和固有权力，因此强制仲裁程序不能擅自变革承认介入制度。

综上所述，我国国内对第三方介入制度的研究起步比较晚，研究成果的覆盖面不够全面，相对比较零散，相对缺乏系统而全面的研究。

二、国外文献综述

国外专家关于第三方介入制度的研究起步比我国要早，成果相对比较丰厚，主要出现在 20 世纪 80 ~ 90 年代。关于介入制度的研究的学者包括国际法院的法官克里斯汀 · 钦金（Christine Chinkin）、澳大利亚的 D. W. 格雷格（D. W. Greig）、以色列的沙伯太 · 罗森尼（Shabtai Rosenne）、美国的肖恩 · 墨菲（Sean Murphy）等。目前没有对国际争端预防与解决中第三方介入问题的专门研究，根据时间先后顺序，期刊类的代表性成果主要有：麦晋立在 1985 年发表的《国际法院的介入案：阿拉伯利比亚人民社会主义民众国诉马耳他大陆架案》、①秦肯在 1986 年发表的《国际法院裁决审判前的第三方介入》、②沙伯太 · 罗森尼在 1987

① Gerald P. Mcginley, "Intervention in the International Court: the Libya/Malta Continental Shelf Case", International and Comparative Law Quarterly, Vol. 34, 1985, p. 671 - 694.

② C. M. Chinkin, "Third-Party Intervention before the International Court of Justice", The American Journal of International Law, Vol. 80, No. 3, 1986, p. 495 - 531.

年发表的《国际法院裁决审判中第三方介入的一些影响》、[①]克里尔在1991年发表的《国际法院的介入制度:一个微小的突破》、[②]格瑞在1992年发表的《国际法院之前的第三方权利和介入制度》、[③]德霍戈在1993年发表的《第62条规定下的介入制度和在缺乏当事国同意的情形下寻求特别管辖权》等。[④]

20世纪80~90年代进入国际法学家对介入制度的研究高潮状态,起源于这一时期国际法院出现了6个关于第三方介入的案例:1981年提起的突尼斯诉阿拉伯利比亚人民社会主义民众国大陆架案,马耳他依据《国际法院规约》第62条申请介入,被法院驳回;1983年提起的阿拉伯利比亚人民社会主义民众国诉马耳他大陆架案,意大利根据《国际法院规约》第62条请求介入,被法院驳回;1984年提起的尼加拉瓜诉美国军事与准军事行动案,请求介入方是萨尔瓦多,介入的依据为《国际法院规约》第63条,被法院拒绝;1989年提起的萨尔瓦多诉洪都拉斯陆地、岛屿和海上边界争端案,尼加拉瓜根据《国际法院规约》第62条申请以当事国身份介入诉讼,受到法院的允许;1995年提起的新西兰诉法国依1974年核试验案判决第63段请求审查情势案,请求介入的是澳大利亚、萨摩亚、所罗门群岛、马绍尔群岛和密克罗尼

---

① Shabtai Rosenne, "Some Reflections on Intervention in the International Court of Justice", NILR, Vol. 34, 1987.

② J. Collier, "Intervention in the International Court: A Slight Breakthrough", The Cambridge Law Journal, Vol. 50, No. 2, 1991, p. 216 – 218.

③ D. W. Greig, "Third Party Rights and Intervention before the International Court", Virginia Journal of International Law, Vol. 32, No. 2, 1991 – 1992, p. 285 – 376.

④ A. J. J. De Hoogh, "Intervention under Article 62 of the Statute and the Quest for Incidental Jurisdiction without the Consent of the Principle Parties", Vol. 6, No. 1, Leiden Journal of International Law, 1993, p. 17 – 46.

西亚联邦 5 个国家,依据《国际法院规约》第 62 条提出介入申请,受到法院驳回;1999 年提起的喀麦隆诉尼日利亚陆地和海洋疆界案,赤道几内亚根据《国际法院规约》第 62 条申请介入诉讼,获得法院许可。国际法学者在国际法院对第三方介入制度的态度出现进展的时候,迅速掀起了激烈的讨论,并对第三方介入制度的未来发展作出展望。

进入 21 世纪之后,国际法院中第三方申请介入的案例逐渐增多,世界各国对待是否使用第三方介入来维护自身权益的态度也随之发生着变化。2001 年印度尼西亚诉马来西亚对利吉坦岛和锡帕丹岛的主权案中,菲律宾依据《国际法院规约》第 62 条申请介入,遭到国际法院驳回。2011 年德国诉意大利国家的管辖豁免案中,希腊根据《国际法院规约》第 62 条申请以非案件当事方的身份介入,获得国际法院许可。2012 年澳大利亚诉日本的南极捕鲸案中,新西兰根据《国际法院规约》第 63 条的申请介入诉讼,国际法院给予准许。这一时期的国际法学界关于第三方介入制度的研究成果也随之不断增多,如 2001 年斯莫非编述的《通过反诉和第三方介入制度扩大世界法院的管辖权》,[①]2002 年庖罗帕拉克巴提编述的《向第三国打开国际法院的裁决管辖权之门:介入制度和超越》,[②]2003 年莫特拉奇编著的《国际法院和判

① Sean Murphy D. , "Amplifying the World Court's Jurisdiction through Counter-Claims and Third-Party Intervention", George Washing International Law Review, Vol. 33, No. 1, 2000 – 2001, p. 5 – 30.

② Paolo Palcbetti, "Opening the International Court of Justice to Third States: Intervention and Beyond", Max Planck Yearbook of United Nations Law, Vol. 6, 2002, p. 139 – 181.

例的应用之前潜在的介入国的状态》,[①]2012 年伯纳飞发表的《国际法院第三方介入的法律利益的证明问题研究》,[②]2013 年拉居·德帕克和加萨瑞·布朗尼亚编著的《国际法院的第三方介入制度——关于国际法院近期判决德国诉意大利国家的管辖豁免案的一个重要的考核》等。[③]

国际法院对第三方申请介入案件的裁决和法官意见是介入制度研究的源泉,无论是国际法院的法官,还是其他国际法学者都在通过不断地分析探索,让第三方介入制度的基础理论和证明标准等核心问题更加具体化和标准化。国际法院的裁决和法官意见支撑着国际法学界对第三方介入制度的激烈讨论,相较于国内国际法学者,国外的国际法学者在研究成果中表达了更多崭新的个人思想,这些观点值得我们深思,其可取之处借鉴。

D. W. 格雷格在 1992 年发表了《国际法院之前的第三方权利和介入制度》一文,其研究背景是国际法院准许尼加拉瓜以非当事国身份介入萨尔瓦多诉洪都拉斯陆地、岛屿和海上边界争端案。作者表示可以接受国际法院对第三方介入案件的态度的改变,并且采取比国际法院更加开放的态度解释《国际法院规约》第 62 条的规定。文章通过详细对比和分析 1983 年提起的阿拉伯利比亚人民社会主义民众国诉马耳他大陆架案和 1989 年提起

---

① Mutlaq Al-Qahtani, "The Status of Would-Be Intervening States before the International Court of Justice and the Application of Res Judicata", The Law and Practice of International Courts and Tribunals, Vol. 22, No. 2, 2003, p. 269 – 294.

② Beatrice I. Bonafé, "Interests of a Legal Nature Justifying Intervention before the ICJ", Leiden Journal of International Law, Vol. 25, No. 3, 2012, p. 739 – 757.

③ Raju, Deepak & Jasari, Blerina, "Intervention before the International Court of Justice—A Critical Examniation of the Court's Recent Decision in Germany v. Italy", Vol. 6, 2013, p. 63 – 80.

的萨尔瓦多诉洪都拉斯陆地、岛屿和海上边界争端案，探究案件的本质，得出两个案件的本质相同、裁决结果的差异源于法官考量的侧重点不同的结论。格瑞提出《国际法院规约》的第62条只是国际法院准许第三方介入的请求的一个普通标准，并非独一无二的决定事项，还需要一系列相关的解释，才构成第三方介入的详细标准。国际法院中不同法官对第三方的权利的重要性的认识不同，在判例中缺少一致的处理原则。相关案件的调查表明：法院在大多数情况下采用严格限制的视角对待是否准许第三方介入的问题，如果诉讼当事国明显十分关心第三方介入的问题，那么法院没有理由拒绝第三方介入的申请。对第三方介入的问题缺乏一致性的评判标准的最原始原因，可能是国际法院不愿意以拒绝起诉方提交的案件为由进行适当地承认，这种不情愿源于条款的措辞，它仅授予国际法院关于咨询管辖权的自由裁量权，国际法院似乎不存在对于它的有争议的管辖权这类的自由裁量权，如果管辖的要求得到满足，那么国际法院似乎别无选择只能审理该案。①

德霍戈在1993年发表的《第62条规定下的第三方介入制度和在缺乏当事国同意的情形下寻求特别管辖权》②一文中对国际法院在萨尔瓦多诉洪都拉斯陆地、岛屿和海上边界争端案中准许尼加拉国的介入申请作出肯定并给予较高评价。德霍戈发现尽管在效力上相等，但是对于这一国际法院判例中的首次准许介入

① Greig D. W.,"Third Party Rights and Intervention before the International Court", Virginia Journal of International Law, Vol. 32, No. 2, 1991 - 1992, p. 293 - 294.

② A. J. J. De Hoogh,"Intervention under Article 62 of the Statute and the Quest for Incidental Jurisdiction without the Consent of the Principle Parties", Leiden Journal of International Law, Vol. 6, No. 1, 1993, p. 46.

申请,不是法院作出的,是国际法院分庭作出的。他开始注意国际法院分庭的法官组成结构和实际情况,这样的裁决可能造成法官们的意见很难保持一致。德霍戈考察了国际法院分庭的审判历史,在1983年意大利提出介入申请的阿拉伯利比亚人民社会主义民众国诉马耳他大陆架案中,国际法院分庭在最终裁决中提出了三个反对意见,因此德霍戈对本案的国际法院分庭法官在裁决过程中如何协调达成统一意见的过程迫切关注,因为这关系到本案最终裁决的允许尼加拉瓜以非当事国身份介入这一内容的可接受性是否存疑。

斯莫非编述了《通过反诉和第三方介入制度扩大世界法院的管辖权》①一文,其研究背景是2011年国际法院驳回了菲律宾提出介入印度尼西亚诉马来西亚对利吉坦岛和锡帕丹岛的主权案的申请。斯莫非通过分析相关的国际法院判例,给予第三国介入案件一个综合性的评价,即国际法院对待第三方介入制度的态度的转变在某种意义上促使国际法院管辖权的扩大化。斯莫非从国际裁决制度的宏观方面总结出第三方介入制度演变发展的重要意义,促使后续研究者对第三方介入制度有了更加完整全面的了解。在谈到第三方介入制度的价值问题上,德霍戈高度评价了第三方介入制度的演变和发展对国际裁决进程的推动作用,国际法院的判决具有波纹效应(ripple effect of its decisions)。②

---

① Sean Murphy, "Amplifying the World Court's Jurisdiction through Counter-Claims and Third-Party Intervention", George Washing International Law Review, Vol. 33, No. 1, 2000 - 2001, p. 5 - 30.

② Sean Murphy, "Amplifying the World Court's Jurisdiction through Counter-Claims and Third-Party Intervention", George Washing International Law Review, Vol. 33, No. 1, 2000 - 2001, p. 5 - 30.

伯纳飞在2012年发表了《国际法院第三方介入的法律利益的证明问题研究》①一文,该文章关注第三方介入制度的"法律性质的利益"这个方面,表现了国际法学者对第三方介入制度的研究视角不仅有宏观性的,而且有微观且逐步细化的。2011年的国际法院案件中,法官对《国际法院规约》第62条的内涵解读有了进一步的发展,国际法院多次提到法律性质的利益这一概念,并提出了一些能否通过其他替代性救济途径等评判需要斟酌的因素。

关于国际法院第三方介入制度的专著类研究成果方面,代表性的国际法学者有秦肯(C. Chinkin)、沙伯太·罗森尼(Shabtai Rosenne)、胡塞威(Hugh Thirlway)、格瑞德·菲兹莫瑞斯(Gerald Fitzmaurice)、杉原高嶺(Sugthara Takane)等。其中沙伯太·罗森尼既对整个国际法院的国际法和裁决实践做过系统而全面的研究,又针对第三方介入制度进行过专门的研究。秦肯曾有针对性的单独对国际法院的第三方介入制度进行研究。此外,胡塞威、格瑞德·菲兹莫瑞斯和杉原高嶺关于第三方的研究都是出现在其对国际法院法律体系的整体研究成果中的其中一个章节。

格瑞德·菲兹莫瑞斯的著述《国际法院的法律与程序》②的研究背景是国际法院的判例中没有允许过第三方介入的案件。因此,作者在该书第二卷中从法理的角度分析和对比了《国际法院规约》第62条和第63条的规定,并提出自己的观点,即《国际法院规约》第62条的介入指的是"法院许可的介入"(intervention

---

① Beatrice I. Bonafé, "Interests of a Legal Nature Justifying Intervention before the ICJ", Leiden Journal of International Law, Vol. 25, 2012, p. 739 – 757.

② Sir Gerald Fitzmaurice, The Law and Procedure of the International Court of Justice, Cambridge: Grotius Publications, 1986, p. 550.

leave of the Court),《国际法院规约》第 63 条的介入指的是“代表一种权利的介入”(intervention as of right)。

在格瑞德·菲兹莫瑞斯研究的基础上,胡塞威在《国际法院的法律与程序:五十年法理》[①]一书中的部分章节针对第三方介入制度进行较为深入的研究,结合了当时最新的国际法院的判例,从宏观的角度总结了国际法院对第三方介入制度的立场侧重点和态度转变,预测了第三方介入制度的发展趋势,格瑞德·菲兹莫瑞斯的一些观点具有较高的参考价值和权威性。格瑞德·菲兹莫瑞斯认为在第三国申请以非当事国身份介入诉讼时,国际法院很可能在当事国默示同意的情形下允许第三方介入,但是需要注意的是当事国的默示同意不代表满足《国际法院规约》第 62 条要求的法律利益可能受到影响这一前提。[②]《国际法院规约》第 59 条发挥着保护的作用,能够尽可能地确保国际法院的裁决不影响介入国的利益和权利,但是存在的问题是《国际法院规约》第 59 条极有可能会对第三方权利的承认与执行带来不利影响,诸如国际法院的海洋划界争端。[③] 总的来说,这本书相当全面和系统地深入研究了国际法院的基本法理和审判实践问题。

沙伯太罗森尼在《国际法院的法律与实践——1920 - 1996》[④]

---

① Hugh Thirlway, The Law and Procedure of the International Court of Justice: Fifty Years of Jurisprudence, Vol. Ⅰ, Ⅱ, Clarendon: Oxford University Press, 2013, p. 813 - 1073, 1837 - 1859.

② Hugh Thirlway, The Law and Procedure of the International Court of Justice: Fifty Years of Jurisprudence, Vol. Ⅰ, Ⅱ, Clarendon: Oxford University Press, 2013, p. 1858.

③ Thirlway, The Law and Procedure of the International Court of Justice: Fifty Years of Jurisprudence, Vol. Ⅱ, p. 1856.

④ Shabtai Rosenne, The Law and Practice of the International Court, 1920 - 1996, Vol. Ⅲ, The Hague: M. Nijhoff Publishers, 1997, p. vii - viii.

这本书中研究了国际法院的介入制度,提出了独到的思考角度。文中提到研究介入制度的立法史具有至关重要的意义,介入制度的立法史曲折而悠久,长期以来备受争议,后来归咎于种种原因。关于《国际法院规约》和《国际法院规则》的具体规定上出现了不够清晰的标准,影响到国际法院在案件审理中的适用准确性。虽然介入制度仅仅作为诉讼的一个附带程序,但是仍旧是整个诉讼程序不可缺少的重要组成部分,缺乏介入程序将严重影响整个诉讼程序的完整性,介入制度带来的效果和影响值得法官慎重的考虑和裁量并作出判决,对国际法院介入类判例的评价必须基于法官对待第三方的立场和态度之上。

秦肯在《国际法的第三方》①这本书中详细地分析了《国际法院规约》第 62 条和第 63 条的规定,并对比分析了国际法院、国际仲裁法庭和欧洲法院等国际争端解决机构中的第三方介入制度,在研究具体内容方面,选取了比较广泛的角度研究了第三方介入的审判程序、第三方介入和国际犯罪的关系等。秦肯的这部著作是较早对国家法院介入制度研究的成果,提出的个别观点与之后国际法院的裁决实践有一些不同之处。秦肯提出《国际法院规约》中的第 62 条条款中所指的判决可能不包括法律推理,这一说法符合严格意义上的文义解释。然而之后国际法院在印度尼西亚诉马来西亚对利吉坦岛和锡帕丹岛的主权案中,认为《国际法院规约》第 62 条条款中的"判决"一词包括对案件事实的推理部分,因为该部分是主文的必要部分。

---

① Christine Chinkin, Third Parties in International Law, New York: Oxford University Press, 1993.

日本国际法学家杉原高嶺著述的《国际司法裁判制度》[①]中以国际法院的案例为基石，通过深入的研究裁决结果和法官的独立意见，发现国际法院对第三方介入制度的立场和态度的倾向，全面而透彻地研究了介入制度。杉原高嶺认为，介入制度的进行不必然导致诉讼经济问题，因此应当弱化诉讼经济。通过抓住判例中法官意见的本质，杉原高嶺将法官的意见简要而直观地概括为两个派别，即限制介入派和扩大介入派。就其自身而言，他否定扩大介入派，支持限制介入派，认为申请介入的第三方若需要主张自身的权利，那么应该遵循《国际法院规约》第36条提起新的诉讼，法院不应考虑和裁决第二方在申请中主张的自身权利事项，只有这样才可以避免判决对第三方是产生影响还是产生拘束力，管辖权关联和法官的指定等一系列较为复杂的问题。从整体上而言，杉原高嶺的主张具有全面性，他注重裁决过程的整体，然而，这种观点缺乏一定的灵活变通性，由于严格限制第三当介入的实现，为第三方介入设置了更高的门槛，更易于拒绝第三方介入诉讼的请求，这必然不利于第三方介入制度的发展。

根据上述国内外专家的研究成果，可以发现由于这些专著的研究背景是第三方介入的案例较少的时期，关于第三方介入制度的研究主要集中于理论性的研究。而随着国际法院对第三方介入案件态度的逐渐转变，近年来，国际法院又新增了两个准许第三方介入申请的案例，分别是：2001年提起的德国诉意大利国家的管辖豁免案，国际法院允许希腊依据《国际法院规约》第62条提出了以非案件当事方介入的申请；2012年提起的澳大利亚诉

① [日]杉原高嶺：《国际司法裁判制度》，易平等译，中国政法大学出版社2007年版，第1～470页。

日本南极捕鲸案,国际法院准许新西兰依据《国际法院规约》第63条提出的介入申请。这些新的案例的裁决结果和法官意见为本书的研究进展提供了更加丰富的基础资料,也促进了本书的创新性探索研究。

第三节　研究方法

一、实证研究方法

实证研究方法,是指通过分析、归纳和总结目前的法律法规及其适用问题等进行研究的方法。在本书中,通过研究《联合国宪章》《国际法院规约》《国际法院规则》《国际海洋法法庭规约》《国际海洋法法庭规则》等国际法的规定,让第三方介入制度在不同裁决机构适用的法律依据清晰化,探索其在国际审判中实行的情况和出现的问题,为我国利用第三方介入制度提供有益的建议。

实证研究方法中一个重要而典型的研究方法是案例研究法,在法学领域的研究方法中占有极其重要的地位,受到普遍而广泛的应用,尤其在研究国际判例的时候是首要选择的方法。研究国际争端解决机构的已有案例,能够帮助我们厘清第三方介入制度的发展脉络,加深对该制度的理解,加强对这一制度的掌握,通过案例研究法更易归纳出第三方介入制度当中一些重要的原则、特征、国际争端解决机构的态度倾向和适用过程中存在的争议。与国内法院不同,国际法院审判过程中适用的国际法规则对相关国家并非有绝对的强制力,国际法的有关裁决只有基于国家同意原则才能得到一国的承认与遵守。因此,常设国际法院、国际法院、国际海洋法法庭、常设仲裁法院等国际争端解决机构制定的国际法条款无法像国内法律那样精确,几乎所有规定中的某个词语的解释都存在激烈的争辩。在国际裁决实践中,判例可以体现法官对抽象的某一国际法规定的解释,这些解释随着时间的推移会对某一制度的发展起到促进创新和发展的作用,有助于充实一个制度的内容和不断完善该制度的价值。鲜活的判例和国际争端解决机构对国际法条款的规范性实践共同构建了第三方介入制度。实证研究法对本书的研究的开展起着至关重要的作用,对判例的深入研究和梳理,以及挖掘判例裁决的制定过程、裁决原因、裁决的法律价值和裁决结果导致的后续问题都是本书需要重点解决的问题。研究第三方介入制度案例,应避免将眼光局限于制度条文本身,引入了大量的国际实践中需要考虑的现实因素,使对该制度的研究不再是“无源之水、无本之木”。

二、历史研究方法

历史研究方法指的是以历史发展的眼光去研究某一客观事物,这印证了马克思主义哲学的基本观点,世界是物质的,物质决定意识,万事万物处在不断运动发展变化的过程中。历史研究方法指导本书在研究第三方介入制度时,以历史的发展眼光去看待它,寻找第三方介入制度的源头,分步骤分阶段,有比较地开展研究,透过国际法院的裁决判例看到第三方介入制度的本质,辨别涉及第三方介入的不同案件出现不同判决结果的原因,揭示出第三方介入制度的发展规律,挖掘出国际法院法官对待第三方介入制度的态度和立场趋向。历史研究方法指引本书在研究第三方介入制度的过程中,不单单研究第三方介入制度的发展史,还要研究《国际法院规约》《国际法院规则》的制定史。第三方介入制度的实质性转折出现在1989年提起的萨尔瓦多诉洪都拉斯陆地、岛屿和海上边界争端案,研究该案应当对第三方介入制度追根溯源,第一次有关该制度的案例出现在常设国际法院时期,即1923年的英国、法国、意大利、日本诉德国的温布尔登案,波兰依据《常设国际法院规约》第63条提出介入申请,获得常设国际法院的许可。第三方介入制度的发展历程具有一体化特征,本书在开展研究的过程中对第三方介入制度的整个立法史和发展史进行综合评价。

三、比较研究方法

比较研究方法指的是通过对比不同的制度、规则、程序、历史时期等方面来发现某一研究对象产生的动因、发展的趋势,以此增加论文研究挖掘的深度。比较研究方法广泛存在于众多学术领域,更是法学研究中极其重要的研究方法之一。在国内的民事诉讼和行政诉讼程序中,很早就存在类似于国际法中第三方介入制度的第三人制度。在国际法中,第三方介入制度不单单存在于国际法院当中,还存在于一些国际仲裁规则、《国际海洋法法庭规约》、《国际海洋法法法庭规则》当中。第三方介入制度起始于1875年,当时国际法研究会(the Institute of International Law)尝试制定介入制度,具体体现在《国际仲裁规则》(the Règlement for International Arbitration)第16条。[①] 此外,在《国际法院规约》中,介入制度体现在相互联系的第62条和第63条中。鉴于第三方介入制度的广泛性和多样性,有必要运用比较研究方法,多角度多方向地全面考察第三方介入制度的制定动因、历史演进、发展趋势,对第三方介入制度的实质内容更加全面地理解。比较研究法有助于研究者站在充分的国际法实践的基础上,更加深入、清晰地

---

① Rosenne, The Law and Practice of the International Court, 1920 – 1996, Vol. Ⅲ, p. 1481.

分析第三方介入制度。

四、法解释学研究方法

法解释学研究方法在法学研究方法中具有举足轻重的地位，是研究某一制度时必不可少的基本研究方法。根据不同的标准，可以把法解释学分成若干类，主要包括历史解释、目的解释、文义解释和体系解释等。针对第三方介入制度进行研究时，使用法解释学对第三方介入的法律依据进行全面探讨不可或缺。法官在裁决的过程中也常常使用这一研究方法对案件进行总体把握。

第四节　研究思路

本书的研究思路如下：

第一，研究国际争端预防与解决中第三方介入制度概述，具体包括第三方介入的国际法起源，第三方介入的概念、性质，及其在不同国际法规则中的规定。第三方介入的国际法起源分为第三方介入的起源和国际争端解决中的第三方介入的起源两个方面。对第三方介入的性质的研究主要从诉讼类案件中的第三方介入和咨询类案件中的第三方介入两个方面着手。第三方介入制度的基本规定具体包括《国际法院规约》《国际法院规则》《国际海洋法法庭规约》《国际海洋法法庭规则》的相关规定。国际争端预防与解决中第三方介入制度的历史发展，包括国际法院、常设仲裁法院、《联合国海洋法公约》附件七临时仲裁庭(temporary arbitration court，TAC)在国际海洋争端解决中第三方介入制度的历史发展三个部分。在国际法院的海洋争端案件中，根据介入申请依据的条款不同，分为依据《国际法院规约》第62

条提起的介入和依据《国际法院规约》第63条提起的介入。

第二,研究国际争端预防与解决中第三方介入制度的实体问题,具体包括第三方介入的基本形态、第三方介入法律利益的认定、第三方介入与管辖联系、第三方与裁决的效力、第三方介入与法官考量。第三方介入的一般构成要素包括第三方介入制度的主体、介入的目的和可能受到法院判决影响的法律性质的利益,第三方介入的特别构成要素是管辖根据。

第三,研究国际争端预防与解决中第三方介入的程序问题,具体包括第三方介入的启动主体与目的、提起第三方介入的时间、第三方介入的非决定性的裁夺因素。获许介入的第三方取得的权利,诸如取得相关资料的权利、提交书面陈述的权利阐释介入目的的权利、任命专案法官的权利。第三方的义务主要包括限制裁决机构管辖权扩张的义务、对参加请求提出意见的义务。同时分析了其他附带程序中的第三方介入和强制仲裁程序中的第三方介入问题。

第四,研究国际争端预防与解决中第三方介入的限制问题。限制性因素包括诉讼请求不存在争端、禁止引入新的争端、主张领土主权的争端涉及多边条约的争端、涉及不可或缺第三方规则、国际礼让原则的争端。在诉讼请求不存在争端方面依次分析了国际裁决中对争端的界定和不存在争端对介入的限制。在导致引入另外的争端方面,逐一分析了国际裁决对引入另外的争端的界定和引入另外的争端对介入的限制。在主张领土主权的争端方面,先后分析了国际裁决对领土主权争端的界定、主张领土主权争端对介入的限制。在涉及多边条约解释的争端方面,顺次探究了国际裁决对多边条约解释的争端的界定和涉及多边条约解释的争端对介入的限制。在涉及国际礼让的争端方面,依序探讨了国际礼让的内涵和国际礼让对介入的限制。

第五,研究国际争端预防与解决中的第三方介入反思与中国方案。需要透过第三方介入在实践中的表象进行反思,由此可以发现第三方介入有以下数种发展趋势,即介入现实应用普遍化、介入法庭博弈深入化、介入裁夺态度缓和化、介入裁夺标准清晰化、介入限制因素丰富化、介入管辖范围扩大化。在对国际争端预防与解决中的第三方介入问题分析推理的过程中,探析了强制仲裁程序与第三方介入适用的问题,第三方介入相关管辖权的自我修复性问题。国际争端预防与解决中,我国应用第三方介入制度具有可能性,这反映在中国对国际法院和国际海洋法法庭的态度、中国在国际法院和国际海洋法法庭的法官,中国在国际法院和国际海洋法法庭的实践等方面。中国应当积极活跃地争取主动地位,尽早开始为各类国际海洋争端做好应对方案,并从国际法理论上进行充分、翔实的论证。国际法本身可以作为一种法律工具,参加也不例外,中国可以巧妙地利用第三方介入制度,取得其他的利益。关于第三方介入的问题上,中国需要慎重地定夺究竟是选择还是放弃,无论作出何种选择,都要巧妙借助国际法途径。中国需要加深与国际法院或国际海洋法法庭的联系,增强自身的在国际法庭的实践能力,一方面通过不断研究判例,从其他国家汲取有益的经验;另一方面通过主动参加国际裁判程序来积淀国际法经验。

第五节 研究创新点和难点

一、研究创新点

本书的创新点主要有以下几点:

第一,研究领域新。目前国内关于国际争端解决机构中的第三方介入问题研究成果较少,或是在研究国际法院的过程中在某一章节对附带程序中的第三方介入问题进行研究,或是研究关于第三方介入的一个案例,或是研究以非当事国身份的介入这一种形式,或是研究《国际法院规约》第 62 条的适用问题。国外对第三方介入问题的研究成果出现较早,集中性较强,主要出现在 20 世纪 80 ~ 90 年代,而近年来又出现了几个关于第三方介入的新的案例,国际法院对待第三方介入的态度也有所改变,第三方介入属于国际法院的一项附带程序,相比国际法院中的管辖权等问题受到较少关注。总的来说,目前国内外,都缺乏关于第三方介入制度的全面研究。第三方介入制度具有重要的学术价值和应用价值,其社会意义也不容小觑。本书全面研究第三方介入制度,且具体到国际海洋争端这一特定领域。研究国际争端中的第三方介入制度,可以未雨绸缪,为我国未来应对相关问题提供有益的建议。

第二,案件梳理新。为了全面研究第三方介入制度,本书对案件梳理后依据不同的分类标准,可以归纳为不同的几类。按照第三方介入案件出现的历史时期的不同,可以分为常设国际法院时期的第三方介入案件和国际法院时期的第三方介入案件。按照申请介入国提出的介入依据的不同,可以分为依据《国际法院规约》第62条的介入和依据《国际法院规约》第63条的介入。按照法院对介入国提出的申请是否支持的结果不同,可以分为允许第三方介入的案件和拒绝第三方介入的案件。按照法院允许介入案件的第三方身份的不同,可以分为以当事国身份的介入和以非当事国身份的介入。按照案件涉及的第三方对法院管辖权的影响,可以分为普通的第三方介入案件和不可或缺第三方介入案件。按照第三方案件是否涉及海洋争端,可以分为国际海洋争端中的第三方介入案件和非国际海洋争端中的第三方介入案件。按照裁决作出的主体的不同,可以划分为国际法院作出裁决的第三方介入案件和国际法院分庭作出裁决的第三方介入案件。按照是否准许第三方介入的裁决形式的不同,可以划分为以命令形式作出裁决的第三方介入案件和以判决形式作出裁决的第三方介入案件。按照请求介入的第三方的数量多少,可以划分为一国提出申请的第三方介入案件和多国提出申请的第三方介入案件等。

第三,思路观点新。本书的研究思路是由大到小,由抽象到具体,先从国际争端中的全部第三方介入案件入手,进而具体到国际海洋争端中的第三方介入案件,从所有的不可或缺第三方介入案件到国际海洋争端中的不可或缺第三方介入案件。根据国际判例中其他国家对第三方介入制度的采用情况,总结汲取经验,进而提出一些建设性意见。文中对比了国际法院、常设仲裁法院、国际海洋法法庭等国际争端解决机构关于第三方介入制度的规定,这一研究思路在现有的研究成果中几乎没被运用过。中国采取不接受国际法院管辖的态度,本书探究了其原因。为了谋求更大的国家利益,中国应当始终坚持一贯的国际立场,不接受国际法院的管辖,但与此同时,也要灵活、巧妙地利用其他途径参与到国际法院的裁决实践活动中去。为了维护中国的国家利益，争取更大的国家利益，第三方介入制度和不可或缺第三方规则是中国参与国际法院裁决活动的突破口和潜在路径，中国可以在恰当的时机选择以非当事国的身份向国际法院申请介入，维护中国更多的国家主权利益和政治利益。

第四，研究视角新。本书关于第三方介入制度的国际法起源分为两个部分，分别是第三方介入制度的起源和国际海洋争端解决中第三方介入的起源。在研究第三方介入的性质时分别以诉讼类案件中的第三方介入和咨询类案件中的第三方介入为视角。在研究第三方介入制度的国际法基本规定时，着眼于几大国际争端解决机构的相关规定，诸如《国际法院规约》《国际法院规则》《国际海洋法法庭规约》《国际海洋法法庭规则》等规定。在研究国际海洋争端解决中第三方介入制度的历史发展时，分别从国际法院、常设仲裁法院和《联合国海洋法公约》附件七临时仲裁庭三个角度入手。在研究第三方介入的构成要素时，首先关注于一般构成要素，进而探索管辖根据这一特别构成要素。文章采用由第三方介入问题延伸到第三方“不介入”带来的问题的角度，逐步推导出不可或缺第三方规则，接着探究不可或缺第三方规则对管辖权的成功阻却和失败阻却。在研究国际海洋争端解决中第三方介入问题对中国的启示时，既从对一般的介入问题的价值和中国运用的途径的研究角度出发，又从“不介入”产生的不可或缺第三方规则的价值和中国运用的途径角度出发，双重并进地开展研究。

二、研究难点

本书从国际争端预防与解决的角度探索研究第三方介入制度，是一次崭新的尝试，在研究上面临许多困难，主要包括以下几个方面：

第一，国际法中关于第三方介入的构成要件，国际裁判认定标准不够清晰，介入制度的国际法规定由来已久，但由于国际司法机构对待第三方介入问题的态度在近年来才有所转变，法官们对第三方介入的相关问题的意见还存在较多分歧。国际法学者对于第三方介入中诸如何为第三方的法律利益、何种情况下第三方的法律利益构成裁决的主题事项等问题也处于激烈的争论中。同时本书以国际司法判例为基础，而国际司法判例并不构成严格意义上的国际法的渊源，就国际法院来说，既存的判例有的涉及英美法系国家，有的涉及大陆法系国家，国际法院不能以判例为基础，在之后的审判中严格地以此要求彼。因此上述问题使本书的研究在定论时较难把握。

第二，在研究第三方介入实践中产生的不可或缺第三方规则，国际法院在审理过程中论证了该请求介入的第三方也是不可或缺第三方，这支撑了管辖权存在的观点。不可或缺第三方规则涉及认定第三方是普通的第三方还是不可或缺第三方，这取决于国际法院作出的裁决对第三方带来的结果是造成影响还是有拘束力。在司法实践中，国际司法机构具有一定的自由裁量权，现存的涉及不可或缺第三方的案例较少，法官的态度和认定标准还不够清晰。不可或缺第三方规则虽然可以否定国际司法机构对案件的管辖权，但是也有弊端。上述问题给本书研究带来了一些难题。

第三，第三方介入在《公约》附件七中属于“法律空白”状态，那么《公约》附件七是否存在第三方介入制度，需要综合多方面分析，具体主要包括对文本语境、产生历史、仲裁特性、仲裁实践等方面的逐一分析。

第四，第三方介入实践中逐渐形成了一套对介入的限制因素体系，诸如诉讼请求不存在争端、禁止引入新的争端、主张领土主权的争端、涉及多边条约的争端、涉及不可或缺第三方规则、国际礼让原则的争端等,这些因素如何干涉和影响介入是不易解读的问题。

第五,第三方介入问题与中国的国际司法实践如何结合起来?在当前中国对国际司法机构管辖权的立场明确的前提下,本书研究的第三方介入问题和不可或缺第三方规则以及提出的国际裁决不可损益第三方等论点,与中国有何关联,如何为中国灵活、巧妙地所用?在国际海洋争端解决中,这是与中国领土主权息息相关的问题。

第一章　国际争端预防与解决中第三方介入制度概述

第一节　国际争端预防与解决中第三方介入的概念

"介入"(intervention)一词由来已久,它包含加入、介入与干预等更广泛的含义。在国际争端解决机制中,介入有多重含义。一方面可以指通过武力或者非武力的方式,第三方介入以对纠纷进行干预、调停、调查、调节等政治手段;另一方面可以指国际争端诉讼程序中,包括国家、非政府国际组织、国家授权的个人等第三方,参与案件审理的主要诉讼程序的过程。国际海洋争端解决程序中所指的介入,是本书所要研究的对象。《国际法院规约》第62条首次将"介入"一词带入国际海洋争端解决程序的视野,其中"介入"一词主要出现在《国际法院规约》第62条、第63条、第66条,《国际法院规则》第81条,《国际海洋法法庭规约》第31条、第32条,《国际海洋法法庭规则》第84条等。“介入”一词在国际权威性的《布莱克法律词典》中的含义是,由于和诉讼判决可能具有利害关联,因此非案件当事者介入诉讼的审理程序,第三方参与的形式包括加入原告一方、加入被告一方或者作为区别于原告与被告的一方,对原告与被告一起提起诉讼请求。① “介入”一词在《维博司特新世界法律大辞典》中的解释为,与案件的审理结果具有极其关键性的利益的第三方,介入诉讼以期将身份由案件之外的第三方转变成诉讼当事方的过程。② 第三方介入在某种程度上有助于国际争端解决机构清晰了解案件事实,提高审理案件的效率,形成获得普遍认可的裁决结果。介入最初是存在于国内法当中,被称作诉讼中的第三人制度,根据请求权的性质不同,包括有独立请求权的第三人与无独立请求权的第三人,第三人介入诉讼的目的是参与诉讼而对国内法院的裁决结果产生影响,引起法官的重视与权衡各方利益,达到保障自己权益不被侵害的结果。③ 因此,我们在研究介入问题时应当详细地翻阅世界各国的国内诉讼法律,分析这些条文的内容与制定原因,寻找介入问题的法理基础。各国的第三人制度因历史文化传统、法律发展程度、法理推导逻辑的不同而出现区别,分别形成具有不同结构体系的第三人制度。法国的民事诉讼法律中对介入是这样限制的,即法院认为第三方请求的介

---

① Bryan A. Garner ed., Black's Law Dictionary (Eighth Edition), Thomson West, p. 2406 - 7.

② Susan Ellis Wild ed., Webster New Worlds Law Dictionary, Indianapolis: Wiley Publishing, Inc., 2006, p. 160.

③ 陈治世:《国际法院》,台北,台湾商务印书馆股份有限公司1991年版,第147页。

入具有管辖权的前提是,要求介入诉讼的第三方和诉讼中的当事方的起诉内容存在较大的关联。[①] “介入”一词在美国相关的民事程序规定中的含义是,在先不是诉讼的当事者,以保护己方的权益不受侵害因而选择介入诉讼程序,将身份转变成诉讼当事方的介入形式与活动。[②] 这两种规定是一国国内的法律,且一般为民事诉讼法中的介入,我国《民事诉讼法》中的第三人制度比较复杂,它最初自苏联的第三人制度,也就是说与大陆法系的第三人介入诉讼制度存在较大的关联,同时引入了美国的第三人制度的部分内容,我国《民事诉讼法》中依据权利的差异将第三人划分为有独立请求权与无独立请求权两种形式,以期能对民事诉讼主体提供更多的权益保障。国际法中的第三方介入制度与国内诉讼法中的第三人制度既有区别又有联系,其中显而易见的区别是诉讼主体、介入的法律依据、诉讼介入的时间、法院或法庭对介入请求的审理、介入诉讼的形式等,具有相似点的地方是介入目的。概括来说,国际争端解决程序当中的第三方介入制度与国内法中的第三人制度存在关联,由于国内法与国际法是不具有比较性的两类法律体系,因此需要对国际法律中的介入进行专门、特别的解释。日本国际法学会出版的《国际法大辞典》中针对“介入”一词进行了定义与解释,依据的基础是《国际法院规约》第62条与第63条的内容,《国际法院规约》第62条指的是一般性质的介入,《国际法院规约》第63条与第62条完全不同,指的是对某一问题进行解说的介入。《国际法院规约》第62条所指的介入的含义是国际法院作出的审理结果对第三方法律性质的利益造成

① 《法国新民事诉讼法典》,罗结珍译,法律出版社2008年版,第357页。

② 汤维建主编:《美国民事诉讼规则》,中国检察出版社2003年版,第105页。

影响,这不是单独的间接联系,或者条件性的假设连续,而是国际法院通过推理过程给出判断结果,国际法院如果查找到具有足够证明力的证据而能够认定第三方的法律性质的利益与此具有关联的条件,应当批准第三方介入案件,《国际法院规约》第 62 条保障了第三国具有请求介入诉讼的基本权利。[①]《国际法大辞典》对介入作出了相对深入、完整和客观的解说,虽然这一解说并非具有绝对的权威性。本书引用的案件涉及多类介入,既包括《国际法院规约》第 62 条、第 63 条的介入,有包括《国际海洋法法庭规约》第 31 条和第 32 条、《国际海洋法法庭规则》第 84 条、常设仲裁法院及《联合国海洋法公约》附件七临时仲裁法庭的第三方介入制度。在国际法院的诉讼规定中对第三方(the third party)的术语是第三国,这是因为国际法院管辖的主体仅为国家,第三方介入是一项附带程序,它依赖于诉讼的主要程序而存在,第三国的存在是以诉讼当事方的存在为基础,对于国际法院的诉讼用语而言,第三方与第三国是一个概念。尽管国际海洋争端中的第三方不一定会在请求中清晰地表示为了保障自己的法律性质的利益不被法院或法庭的审理结果影响,但是这几乎是所有请求介入的国家的最初目的,同时也是《国际法院规约》第 62 条指明的第三方介入的出发点。介入程序随着诉讼主要程序进行,主要步骤显示为第三方提出请求,国际法院或法庭要求诉讼当事国与第三方分别进行书面意见交换,之后再择期进行公开审判,依据国际法进行逻辑推理,认定是准许抑或不准许,对于准许的案件,之后将进行案件实质内容的审理,第三方需要到场参与,最后

---

① 日本国际法学会编:《国际法大辞典》,世界知识出版社 1985 年版,第 612 ~ 613 页。

国际法院综合考虑各方因素，作出有拘束力的裁决。《国际法院规约》第 62 条并未明示第三方介入的形式，然而在国际法院 1990 年对萨尔瓦多诉洪都拉斯陆地、岛屿与海洋边界争端案中对第三国尼加拉瓜的请求的判断中表明了介入的形式可以划分为两种，即以当事国身份与以非当事国身份。《国际法院规约》第 62 条与第 63 条之间的不同之处很多，在第三方的介入身份方面，《国际法院规约》第 63 条的介入只能是以当事国的身份，而第 62 条的介入既可以是以当事国身份，又可以是以非当事国身份，国际法院都是承认的，但是值得注意的是以当事国身份请求的介入。截至目前，仅有尼加拉瓜诉哥伦比亚领土与领海争端案中洪都拉斯于 2010 年 6 月 10 日作出的请求，[①]国际法院在 2011 年 5 月 4 日的裁决中拒绝了洪都拉斯的申请，因此可以说国际法院诉讼中对第三方以当事国身份请求介入的案件没有准许的先例。国际法院对第三方以何种形式请求的介入进行裁判，就目前的状况来看，第三方能够通过当事国的身份介入案件的可能性很小。

第二节　国际争端预防与解决中第三方介入的历史沿革

第三方介入的起源需要追溯第三方介入在国际争端解决程序中的产生与存在形式。在传统的国际争端解决程序中，普遍接受的是双边的诉讼模式，无论是纠问式还是对抗式，因此诉讼审

---

① Judgement of 4 May 2011 of Application by Honduras for Permission to Intervene, p. 421.

理结果拘束的仅为案件的当事方，这种拘束力（res inter alios acta）仅仅及于当事方各国。《国际法院规约》与《国际法院规则》的制定者也是出于这一观点创设了相关规定。[①] 但是，从国际争端解决实践中可以发现，争端涉及的常常并非观点相悖的两个国家，尤其在国际海洋纠纷中，牵涉的第三方甚至不止一个，传统的国际法将第三方纳入案件裁决的考虑范围，重新塑造了国际裁决审判的结构，让第三方这一特殊主体在案件审判中发挥应有的作用。国际法的主体众多，在国际活动中受到国际公法的调整与约束，国际公法由此确定了国际法主体的权利与义务，各类国际法主体都能获得国际公法规制产生的利益。[②] 各个国际法主体在国际社会中的活动可能对他国利益造成侵害，因此，纠纷涉及的不仅是站在法院或法庭上的当事方，还有潜在的第三方，这也是第三方产生的原因之一。虽然法院或法庭的裁决会给第三方带来影响，但是法院或法庭无法避免这一状态，只能努力尽可能地将影响的范围控制在当事国范围之内，国际海洋争端往往是涉及多方的，但是传统国际法中的审判却是双边的，这无疑产生了不可调和的矛盾，因此第三方寻求保障自己法律利益的请求必然出现。国际法的形成与遵守取决于国家自愿将权利交出一部分，或者说主动愿意接受国际法院或法庭的管辖。国际争端解决中，申请国可以自主地依据自己的偏好选择法院或法庭等争端解决机构，并且能够依据自己的主观需求提交申请书，这是一种当事人自治原则（doctrine of the

---

① Rosenne, The Law and Practice of the International Court, 1920 – 1996, Vol. Ⅲ, p. 1481.

② Chinkin, Third Parties in International Law, p. 147 – 148.

party autonomy)的体现。案件当事方对第三方的介入有时在预料之内,有时在预料之外。国际法院或法庭作为国际社会秩序的维持者,需要考虑多方事项,以平衡各方的法律利益,可能是第三方的法律利益,在这样的前提下行使自己的管辖权。国际社会在制定裁决程序规则时不得不充分考虑各方的法律权利,尤其是第三方的权利与法律性质的利益,由此可能对传统的国际法程序的双边主义特性造成冲击。① 与此同时我们需要注意的是倘若过多考虑第三方的权利与法律性质的利益,将有可能违背当事人意思自治原则,可能影响国家对国际裁决程序的选择与信赖。国际法院或法庭突破这种阻碍的方法是努力使第三方权益的保障与当事人自治原则相协调,一方面要尽量避免第三国过度使用这一权利,另一方面要在作出裁决时能够兼顾第三方的权益,在必要的时候同意第三方介入诉讼的期待。第三方介入与否首先源于第三方自己的主观态度和目的,其次才是依据国际法衡量自己是否具有参诉的权利,至于最后是否成功介入案件,还要取决于国际法院的判断,可以说第三方介入程序是相对复杂与特别的程序。第三国的介入申请具有至关重要的意义,它的提交意味着推开国际裁决程序中附带程序的大门,第三方介入相关规定存在已久,第三方是否选择介入在很大程度上取决于国际争端解决机构之前对待第三方介入的态度和立场,因为这直接关系到介入申请的成功与否,毕竟介入需要一定的诉讼经济成本,这是第三方不得不考虑的一个方面。

第三方介入制度的起源并非国际法院,也并非历史更久远的

---

① Chinkin, Third Parties in International Law, p. 149.

常设国际法院(Permanent Court of International Justice),[1]而要追根溯源到国内裁判程序中。最初,第三方介入制度存在于各国国内的诉讼程序当中,而在国际裁决程序中没有第三方介入这种国际习惯。在国际仲裁中,国际社会的早期观点普遍为仲裁事项仅和仲裁双方有关,与其他国家毫不相关,对于仲裁双方之外的国家来说,仲裁事项是不相关的事项(res inter alios acta),这一观念一直延续了许多年。1875 年,国际法研究会(Institute of International Law)提出并审议通过了《国际仲裁裁判程序规则草案》(the Règlement for International Arbitration)。该草案的第 16 条规定,在国际仲裁双方当事国表示同意的前提下,第三国方能主动提出介入。[2] 这一草案的通过,代表着国际仲裁中对第三方介入制度的初步有限的认可,改变了人们以往对仲裁裁判双边主义的思想观念。之后,常设仲裁法院在 1904 年作出首次裁决,这也是一例第三方介入的案件,即封锁国对委内瑞拉索赔的优惠待遇案,[3]申请方是德国、英国与意大利,被申请方是委内瑞拉,案情是关于给予委内瑞拉革命中遭受损失的国民补偿,和优先支付委内瑞拉债券的问题,仲裁庭支持原告的诉讼请求,列强也采取了一些关于请求的战争报复行为,如扣押委内瑞拉船只、封锁委内瑞拉海岸等。然而,之后常设仲裁法院在 1907 年制订的计

---

① 对 Permanent Court of International Justice 的中文翻译有两种,《联合国宪章》第 92 条的中文翻译为"国际常设法院",《国际法院规约》第 36 条第 5 款中的翻译是"常设国际法院",本书采用《国际法院规约》的中文翻译。

② [日]杉原高嶺:《国际司法裁判制度》,易平等译,中国政法大学出版社 2007 年版,第 251 页。

③ Preferential Treatment of Claims of Blockading Powers Against Venezuela (Germany, Great Britain and Italy v. Venesuela).

划中没有涉及第三方介入的问题。[①] 1899 年和 1907 年先后举行过海牙和平会议,第一次海牙和平会议由俄国沙皇尼古拉斯二世发起,沙皇的目的是回溯亚历山大一世神圣同盟的传统与亚历山大二世发起的 1874 年布鲁塞尔会议的传统,但就此目的而言,会议没有取得成功。但是达成的三个公约具有极其重要的意义,分别是《和平解决国际争端公约》(Convention for the Pacific Settlement of International Disputes)、《陆战法规与惯例公约》(Convention on Marine Laws and Regulations and Practices)、《日内瓦公约的诸原则适用于海战的公约》(Convention for the Adaptation to Maritime Warfare of the Principles of Geneva Convention),其中《和平解决国际争端公约》是以海牙的常设仲裁法院为基础。1907 年,美国发起了第二次海牙和平会议,会议的《最终议定书》囊括了不只 13 个公约,有 3 个公约对第一次海牙和平会议达成的公约进行了修改。这两次海牙和平会议达成的公约中没有类似于之后《国际法院规约》第 62 条的规定,但是在 1899 年《和平解决国际争端海牙公约》第 56 条和 1907 年《和平解决国际争端公约》第 84 条中有关于之后《国际法院规约》第 63 条的规定。

常设国际法院时期,1907 年的海牙和平会议中就出现了希望建立一个国际争端解决机构的提案,第二次会议举行于伦敦。在 1920 年 2 月 13 日这次会议上,与会方依据《国际联盟规约》第 14 条委托行政院制定一份国际争端解决机构草案,要求该草案能够代表世界各种文明和法律体系。为了更好更快地推进工作进程,行政院设立了法学家咨询委员会(Advisory Committee of

---

① Report of Mr de Lapradelle, Chairman of the Drafting Committee, Procès-Verbaux of the Proceedings ofthe Committee, 1920, p. 693 – 749.

Jurists)。1920 年 6 月 16 日,法学家咨询委员会举行了首次会议,列昂·鲍戈若斯(M. Léon Bourgeois)作为会议的主持人,引导参会者对五大议题开展讨论:

(1)法院应当实行怎样的组织,诸如怎样选举法官?

(2)法院的规约和法官应怎样确立?

(3)法院如何选址?

(4)法院的程序规则应该怎样规定?

(5)法院的管辖权范围怎样划定?[①]

这五大议题中争议最大的是法院的管辖权范围问题,问题的核心为是否设定一般强制管辖(general compulsory jurisdiction)。如果常设国际法院设立一般强制管辖,那么它的性质将不是建立在平等国家之间的国际争端解决机构,而是超越所有国家之上的国际争端解决机构。这违背 1648 年以来形成的主权国家体系的国际法,也违背平等者之间无管辖权的国际法原则。经过长时间的讨论,法学家咨询委员会采纳了第 36 条这一规约草案:

(1)国家法院的管辖范围包括所有争端当事国提交的案件,和依据公约或生效的条约规定的案件;

(2)《国际联盟规约》的成员方,《常设国际法院规约》的成员方,在条约的附录中记录的,或在签署加入上述《国际法院规约》议定书或生效时或此后作出无须特别协定,并承诺接受强制管辖和类似于其他国家的义务的,将接受常设国际法院管辖如下类型的争端:

(a)条约的解释;

(b)所有国际法问题;

---

① Fachiri, Alexander P., The Permanent Court of International Jusitice, Oxford University Press, 1925, p. 1 – 3. See also Szafarz, R., supra note 9.

(c)所有构成建立国际义务的事项;

(d)依据国际义务进行赔偿的范围和性质。

法院自己决定自身是否具有管辖权。①

关于第三方介入问题,裁决咨询委员会表示将及时解决作为第三方权利的介入问题,1907 年常设仲裁法院在计划中没有提到这一问题,1899 年《和平解决国际争端公约》中几乎也未提到这一问题。为了建立常设国际法院,裁决咨询委员会以法院对任何法律纠纷均具有强制管辖权为根本,即规约的成员方自动受到法院管辖,制订并提交了计划,但是国联理事会所(Council of League of Nations)对强制管辖权这一部分不予赞同。如果国联理事会所支持裁决咨询委员会提交的计划方案,则不存在第三方介入中法院管辖权范围的问题。② 裁决咨询委员会的首份草案中没有涉及目前《国际法院规约》第 62 条的介入,其中第三章程序部分第 23 条是关于目前《国际法院规约》第 63 条的介入。在裁决咨询委员会第 28 次闭门会议中,菲立墨(Lord Phillimore)认为,英国法中包含介入的权利,但申请介入方必须与被告一个立场。骆德(M. Loder)提出荷兰法中存在介入的权利,申请介入方可以自己选择和哪方保持同一个立场。裁决咨询委员会的会议主席提出介入是第三方的一种权利,是既判力(res judicata)原则的一种延伸,政治性的介入和以现存利益为基础的介入是不同的两个概念。在关于创设常设国际法院的提案中,关于第三方介入问题的提案包括丹麦、挪威和瑞典政府分别署名起草的《关于

---

① Hudson, Manley O., supra note 15, p. 161.

② Rosenne, The Law and Practice of the International Court, 1920 – 1996, Vol. Ⅲ, p. 1485.

国际争端解决机构公约草案》第 31 条,[①]《五个中立国的计划》第 48 条,[②]瑞典政府委员会在 1919 年起草的《关于一个常设国际争端解决机构的公约草案》第 21 条。[③] 在《五个中立国的计划》第 48 条第 1 款中规定“第三国可以在一项纠纷影响其利益的条件下介入诉讼”。菲立墨(Lord Phillimore)提出应当这样规定:在第三国认为法院的受理纠纷对其利益造成影响时,应当提出介入申请,法院在适当的前提下允许介入。菲南德(M. Fernandes)提出第三方申请介入的前提应当是认为自己的法律利益可能受到影响。裁决咨询委员会主席提出从普通法的角度解决介入问题,如果一个国家认为法院受理的争端对它的权利会造成影响而向法院申请介入,法院应当允许。阿达茨(M. Adatci)认为,用“利益”一词代替“权利”更恰当。德·拉朴代尔提出一个疑问,第三国介入的诉讼中缺乏第三国国籍的法官,那么法院是否还具有管辖权,会议针对该问题暂且不予讨论。裁决咨询委员会主席建议这样规定:“如果一个国家认为它拥有的法律利益可能受到法院判决的影响,它可以向法院提交一份介入申请,由法院判决是否同意该请求。”[④]这一表述几乎和目前的《国际法院规约》第 62 条

① Documents Presented to the Committee Relating to Existing Plans for the Establishment of a Permanent Court of International Court of Justice, p. 181.

② Documents Presented to the Committee Relating to Existing Plans for the Establishment of a Permanent Court of International Court of Justice, p. 321.

③ Documents Presented to the Committee Relating to Existing Plans for the Establishment of a Permanent Court of International Court of Justice, p. 243.

④ "Should a State consider that it has an interest of a legal nature, which may be affected by the decision in the case, it may submit a request to the Court to be permitted to intervene. It will be for the Court to decide upon this request."

相同,在代表们的支持下被列在草案第三章的第23条前面。[①] 在排序后的一读时,这一条置于草案的第60条。[②] 最终的草案文本又被修改,增添了“作为一个第三方”。[③] 之后以《常设国际法院规约》第62条的位置出现。最后,法学家咨询委员会由巴润德斯卡普斯(Baron Descamps)进行会议总结,他强调了国际社会对第三方介入制度的密切关注。[④] 沙伯太·罗森尼指出,法学家咨询委员会的报告记录中使用的语言存在很大问题,许多参会成员是运用法语发言,但是会议报告记录运用的是英语,因此常常出现措辞不一的问题。例如,会议的最终确定下来的记录增加了“作为一个第三方”这一表述成了之后介入问题的频繁产生争议的导火索之一。这一措辞的历史来源不清晰,无法真正追根溯源,在之后创设的常设国际法院和国际法院在审理案件时无法采用统一、明确的标准,不断在法官的个人意见和异议意见等中出现不同的见解和观点,法院的案件也没有形成统一明晰的判例,法官对待某些模糊规定的事项拥有一定的自由裁量权。然而这种自由裁量权应当由明确的法律规定为其划定一个范围,在法律规定都模糊的前提下,何以产生法官的自由裁量权。[⑤]

在旧金山会议召开之前,中国、美国、英国和苏联于1944年

① The 28th Meeting (Private), held at the Peace Palace, the Hague, on July 20th, 1920, Procès-Verbaux of the Proceedings of the Committee, 1920, p. 592 – 594.

② Procès-Verbaux of the Proceedings of the Committee, p. 669 – 670.

③ “Should a State consider that it has an interest of a legal nature, which may be affected by the decision in the case, it may submit a request to the Court to be permitted to intervene as a third party”, Procès-Verbaux of the Proceedings of the Committee, 1920, p. 684 – 685.

④ Procès-Verbaux of the Proceedings of the Committee, p. 754.

⑤ Rosenne, The Law and Practice of the International Court, 1920 – 1996, Vol. Ⅲ, p. 1494 – 1495.

10 月在美国华盛顿建立了华盛顿法学家委员会(The Washington Committee of Jurists),设立的目的是在《常设国际法院规约》的基础上,为即将成立的国际法院拟定一份草案。旧金山会议委托第四专门委员会第一委员会(Committee Ⅰ of Commission Ⅳ)审议上述草案。除了华盛顿法学家委员会提出"作为一个第三方"的措辞在英文版本中删去,在法文版本中保持不变的建议外,华盛顿法学家委员会的草案和旧金山会议的报告中,均无政府提议修改《常设国际法院规约》第 62 条的内容。[①] 特别报告员指出删除"作为一个第三方"的措辞是为了避免误解,而非有意修改条款,这不应被认为是一个重要的问题。[②] 最后的结果是删除了英文和法文版本中的"作为一个第三方"这一措辞。

常设仲裁法院以 1899 年的《和平解决国际争端公约》为基础在 1900 年创立,是世界上首个普遍性的国际争端解决机构。1922 年 2 月 15 日,国际法院的前身常设国际法院在海牙成立,最初的组成人员为 11 个法官与 4 个候补法官,之后于 1929 年去除候补法官制度,组成结构调整为 15 个法官。常设仲裁法院与常设国际法院分别处理不同类型的案件,常设仲裁法院解决的是国际仲裁类案件,常设国际法院解决的是国际裁决、咨询等诉讼类案件。二者的联系是,由常设仲裁法院的国际团体推荐常设国际法院的法官候选人。在第二次世界大战的严重影响下,常设国际

---

① Report on Draft Statute of an International Court of Justice referred to in Chapter VII of the Dumbarton Oaks Proposals (Jules Basdevant, Rapporteur), Official Comments relating to the Statute of the Proposed International Court of Justice, Documents of the United Nations Conference on International Organization, 1945, p. 849.

② Continental Shelf (Tunisia/ Libyan Arab Jamahiriya), Application by Malta for Permission to Intervene, Judgment, ICJ Reports, 1981, p. 15, para. 25.

法院事实上在1940年便停止了所有的审判行动,而表面上,于1946年采用所有法官辞职的形式宣告常设国际法院解散。从1922年到1946年,常设国际法院在存续的24年间审理了65个案件,其中包括33个诉讼类案件,28个咨询类案件。

一、国际法院中第三方介入的历史沿革

(一)依《国际法院规约》第62条提起的介入

在国际法院时期的海洋纠纷中,有1个案件由于存在不可或缺第三方,且第三方没有提出介入案件,国际法院对案件不具有管辖权。

1981年1月30日,马耳他以《国际法院规约》第62条为由要求介入突尼斯诉阿拉伯利比亚人民社会主义民众国大陆架案诉讼程序,被国际法院驳回。主要案情为:20世纪70年代,阿拉伯利比亚人民社会主义民众国和突尼斯分别对自己大陆架范围内的区块进行招标,并授予开发公司进行石油勘探开采的许可证,于是在地中海距离海岸50公里处的派拉诘板块中出现了一个重叠区域。为了解决这项争议,1977年6月10日两国经过磋商达成了特别协议,突尼斯在1978年12月1日,阿拉伯利比亚人民社会主义民众国在1979年2月19日先后就大陆架划界问题向国际法院寻求救济。马耳他在1981年1月30日向国际法院申请加入诉讼;1981年2月26日,案件当事国在最后期限之日对此递交了书面意见,均反对马耳他的介入;根据《国际法院规则》第84条的内容,国际法院就此于1981年3月19日至21日和23日进行公开审理(public hearings),倾听各方的主张。当事国根据《国际法院规则》第81条第2款逐一提出反对意见,认为马耳他没有有力的证据证明裁决结果可能对其法律性质的利益造成影响和其与当事国存在管辖权方面的关系,马耳他提出的请

求中的标的不在《国际法院规约》第62条规定的限制之中。以上任一理由成立,将否定马耳他介入的申请。国际法院为了更好地分析各方的意见,首先探讨与回忆了《国际法院规约》与《国际法院规则》的形成过程,希望能毫无疑问地达成相同意见,把这些问题放在《国际法院规约》的框架下以实际情况为准进行分析,而不是利用《国际法院规则》来寻求之前出现的实质性问题的答案,国际法院需要考虑马耳他在申请内容中采用的依据与讲述的介入的目的能否成为支撑其介入的正当理由。马耳他证明自己的法律性质的利益可能与国际法院判决具有利害关系的证据有:国际法院处理突尼斯和阿拉伯利比亚人民社会主义民众国之间的大陆架划界问题时需要考察与评测的地貌要素等相关估测报告,包括一些极其重要的特别情形、划界中如何运用公平原则等。马耳他认为国际法院对以上问题的做法与判决都会影响到日后自己处理与突尼斯、阿拉伯利比亚人民社会主义民众国等附近国家的大陆架边界问题时的权利。马耳他还说明此次申请介入的目的并非刻意希望国际法院在划界时采用何种方法、划定哪条边界线、运用哪一划界原则,而是仅限于前述原因。国际法院提出马耳他所主张的与该案中的特殊要素存在关系的意思是,马耳他主张中依赖的法律利益与本案双方之间的主要矛盾和潜在的矛盾的问题息息相关,马耳他自己也曾经声明这些法律利益相关的问题是案件所要解决的某一主题事项,马耳他明确地说明自己的申请介入不是为了让国际法院对自己法律利益相关的与突尼斯、阿拉伯利比亚人民社会主义民众国之间的争端进行处理,介入的目的并非期待国际法院对自己单独与突尼斯,或单独与阿拉伯利比亚人民社会主义民众国,或同时与这两国之间的大陆架界限进行认定。从自然因素与法律利益方面考虑,虽然马耳他明显地和国际法院需要处理的在地中海中的确立大陆架边界问题有密切联系,同时这一密切联系无论对地中海区域范围内的国家还是区域范围之外的国家都有利害关系,其中与区域范围内的国家的利害关系更加直接,但是这一密切联系和地中海区域范围内其他国家的利益是一样的,马耳他需要清晰地论证自己可能被国际法院判决造成影响的利益是具有法律性质。在存在特殊协议的前提下,突尼斯与阿拉伯利比亚人民社会主义民众国希望国际法院明确划界所采用的国际法原则与规则,也就是说,突尼斯和阿拉伯利比亚人民社会主义民众国提交给国际法院的不但是各自的请求,还包括各自对特殊协定中的事项的主张。《国际法院规约》第 59 条赋予国际法院的判决对当事国的主张产生限制。马耳他表示介入申请中存在保留事项,即马耳他介入诉讼不意味着希望国际法院对其主张进行裁定。这样一来,马耳他提交的介入请求中提到的法律性质的利益,并非《国际法院规约》第 62 条所指的那种将可能遭受裁决影响的利益。国际法院认为马耳他的申请目的是得到论证,以期让国际法院作出不采纳,采取在其他情形中或许恰当的某一划界准则。倘若国际法院同意马耳他请求的这种类型的介入,将会使突尼斯与阿拉伯利比亚人民社会主义民众国倍感困惑,无法确定哪些能够构成马耳他主张的各自的利益,同时又是案件的主题事项。国际法院认为尽管马耳他非常在意国际法院所作出的裁决对其利益的干扰,但是马耳他的介入申请只会让当事国对争端感到更加模糊,所以马耳他的请求不符合《国际法院规约》第 62 条的规定。在是否具备管辖联系方面,国际法院指出在以上否定马耳他的请求的前提下,无须再论证马耳他的介入申请与突尼斯和阿拉伯利比亚人民社会主义民众国之间具有管辖联系是缺一不可的要素,国际法院基于这些原因没有批准马耳他的请求。1981年4月14日,国际法院一致通过拒绝马耳他介入大陆架案的裁决,该裁决之后附上了一些意见摘要,穆洛赫夫法官支持国际法院的裁决内容,同时却又提出了不同观点,国际法院倘若同意马耳他的介入申请,那么必须满足从《国际法院规约》第二章的条款中取得管辖权,第二章的最根本内容是国际法院仅能在全部争议国家均不反对的前提下才能获得管辖权,因此国际法院对马耳他依据第62条作出的请求的支持必须以满足第二章的基本要求为前提,马耳他明确地说明它并未取得当事国的同意,另外突尼斯与阿拉伯利比亚人民社会主义民众国甚至还明确表示反对马耳他的介入,国际法院缺乏管辖权依据的真正原因是没有满足《国际法院规约》第二章的基本要求。小田滋法官虽然对国际法院的判决表示同意,但是是基于对《国际法院规约》第62条赋予国际法院的管辖权的尊重。裁决书中过于限制对《国际法院规约》第62条的解释,因为目前并没有明确的规定要求介入国也必须同样将法律性质的利益诉诸国际法院定夺,国际法院似乎对马耳他所描述的法律性质的利益的认定过于严格,处理马耳他与当事国的管辖联系问题需要考虑马耳他要求的权利与本案所需裁定的主题事项的关系是否具有直接性等其他因素。施维布尔法官在独立意见中表示支持国际法院的裁决,马耳他请求的介入并不符合《国际法院规约》第62条的内容,国际法院应当推定马耳他希望以非当事国身份出席审判,因此应当不批准马耳他的请求。马耳他实际上证明了其具有或许被国际法院的裁决影响的利益,马耳他认为自己所处的地理位置与当事国是同一个大陆架,马耳他请求介入的着眼点不是案件目的,而是判决的主题事项,这些主题事项将会对马耳他造成干扰,事实上国际法院正确地绕开介入国与当事国管辖联系问题进行判决,但是施维布尔法官提出国际法院仅需从《国际法院规约》第62条中就能寻求到答案。

1983年10月24日第三国提出介入诉讼程序的阿拉伯利比亚人民社会主义民众国诉马耳他大陆架案，意大利在《国际法院规约》第62条的基础上要求介入该案，国际法院以11票对5票没有同意其请求。案件背景是阿拉伯利比亚人民社会主义民众国地处非洲板块的北部，其北侧是地中海。马耳他由地处地中海中心的五个岛屿构成。1976年5月23日，阿拉伯利比亚人民社会主义民众国与马耳他经过磋商达成共识，今后关于大陆架争议的事项交由国际法院处理。1982年7月26日，对与两国之间的大陆架边界争议，阿拉伯利比亚人民社会主义民众国和马耳他联合向国际法院寻求救济。阿拉伯利比亚人民社会主义民众国不是《大陆架公约》的成员国，马耳他已经加入该公约，双方都是《联合国海洋法公约》的缔约国，均认可《联合国海洋法公约》遵循的国际习惯。本案发生时，《联合国海洋法公约》尚未生效。两国各自在1983年4月26日向国际法院提出诉讼申请。意大利在1983年10月24日向国际法院书记处递交了一份介入申请。1983年12月5日，马耳他与阿拉伯利比亚人民社会主义民众国提交了反对意大利介入的意见书，在《国际法院规则》第84条的框架下，国际法院在1984年1月25日至30日进行公开审理，倾听案件当事方与希望介入方的意见并做出判断。国际法院依据《国际法院规则》第81条第2款的要求一一审查意大利的申请书内容，认为其形式符合允许介入的标准。意大利提出的法律利益是它对本案争议海域大陆架的主权权利，意大利申请介入的目的是希望国际法院重视这一问题并充分保护意大利的权利，让国际法院在判决中提醒案件当事方在大陆架划界时不能侵害意大利的主权权利。国际法院结合意大利的主张认为，无须考虑与案件当事方存在的特殊协议，仅从《国际法院规约》第62条便能取得审理案件的管辖权。国际法院认为，要认定意大利的介入申请的内容的正当性，就应当先判断意大利是否具备可能受到裁决影响的法律性质的利益，这一问题又需要以审查请求书的目的是否以期待取得国际法院的保护与避免受到裁判的干扰为前提。国际法院在作出准允或拒绝第三方介入的命令前会判断第三方法律性质的利益和听取第三国的请求目的，当然还需要进一步查明第三国介入的真正目的。根据当事国见争端的标的情况，国际法院指出，虽然表面上意大利仅是希望得到国际法院对其权利的保护，但实际上是让国际法院间接地认同其具有该权利，如果想要满足意大利的请求，那么国际法院就要面对一方是意大利，另一方是原案件的争端双方的新的争端，意大利的请求实质上是让国际法院裁定马耳他与阿拉伯利比亚人民社会主义民众国各自的主权范围，倘若国际法院要如此认定，那么必须先确定意大利的权利及于哪些区域。以允许意大利的介入为前提，那么就要求国际法院抛开阿拉伯利比亚人民社会主义民众国去判决马耳他与意大利之间的争议，或者抛开马耳他去解决意大利与阿拉伯利比亚人民社会主义民众国的矛盾，国际法院的判决不仅是对权利有影响，更是造成部分、完全支持或否定这些权利。倘若国际法院准许意大利的介入申请，就将出现新的争端，从《国际法院规约》第62条的角度进行分析有两种不同途径：第一种途径是因为意大利请求国际法院对其主权权利进行确认，因此国际法院应当首先审查解决相关问题，确定自己有无权利裁判介入国的要求。意大利提出介入的国际法根据是《国际法院规约》第62条，这一条款为国际法院行使管辖权提供了充分的依据。国际法院认为意大利的说法倘若成立，那么国家同意原则、国家平等原则这些赋予国际法院管辖权的基本原则之外，存在特殊的《国际法院规约》第62条，但是实际上第62条的规定并不是国际法院取得管辖权的例外情形。第二种途径是只要是请求介入诉讼的国家期待国际法院确定其权利，那么就不符合《国际法院规约》第62条的介入，第62条不能与国家同意原则背道而驰，第62条针对的情形是第三国希望保护自己的合法权利，并非要求外界承认自己的合法权利，第三国不能利用第62条创设一个新的争端，也不能借以取得自己的个别权利，这些问题若要提出，必不可假借第62条，所以国际法院不应当同意意大利的请求。从两种不同的途径得出了相同的结论，因此国际法院拒绝意大利的申请，同时无须解答诉求中关于《国际法院规约》第62条的适用条件、效力和是否必须证明具有管辖联系的问题。意大利认为倘若国际法院没有准允意大利介入诉讼，那么将几乎不可能实现特殊协议的价值，倘若国际法院同意意大利介入诉讼，那么将能更加全面地获知与案件相关的信息，这为确定大陆架界限提供重要的参考。国际法院认为，对意大利是否满足《国际法院规约》第62条的介入的判断应当建立在裁决可能对意大利的法律利益造成影响或侵害，而并非如果介入将对国际法院有极大的益处。在裁决里可以尽量照顾到划界海域周边各国的法律利益，《国际法院规约》第59条为意大利的法律利益提供了充分的保障，它明确了国际法院的裁决效力的范围，当事国可以通过国际法院的判决对抗其他国家。国际法院同时注意到这一海域周边存在其他具有类似的请求权的国家，国际法院作出的裁决将会注意顾及这些国家的权利与请求介入的资格。关于是否要求请求参与的第三国与案件原当事方存在管辖关联的问题，国际法院提到了1981年突尼斯诉阿拉伯利比亚人民社会主义民众国案的裁决中对《国际法院规约》第 62 条的历史发展的分析,对于本案无须考虑管辖关联问题。国际法院坚定地支持常设国际法院在 1922 年作出的判决,并认为对于管辖联系的问题的答案不是从判例确定的规则中寻找,而是基于一个案件的特定案情寻找答案。最终国际法院反对意大利介入案件。

1989 年 11 月 17 日,在递交介入请求的萨尔瓦多诉洪都拉斯陆地、岛屿和海上边界争端案中,尼加拉瓜请求以非当事国的身份介入该案,国际法院分庭在 1990 年 9 月 13 日宣布判决,一致认同尼加拉瓜在部分事项上,按照其介入的目的、介入的方式,在国际法院限定的范围内介入案件。尼加拉瓜在请求中说明介入的依据是《国际法院规约》第 36 条第 1 款与第 62 条。萨尔瓦多声称尼加拉瓜的申请在形式上不满足《国际法院规则》第 81 条第 2 款的要求,申请提出不够及时,由于对案件的审理已经时间过去较久,现在出现的申请将会扰乱之前的审理,尼加拉瓜在请求介入之前没有与案件当事方进行磋商。国际法院分庭对此均未采纳。关于具有法律性质的利益问题,尼加拉瓜提出通过特殊协议第 2 条可以看出,本案和货币黄金案一样,尼加拉瓜的法律性质的利益是争议的主题事项。因此国际法院分庭回顾了货币黄金案,认为当时货币黄金案裁决中说的是虽然《国际法院规约》第 62 条可能隐含了国际法院可以拒绝法律性质的利益有可能受到影响的国家介入诉讼的意思,但是这样的做法不代表国际法院拒绝应当履行的义务构成判决的主题的国家介入诉讼的做法不是错误的。货币黄金案中不涉及此部分,潜在的第三国阿尔巴尼亚没有要求介入,假设阿尔巴尼亚选择了介入,那么国际法院会怎样处理是未知的。国际法院分庭认为倘若尼加拉瓜的法律利益确实如其所述,那么应该准允许尼加拉瓜介入,这是由于本案没有确立苛刻的标准。但是,此后会出现新的问题,国际法院分庭在同意尼加拉瓜依据《国际法院规约》第62条介入之后能否在裁决中谈及如何处理尼加拉瓜的法律利益,因此国际法院分庭首先要做的是查证尼加拉瓜的法律利益是否有可能被未来的裁定影响,假设确定会受到影响,国际法院分庭需要进一步查证尼加拉瓜法律利益涉及的事项是否类似于阿尔巴尼亚那样的争议的主题。国际法院分庭指出《国际法院规约》第62条阐述的是在第三国的法律性质的利益可能被判决影响时应同意其介入案件,但是本案中特别协议为国际法院指明需要对当事国之间的多个问题做出分析,这样国际法院分庭需要逐一分析对每个问题的裁决是否会干扰到尼加拉瓜的法律利益,这样方可综合确定允许尼加拉瓜的介入是否没有超越《国际法院规约》第62条的限定范围。假设尼加拉瓜被准允介入该案,那么只代表国际法院认为尼加拉瓜的法律利益确实可能被最终判决影响,然而不代表允许尼加拉瓜介入案件的其他问题,尼加拉瓜自己也同意这点,国际法院分庭为了明确界定尼加拉瓜介入案件的范围,需要查证案件涉及的岛屿的情况,海湾的地情地貌及附近水域可能执行的划界线。当事方没有达成合意的地方是特别协议的第2条第2款是否包含上述讨论的问题的方方面面,因此国际法院分庭在审理过程中必须严格注意遵照特别协议第2条第2款的明显意思,不对当事方对该条的争议之处表现出自己的态度与倾向,国际法院分庭所要做的是依此解决尼加拉瓜寻求救济的问题,但是避免对特别协议的条款进行解释。国际法院分庭提出的意见指出,通过共同所有的内涵,可以肯定尼加拉瓜对海湾水域制度的管理方面具有法律利益,国际法院分庭倘若支持洪都拉斯的意见,那么极其可能出现影响尼加拉瓜法律利益的情形，萨尔瓦多要求与尼加拉瓜、洪都拉斯共同所有，洪都拉斯将利益一致作为全部论述的基础，基于此尼加拉瓜所称的法律性质的利益会遭到裁决的影响是毋庸置疑的。尽管国际法院分庭对于尼加拉瓜在丰赛卡湾海域的法律利益或许会受到裁决的影响予以肯定，但是不赞同尼加拉瓜描述的自己与货币黄金案中阿尔巴尼亚的法律利益具有相同的意义的措辞。所以国际法院分庭无须面对缺乏尼加拉瓜的同意能否管辖本案的问题，尽管尼加拉瓜在这一点上原本符合介入案件的要求。国际法院分庭分析了尼加拉瓜的证明其拥有法律利益的证据，提出尼加拉瓜所力证的国际法院分庭在审判中依赖的一般法律规则对其来说具备法律利益，但不能就此证明尼加拉瓜申请介入是符合国际法的，也不能因为本案在明确萨尔瓦多与洪都拉斯之间的海洋划界问题前考察海湾地区其他沿海国的地情地貌就代表尼加拉瓜的法律利益或许会被影响。对于本案海湾出现的确定界线的问题，国际法院分庭面临的困扰为尼加拉瓜在介入声明并未明确提出究竟在哪一海域会受到本案划界的影响，所以国际法院分庭不敢肯定未来采用的，除了利益一致之外，确定海洋界线的国际法与作出的裁决将对尼加拉瓜的法律利益产生影响。因此国际法院分庭指出尼加拉瓜为了满足《国际法院规约》第 62 条要求而证明自己拥有法律性质的利益，该利益将会由于国际法院分庭对丰塞卡湾当中共同所有的部分是否存在，这些部分属于什么性质的裁决而被影响，但是尼加拉瓜从未提出该利益可能会遭受来自海湾水域划界裁定的影响。这一判定方法同时也回答了之前所说的海洋岛屿纠纷中裁决的可能关系的问题。[①] 国际法院分庭对丰赛卡海湾水域之外的情形进行了分析，以期判断此后关于此海域的裁决是否干涉尼加拉瓜的法律利益，洪都拉斯根据特殊协议提出当事国将对领海与专属经济区的确定边界线的权力交给国际法院，且请求国际法院分庭支持洪都拉斯对丰塞卡湾之外的海域的划界主张，就特殊协议的内容，萨尔瓦多主张该协议根本没有将划界的权力提交给国际法院。当事国均指出国际法院分庭明确该海域之外的水域的分界线不可能对尼加拉瓜带来影响，且国际法院分庭支持各方对特殊协议第 2 条内涵的解读无关尼加拉瓜的法律性质的利益。国际法院分庭发现洪都拉斯之所以提出去确定海洋边界线的方案是为了不牵涉尼加拉瓜对丰塞卡湾之外海域的主张，国际法院分庭在特别诉讼过程中既要分析历史因素，又要从各方的辩论意见中寻求答案，介入申请国应当清晰地说明自己的意见对本国法律利益造成哪些方面的影响，与哪些海域划界关系其法律利益。洪都拉斯运用图表的形式给出了自己的意见，尼加拉瓜可以借此阐述这一建议对于洪都拉斯线西部海域是怎样极大地影响了自己的法律利益，所以国际法院分庭仅同意尼加拉瓜在海湾连接线之内海域的划界问题。[②]《国际法院规则》第 81 条第 2 款(b)项指出，介入要具有明确的目的。尼加拉瓜在申请中明确自己的两个目的非常保守：一是穷尽所有法律途径捍卫尼加拉瓜在丰赛卡湾附近区域的合法权益；二是使国际法院了解尼加拉瓜主张的国际法权利的性质，使其判决不会影响尼加拉瓜的法律利益。在国际法

---

① The Order of Land, Island and Maritime Frontier Dispute (El Salvador/Honduras: Nicaragua Intervening), Para. 37, 52 – 80.

② The Order of Land, Island and Maritime Frontier Dispute (El Salvador/Honduras: Nicaragua Intervening), Para. 80 – 84.

院分庭公开审理的过程中，尼加拉瓜的代理人表示听从分庭的安排，愿意参与到分庭提出的其他程序中。萨尔瓦多声称尼加拉瓜的介入目的是不符合国际法规定的。尼加拉瓜介入目的（object of intervention）中的希望国际法院了解争议中事关尼加拉瓜的法律权利的部分，从外在形式上看是发挥第三方介入制度作用的合理目的。在介入请求内容中尼加拉瓜义正词严地运用了"侵犯"等措辞，这不对国际法院分庭对介入目的的认定产生影响。国际法院分庭分析认为，请求介入的第三国希望穷尽一切能借助的法律途径去捍卫自己的国际法权利，那么肯定也会穷尽一切去寻求这样的途径，能借助的法律途径毫无疑问包括《国际法院规约》第 62 条，如此分析可知尼加拉瓜的介入目的不是不合适的。[①] 国际法院分庭注意到萨尔瓦多提出的尼加拉瓜需要给出与当事国具有有效的管辖联系的证据。尼加拉瓜的请求书中仅声明在《国际法院规约》方面与当事国具有管辖联系，此外尼加拉瓜指出《国际法院规约》第 62 条没有标明需要介入国与当事国还要另行具有其他方面的管辖联系。国际法院分庭需要处理的问题是倘若介入国提起针对任一或所有当事国的诉讼，在能够使用以证明具有管辖联系的问题上，是否《国际法院规约》第 62 条强制性要求的。由此国际法院分庭需要先从第三方介入制度和协议管辖的冲突与协调探讨，其中存在一些极其重要的原则。《国际法院规约》中指明国际纠纷的处理是由国际争端解决机构根据两个或数个国家之间达成的合意来对一个争端作出判决，数个国家之间达成的合意的表现形式各种各样，有的是在争议出现后达成的提

---

① The Order of Land, Island and Maritime Frontier Dispute (El Salvador/Honduras: Nicaragua Intervening), Para. 85 – 92.

交某一国际争端解决机构处理的协议，有的是对于将来出现的争议能够作为解决依据的国际法条款或规则。当争议产生后，这些国家将争议提交到国际法院，国际法院发布的裁决对他们产生约束力，国际法院的管辖权源自这些国家的主动授权，因此国际法院发布的裁决具有《国际法院规约》第59条赋予的约束力，所以在日常的国际争端发生后，在缺乏当事国支持的条件下第三国不能介入诉讼程序，但是《国际法院规约》第62条与第63条进行了特殊的规定。国际法院对于《国际法院规约》中的介入问题的管辖权并非来自当事国的授权，就像国际法院有权受理与判定一项国际争端一样，这种权利来自《国际法院规约》的授权，在这样的情况下，尽管可能出现当事国的一方或双方不支持第三国介入的情形，国际法院仍然能够同意第三国介入诉讼中来。根据《国际法院规约》第62条，国际法院基于第62条取得的权利的性质取决于第三国的介入目的。《国际法院规约》第62条设置的介入目的是保护当事国之外的第三国的法律性质的利益，不让第三国的法律利益受到国际法院审判结果的影响，而不是让第三国的介入形成新的争端，也不是让第三国的身份变成当事国，然后向国际法院提出自己的请求。设置第三方介入制度的目的并非取代诉讼，《国际法院规约》的缔约国身份不会引起国际法院对某一具体案件自然具备管辖权，这其中非常关键的因素是当事国同意国际法院的管辖。倘若把第三国介入诉讼视为第三国有意将自己变成争端的当事国，这种解释将是对双方协议管辖原则的破坏，因此国际法院强调，经过国际法院的允许而成为介入方的第三国不是案件的当事国。第三国介入的请求是否获准，不取决于国际法院对介入请求国与当事国之间具备管辖联系与否的判断，这可以从第三方介入制度的目的与性质得知。《国际法院规约》设立第三方介入制度是为了维护第三国的法律利益，在满足《国际法院规约》的要求时是否准许介入和第三国与当事国是否具有管辖联系无关。所以本案中尼加拉瓜没能有力地证明与萨尔瓦多、洪都拉斯具有管辖联系不足以妨碍国际法院分庭对介入的允许。[①]获允介入的第三国将取得一些国际裁决程序中的权利，本案是国际常设法院与国际法院中的裁决活动中首例准允第三国依据《国际法院规约》第62条介入的案件，具有极其重要的历史地位与意义，国际法院对准允介入的尼加拉瓜能够获取的程序性方面的权利进行分析是非常必要的，介入案件的第三国并非案件的当事方，所以与当事国基于《国际法院规约》《国际法院规则》和国际裁决活动中的一般程序性规则承担的国际责任与享有的国际权利无关，尼加拉瓜介入案件审理之后，最基本的权利是对国际法院分庭陈述与自己相关的案情事实的权利，这一权利的国际法基础是《国际法院规则》第85条，其中赋予了介入国向国际法院提交书面陈述以及介入开庭审判的权利。尼加拉瓜的介入应当在哪些范围之内，需要与整个案件的范围放在一起分析，这也代表着将尼加拉瓜的陈述案情的权利局限在哪一范围当中。首先，尼加拉瓜无权对国际法院分庭解释本案中涉及的1986年5月24日达成的特殊协议条款，原因在于尼加拉瓜不是特殊协议的拟定者与签字者，不能对他国签订的协议进行解释。尼加拉瓜明确声明不希望被迫加入陆地边界纠纷。国际法院分庭分析了尼加拉瓜在哪些方面具有法律性质的利益，哪些方面不具有法律性质的利益，认为尼加拉瓜的权利应当限制在其能证明确实具有法律性

---

① The Order of Land, Island and Maritime Frontier Dispute (El Salvador/Honduras: Nicaragua Intervening), Para. 93 – 101.

质的利益的范围当中。[1]

1995 年 8 月 23 日至 25 日,澳大利亚、萨摩亚、所罗门群岛、马绍尔群岛与密克罗尼西亚联邦先后向国际法院提交申请,希望介入新西兰诉法国依 1974 年核试验案判决第 63 段请求审查情势案,这四个国家认为能够介入的国际法依据是《国际法院规约》第 62 条。国际法院在 1995 年 9 月 22 日以 12 票支持、3 票反对作出命令,认为 1995 年 8 月 21 日新西兰申请的事项超出了第 63 段明确的范围,所以国际法院不支持新西兰指示临时措施的申请,国际法院同时也不支持上述四国提交的参与请求书与声明,原因在于,这几个国家的介入请求属于起诉方提起的诉讼中的附带程序。

1999 年 6 月 30 日赤道几内亚请求介入喀麦隆诉尼日利亚陆地与海洋疆界案,申请的国际法依据是《国际法院规约》第 62 条。国际法院以命令的形式作出裁决,同意赤道几内亚的要求。喀麦隆在 1994 年 3 月 29 日关于巴卡西半岛主权纠纷向国际法院提出申请。喀麦隆声称其与尼日利亚之间的争议仅是划界中的一部分,两国已经多次尝试沟通解决,但是仍然没有达成合意,出于担心两国之间产生更多的矛盾,恳请国际法院在 1975 年确定的海域界线的基础上处理两国之间的纠纷。喀麦隆指出自己与尼日利亚在先均作出过关于《国际法院规约》第 36 条第 2 款的声明,表示接受国际法院的管辖。喀麦隆在 1994 年 6 月 6 日又给书记官处一个文件,作为之前申请内容的补充,以期拓展争议的范围,将纠纷扩大到包含扎德湖泊区域的领土主权问题,希望

---

① The Order of Land, Island and Maritime Frontier Dispute (El Salvador/Honduras: Nicaragua Intervening), Para. 102 - 104.

国际法院将之前的案件与扎德湖泊区域的主权问题合并为一个案件。[①] 1999 年 6 月 30 日国际法院书记处受到赤道几内亚总理的来信，信中表述了赤道几内亚以《国际法院规约》第 62 条与《国际法院规则》第 82 条为基础请求介入喀麦隆诉尼日利亚案。关于本案，尼日利亚曾经发表过 8 次初步反对意见，国际法院在 1998 年 6 月 11 日裁决的第 116 段中表示，尼日利亚与喀麦隆的海域界线的延长线将会伸入有争议的海域，一旦国际法院支持喀麦隆的主张，将侵犯第三国的利益，由于这一海域界线的延长线问题，国际法院拒绝对尼日利亚的第 8 次初步反对意见进行裁判。这条海域界线在什么样的情况下可能导致其他国家的不满与抗议，国际法院作出的裁定可能对该地区的相关国家带来什么影响，是国际法院需要进一步审理本案的实质问题。国际法院认为可能存在比较严重的状况，即倘若涉及其法律利益的第三国没有出庭，则国际法院不能对喀麦隆诉尼日利亚一案的部分争议作出裁决，所以尼日利亚的第 8 份初步反对意见可能仅是部分得到肯定。赤道几内亚在补充意见中提到选择介入诉讼是因为迫不得已，赤道几内亚介入诉讼并非想将自己置入喀麦隆与尼日利亚的主权纠纷，真正重视的是国际法院对海洋界线位置的确定。赤道几内亚之所以申请介入，是为了引起国际法院对赤道几内亚的法律利益的注意，在之后对海上界线问题处理时能考虑到赤道几内亚的权益，赤道几内亚无意向该案当事国提起诉讼。赤道几内亚在请求内容中引用了《国际法院规则》第 81 条第 2 款 a 项，特别指出国际法院对喀麦隆与尼日利亚海洋边界线的裁决或许对

---

① The Order of Land and Maritime Boundary between Cameroon and Nigeria (Cameroon v. Nigeria: Equatorial Guinea Intervening), Para. 1 – 19.

赤道几内亚的法律权益造成影响。赤道几内亚以国内法为基础，请求在国际法的框架下归属赤道几内亚，在地理位置上处于赤道几内亚一侧至喀麦隆或尼日利亚之间海域中间分界线的海域的主权权利。赤道几内亚希望国际法院充分行使管辖权，但不是促使国际法院对这片海域进行划界，并期望国际法院在确定喀麦隆和尼日利亚的海上界线时不要干涉赤道几内亚的法律利益，即不能将界线的延长线划至中间线偏向赤道几内亚一侧。为了证明自己在海上边界线事项上具有法律利益，赤道几内亚详细地描述了何种界线位置对其法律权益带来怎样的影响。国际法院发现：缺乏《国际法院规约》《国际法院规则》、三个国家之间的有效协议等管辖依据，赤道几内亚之前没有就《国际法院规约》第36条发表过声明，赤道几内亚主张运用磋商来确定自己和海上邻国的边界线，所以赤道几内亚请求参与的国际法来源仅有《国际法院规约》第62条。喀麦隆提出，在海上边界线划定事项上赤道几内亚参与没有异议，因为这样方便国际法院全面地了解事情的前因后果，作出充分详细而彻底的判决。之前在1998年6月11日，国际法院曾经提出争端存在潜在的第三国，诸如赤道几内亚，倘若赤道几内亚主动提出参与请求，将更加有利于国际法院作出稳定的、终局性的审判结果。由于赤道几内亚声称的权利唯独是根据等距离原则产生的，缺乏对地情地貌的关注，所以喀麦隆声称完全保留对赤道几内亚主张的划界方式的效力与不确定性后果的立场。针对赤道几内亚在先声明其无意成为案件的当事方，尼日利亚表示自己对国际法院是否具有管辖权的态度不会因为赤道几内亚的介入与否而有所改变，尼日利亚希望国际法院努力查明赤道几内亚在哪些范围内可以介入本案以及介入的程度范围。喀麦隆对尼日利亚的参与也没有任何反对意见。尼日利亚指出，喀麦隆在提交的意见书中刻意歪曲了赤道几内亚的主场,赤道几内亚坚持以介入国的身份进入诉讼,这并非意味着赤道几内亚希望尼日利亚能代替其判断能够主张哪些权利,而是请求国际法院进行认定,尼日利亚支持赤道几内亚的介入请求。1999 年 10 月 11 日,赤道几内亚补充强调以案件非当事方的身份介入,国际法院对三国之间的海洋边界线的确定具有管辖权。由此可见案件当事方对第三国的介入均不反对。国际法院分庭认为请求介入的第三国申请的目的如果是让国际法院获悉自己对争端具有法律性质的利益,那么这个目的是符合第三方介入制度的功能的。[①] 判断第三国请求介入是否满足《国际法院规约》的要求不需要考虑请求介入的第三国与当事国是否具有管辖关联,这是从第三方介入制度的性质与目的推导出的结论,第三方介入制度的设置目的是让法律利益可能被判决影响的第三国进入裁决程序,即使和当事国没有管辖关联且不是以当事国身份介入。[②] 国际法院认为,根据尼加拉瓜与洪都拉斯的态度和法官推导出的结论,没有拒绝赤道几内亚参与案件的理由。国际法院在 1999 年 10 月 21 日发布命令,同意赤道几内亚在被准许介入的目的、方式与范围中介入本案。赤道几内亚依据《国际法院规则》第 85 条第 3 款发表了关于争议主题的口头意见,希望国际法院仅仅在案件当事方之间的海域确定界线,最多只能划至奥克岛与赤道几内亚内陆的中线北侧,且国际法院的判决不能发表不利于赤道几内亚与邻国海域划界谈判的言论。

---

① Border and Transborder Armed Actions (Nicaragua v. Honduras), The Precedent Set of the International Court of Justice in 1990, p. 130, Para. 90.

② Border and Transborder Armed Actions (Nicaragua v. Honduras), The Precedent Set of the International Court of Justice in 1990, p. 135, Para. 100.

2001年3月13日,菲律宾从《国际法院规约》第62条寻求国际法支持,申请介入印度尼西亚诉马来西亚“对利吉坦岛与锡帕丹岛的主权案”中,14票支持,1票反对,国际法院在2001年10月23日以判决的形式反对菲律宾的请求。印度尼西亚与马来西亚在1997年5月31日达成了一项特殊协定,协定生效的时间是1998年5月14日。之后两国对利吉坦岛予以锡帕丹岛的归属问题发生争议,遂于1998年9月30日一起向国际法院寻求救济。2001年2月22日,菲律宾以《国际法院规则》第53条第1款为依据,请求国际法院给予菲律宾诉讼当事国的各类书状与相关文件的副本。2001年3月13日,菲律宾又依据《国际法院规约》第62条请求参与案件,菲律宾声称所指的法律利益限定在关于北婆罗洲法律地位的国际法或其他依据,参与诉讼的目的是保护自己的权利,即国际法院判决中关于北婆罗洲的主权归属事项的权利,让国际法院清楚地了解到菲律宾对北婆罗洲岛的历史权利的性质与限度,希望国际法院注意到菲律宾在该案纠纷中具有极其重要的地位与作用,菲律宾无意对利吉坦岛与锡帕丹岛的主权归属提起诉讼,只是请求介入案件,《国际法院规约》第62条没有强调国际法院必须具备对第三国的管辖权。马来西亚和印度尼西亚都不支持菲律宾的请求。国际法院在2001年6月28日召开会议,会议上,菲律宾依据《国际法院规则》第85条第1项与第3项请求国际法院给予菲律宾案件的各类书状与文件的副本,指定菲律宾递交书面陈述的时间期限,准许参与口述程序并发表关于介入目的的论述。[①] 国际法院分析了诉讼双方的主张,

① The Order of Sovereignty over Pulau Ligitan and Pulau Sipadan (Indonesia/Malaysia: Philippines intervening), Para. 1－17.

发现菲律宾的请求不具有适时性。《国际法院规则》第 81 条第 1 款要求请求介入的申请书应当尽快递交,一般情况下要在书面程序终止之前递交,特殊情形下除外。国际法院认为菲律宾在 2001 年 3 月 13 日交送介入请求书之前十分清楚国际法院已经对印度尼西亚诉马来西亚案审理超过两年,当事方根据协定的内容先后进行了三次书状传达,这些是国际社会普遍了解的。对于菲律宾方面来说,其代理人在国际法院召开的会议上表示“印度尼西亚与马来西亚基本上不会遵照协定在 2001 年 3 月 2 日以后再进行书状交换”。因此,国际法院认为菲律宾向国际法院提出申请的时间不满足《国际法院规则》第 81 条第 1 款的一般规定。但是,不代表菲律宾违背了该条内容,因为这一条文中指出第三国提出的请求的时间不可晚于书面程序终止时,而特殊协定的内容中存在继续增加一次书面意见的可能,倘若争议的当事方都不反对,或者争议的一方提出请求,或者国际法院主动对此进行判决。2001 年 3 月 28 日,印度尼西亚与马来西亚共同向国际法院表示已达成合意,不再继续进行书状的交换,由此 2001 年 3 月 2 日,最后一次的书状交换终止。国际法院认为菲律宾请求介入时并不知道案件争议双方的书状交换何时终止,国际法院同样也不知道书状交换是否还会继续进行,并且国际法院依据特殊协定具有这样的权利,即在 2001 年 3 月 28 日以后可以主动指令印度尼西亚与马来西亚继续新的书状交换。所以,国际法院否定了印度尼西亚与马来西亚所称的菲律宾请求书的非适时性。[①] 针对菲律宾的介入申请中没有放入相关的证明材料的问题,国际法院分析了

① The Order of Sovereignty over Pulau Ligitan and Pulau Sipadan (Indonesia/Malaysia:Philippines intervening), Para. 18 – 26.

《国际法院规则》第81条第3款，其中指出，第三国在递交介入申请时应当加入佐证的文件资料。对此，印度尼西亚与马来西亚认为菲律宾的请求不符合国际法规定。国际法院解释称，《国际法院规则》并非要求第三国一定要在请求中加入佐证的文件资料，而是要求针对请求书中提及的事实问题在其后随附相关证明资料的前提下，必须增附该证明资料的目录，所以印度尼西亚与马来西亚的主张是不能否定菲律宾提出的请求的。国际法院得出的结论为菲律宾的请求书具有适时性，不存在违反第三方介入制度规定的缺陷。[①] 对于法律性质的利益，菲律宾提到印度尼西亚与马来西亚达成的协定第2条，其中能被国际法院考虑的证据包括菲律宾提出的证据，北婆罗洲的法律地位是案件争议的主题事项，因为当请求介入国希望将身份变成案件当事国的时候，国际法院才要求其证明与当事国具有某种管辖联系，对于菲律宾来说，它请求的是以非当事国身份介入案件，所以不需要证明。[②] 国际法院没有同意给予菲律宾案件中的书状等文件资料，菲律宾因此提出无法明确案情及涉及的协定是否毫无争议，并且由于不能获悉案件相关文件的真实内容，必然不能准确地确定哪些方面可能影响自己的法律性质的利益。菲律宾辩驳称，《国际法院规约》第62条没有标明请求介入的国家一定要拥有相关的实质法律利益，并且这是一条依据第三国主观性的看法确立的标准，即请求介入国认为自己的法律利益可能被干涉。《国际法院规约》第62条没有让请求参与国证明自己具有符合国际法的利益，让

---

① The Order of Sovereignty over Pulau Ligitan and Pulau Sipadan (Indonesia/Malaysia: Philippines intervening), Para. 27 – 30.

② The Order of Sovereignty over Pulau Ligitan and Pulau Sipadan (Indonesia/Malaysia: Philippines intervening), Para. 31 – 36.

证明的是确定其具备法律性质的利益与将会为怎样的方式所影响。菲律宾要求国际法院提供部分会议记录,即印度尼西亚与马来西亚陈述中表示会提供菲律宾主张所基于的一些协定,要求国际法院采用对菲律宾法律利益有影响的解释。菲律宾声称这部分会议记录代表了菲律宾的法律利益极有可能受到影响,请求介入案件具有合法的理由。1930 年美国与联合王国签署了领土边界协定,之后菲律宾继承了美国的权利,因此菲律宾拥有解释这份领土边界协定内容的法律利益,不能利用各种手段将 1930 年的领土边界协定定义为割让协议。尽管在 1930 年马来西亚作出了一份关于美国与联合王国领土边界协定的解释,但是英国不可以就此说利吉坦岛与锡帕丹岛是自己的领土,所以说在 1930 年,苏丹被联合王国代表取得了这两个岛屿。苏丹在 1962 年割让给菲律宾的土地仅限于 1878 年苏禄—澳福北科租借协定中的部分,菲律宾主张参与案件部分是指那些来自苏禄苏丹且由菲律宾取得的土地相关事项。菲律宾提出北婆罗洲及周边的岛屿的所有权不是基于自 1878 年至今大不列颠拥有的国际法权利,这是没有事实证据证明的。那些主张英国具有这些岛屿的主权的说法是毫无历史与法律根据的,如果有国家对北婆罗洲的主权相关条约、协议等其他各类文件进行解释,假设国际法院采纳了这种解释,那么将严重侵犯菲律宾的法律利益。印度尼西亚反对菲律宾的说法,国际法院针对本案审理的诉讼标的仅有利吉坦岛与锡帕丹岛的归属争议哪方的问题。印度尼西亚提出菲律宾曾经在 2001 年 4 月 5 日给予印方一份外交照会,针对诉至国际法院的本案,菲律宾表示不存在对这两个岛屿的任何主权权利,这说明菲律宾对本案争议的岛屿不主张主权权利。印度尼西亚指出自己请求国际法院判决的事项不是北婆罗洲的国际法地位,菲律宾根据当事方出具的条约、协定等其他各类材料表述的意见是不具体的。马来西亚认为，菲律宾应当精准概括出究竟哪些法律性质的利益或许会被影响，并与当事方之间在先签署的特殊协定所指定的国际法院的管辖权范围进行对照，菲律宾没有明确阐述国际法院对利吉坦岛与锡帕丹岛的归属认定在哪些方面影响了菲律宾的哪些利益，只是模糊地表述可能受到影响。《国际法院规约》所说的影响指的是来自国际法院裁决内容，并非来自裁决的推导过程。国际法院在作出判决的过程中可能为了推理而对一些文件的作用与一些基本事实导致的后果进行分析与评判，但是这类评判不代表可以基于此确定介入方的法律利益，本案中的两个争议岛屿和菲律宾主张的北婆罗洲及周边岛屿毫不相关，根本不应当放入同一个案件。国际法院分析了以下问题，菲律宾是否可以根据《国际法院规约》第 62 条请求介入印度尼西亚诉马来西亚一案，菲律宾的法律利益和当事国主张的标的物没有关系，存在的关系在于菲律宾和印度尼西亚或马来西亚的其他争议中涉及的与本案所指的同一条约、协议等进行推理与判决时产生的法律利益。国际法院分析了英文与法文两个版本的《国际法院规约》第 62 条中有无包含菲律宾所主张的此类法律利益，即除了本案判决之外的其他方面的法律利益，认为既包括裁决书的内容，又包括裁决结果的推导步骤。国际法院分析了作为介入原因的法律利益的性质，介入国可能受到影响的法律利益是否限定为争议的标的物，倘若并非限定于争议的标的物，那么能延伸到多大的范围。国际法院认为，需要对菲律宾的请求进行判断，以此为根据进一步确定国际法院在判决过程中的推导与分析解释中提到的法律利益与菲律宾请求的内容是否属于同一类。菲律宾提出的自己的法律利益可能被国际法院的裁定结果影响，这里的法律利益是一般性的法律利益还是特殊的法律利益，需要国际法院对案情明确认定后进行判断。国际法院分析了对利吉坦岛与锡帕丹岛的归属推导过程中对一些条约、协定进行的解释对菲律宾的请求有无造成影响，国际法院认为菲律宾追求的并非本案标的物相关的法律利益，因此菲律宾有义务去有力地证明其主张的这类法律利益是怎样的情形。因为国际法院没有给予菲律宾本案相关的书状、其他文件的副本，菲律宾在过去表示严正的抗议，认为自己受到了歧视与不平等的对待，国际法院的做法妨碍了菲律宾精准地确定自己将可能被影响的法律利益。诉讼进入口述程序时，印度尼西亚与马来西亚各自声明对己方有利的与不利的条约，这些不利的条约即双方存在争议的。国际法院认为菲律宾是非常清楚自己主张的北婆罗洲及附近岛屿的主权所依据的文本资料，国际法院承认未向菲律宾提供其希望的书状、其他文件副本等资料，但这不足以认为菲律宾无法清晰详细地指出这些书状、文件资料中的哪些部分的解释对自己的法律利益具有有害的影响。菲律宾不断声明1878年苏禄—澳福北科资料具有极其关键的意义，并表示这份文件赋予了它对北婆罗洲的主权，菲律宾提出这份文件的性质是出租，并非转让北婆罗洲的主权，利吉坦岛与锡帕丹岛不属于文件开头部分讲述的地理位置区域内。国际法院发现口述程序过程中菲律宾展示的英国地图中指出的属于菲律宾的主权范围和苏禄苏丹在1878年指示让渡的范围有出入。当事方印度尼西亚和马来西亚都承认苏禄苏丹在1878年的让渡事实，也与菲律宾同样认为利吉坦岛和锡帕丹岛和让渡事实不相关，双方均认为苏禄苏丹在1878年表示让渡的文件的性质与本案争议没有必要关联，因为各方均没有凭借1878年苏禄苏丹表示让渡的文件取得对两个岛屿的主权，借以表明具有所有权的是其他历史事实与文件资料。《国际法院规约》第62条要求菲律宾向国际法院进行举证,证实国际法院在印度尼西亚诉马来西亚案审理中进行的分析推导与解释的内容可能对菲律宾主张的法律利益造成影响。菲律宾提出苏禄苏丹保管着北婆罗洲的主权变迁证据的摘录,国际法院认为这一意见和本案没有关联,因为印度尼西亚与马来西亚均未将其作为证明对利吉坦岛与锡帕丹岛主权的来源基础。菲律宾希望国际法院能够阅读其他的资料,以发现这些资料与利吉坦岛与锡帕丹岛及北婆罗洲的所有权均息息相关。大不列颠和荷兰在1891年6月20日达成了一项协议,指定了婆罗洲岛的界线,北婆罗洲受到英国的保护。国际法院认为没有义务解释大不列颠与荷兰签署的条约中涉及的英国的国际法权利性质。从表面上来看,1891年大不列颠和荷兰签署的条约内容与当事国和请求介入国均具有关联,然而菲律宾未明确本案中法院的审判推导内容或者裁决内容对其法律利益造成干扰。1907年7月3日和10日,美国和大不列颠相互转交了关于北婆罗洲公司管理事项的文件,文件中所指明的1907年所明确的法律关系地位与马来西亚请求的权利关系不大。所以菲律宾没有主张根据对1907年的交换文件的解释证明具有《国际法院规约》第62条要求的实质利益。大不列颠和美国在1930年达成了对菲律宾和北婆罗洲边界线进行明确的协议,声明了岛屿的归属问题,国际法院认为这一协议与北婆罗洲的主权范围内的土地的法律地位毫不相关。菲律宾希望国际法院充分考虑北婆罗洲转让的国王与枢密院命令,国际法院认为该命令与是否准许本案的介入关联性不强。国际法院指出,菲律宾应当证明自己的合法利益和印度尼西亚诉马来西亚案密切相关,还要清晰指出自己的哪些法律利益将极其可能被国际法院在诉讼程序的哪一阶段的做法影响，菲律宾应在证明自己的权利的证据材料中清晰明了地表述这些内容。国际法院认为，菲律宾提交的文件资料能够证明菲律宾在印度尼西亚诉马来西亚案件具有符合国际法的一些实质利益，然而菲律宾没有明确这些法律利益中哪些是属于《国际法院规约》第62条要求的法律利益。菲律宾指出的可能受到影响的法律利益的来源和印度尼西亚、马来西亚提交的证明材料无关。[①] 菲律宾提出了请求介入的三个目的，法院逐一进行分析。菲律宾的第一个目的中运用的表述方式也曾经出现在判例当中，国际法院之前没有凭此拒绝过第三国的请求。类似菲律宾的请求参与的第二个目的曾经出现在喀麦隆诉尼日利亚案中，国际法院分庭指出第三国通过请求介入的方式使国际法院了解第三国的法律权利是正当的，因为这一目的与第三方介入制度的设置作用相吻合。[②] 菲律宾请求参与的第三个目的是在口述程序中表达的，菲律宾仅仅简要阐述了这一目的，没有详细论述，更没有强调这就是《国际法院规则》第81条所指的目的。综上所述国际法院认为第三个目的与《国际法院规约》《国际法院规则》没有重要联系。国际法院肯定了菲律宾的第一个与第二个介入目的，存在的问题是菲律宾依旧没有承担向国际法院道清在某一特殊情形下哪些实质利益将可能被施加作用。小田滋法官对本案裁决投了不赞同票，他支持菲律宾的介入请求。国际法院曾经在1981年、1984年、1990年、1999年先后受理过四个关于《国际法院规约》第62条的争端，小田滋法官表示针对这类案件坚持自己的一贯

---

① The Order of Sovereignty over Pulau Ligitan and Pulau Sipadan (Indonesia/Malaysia: Philippines intervening), Para. 37 – 83.

② 《国际法院判例汇编(1999年)》，第1034页，第14段。

立场。国际法院不应当对《国际法院规约》第62条进行严格解释，这样才能保证更多的第三国以非争端当事方的身份进入案件，严格的解释将关闭一些第三国进入诉讼的大门，这类第三国指的是虽然缺乏与争端当事方的管辖关联，但是国际法院的裁定内容可能干扰其法律利益的国家。小田滋法官接着指出在判断是否准许一个第三方以非当事国身份参与争端时，无须强调第三国提供其法律利益将可能被影响的各类证据材料，这是因为请求介入的第三国希望以非当事方身份进入案件，它很难通过国际法院对案情实质问题的审理获悉自己的法律利益将会遭受多大程度与范围的侵犯，尤其在国际法院不同意给予第三国案件相关书状、文件资料的条件下。所以小田滋法官提出了自己的独到见解，他指出在这样的情况下，证明的责任应当发生转移，由案件争端当事方负责证明国际法院未来公布的裁定不会影响第三国的法律利益。小田滋法官指出，国际法院在对争议的审理进入实质部分后方可确定第三国对争端是否具有法律性质的利益，此时国际法院完整地听取了当事国与请求介入国的主张，可以综合性地分析第三国的法律利益在什么情形下或许被影响。现在国际法院审理案件的做法与早些时候存在较大的区别，菲律宾了解到1997年5月31日印度尼西亚与马来西亚签署的协定指明的纠纷的标的，虽然并不清楚印度尼西亚与马来西亚对有争议的岛屿的态度与观点，菲律宾请求介入内容中提到的对北婆罗洲的法律利益或许被影响仅仅来源于猜测，真正事实如何还要看印度尼西亚与马来西亚的论辩。印度尼西亚与马来西亚均不同意给予菲律宾案件中的各类书状等文件资料，菲律宾必然无从清楚地确定自己的法律利益在裁定的哪些事项上或许被影响，菲律宾面临的困境使其仅能向国际法院提出在北婆罗洲主权问题上或许会被国际法院的判决结果影响。小田滋法官的观点是菲律宾不负有证明的责任,印度尼西亚与马来西亚应当向菲律宾表明其法律利益根本不可能受到国际法院未来裁定的侵犯。一方面,印度尼西亚与马来西亚不同意向菲律宾提供案件的书状等各类文件资料;另一方面,上述两个国家又要求菲律宾清晰地主张哪些法律利益在多大范围内受到影响,这种隐瞒真实案情的做法无异于强人所难,是不能为国际法所准许的方式。小田滋法官认为,这一案件中的诉讼程序具有非公正性,请求介入的菲律宾受到了不公正的待遇。本应在菲律宾介入案件之后再对相关条约、协定等各类材料进行展示与审理。克洛玛法官在个人意见中同意国际法院的裁判结果,但对国际法院在审理过程中的一些做法与观点不太认同,《国际法院规约》第 62 条所说的判决不应该是宽泛意义上的判决,宽泛意义上的判决将涉及判决的推导部分、对某一问题的解释,国际法院对各方的回复意见等。这样将会造成在先的判例的推理内容对某一事项的解释等影响之后争端中各方对权利的主张依据,国际法院在这种无形的约束下会更加谨慎地对案件中的某一法律文书、条约、协定等进行解释。国际法院的作用是依据国际法对争端进行处理,发挥国际法的作用,根据特定的案件内容,分析其中的事实与法律事项。国际法院的判决等同于回应各个当事方的主张与辩驳,在涉及介入的案件中,请求介入的第三国无论取得怎样的结果,都不可视为定案,因为《国际法院规约》第 59 条意味着裁决对介入国没有拘束力。在这一前提下,国际法院审理过程中对相关事项的推导过程对当事国也不具有拘束力。克洛玛法官反对国际法院在本案中对《国际法院规约》第 62 条的解释,这样或许对国际法院行使管辖权产生羁绊,同时也增添介入国对案件审理过程中的推理和判决对自己法律利益造成影响的担忧。[①] 珀砬·艾琅瑚伦法官认可国际法院作出的裁定的执行内容，同时也表达了自己的意见，《国际法院规约》第 62 条所说的裁决是指国际法院对案件的主题事项的回答。在当时的诉讼程序中还不清楚国际法院将依赖哪些证据进行推断并得出结论，所以多数法官提出的让请求介入国证明国际法院的判断推理过程与案件裁定内容对其法律利益有妨碍的意见是不可取的。珀砬·艾琅瑚伦法官不支持国际法院提到的对一些文件资料内容的解释不会对菲律宾的实质利益带来妨害的观点。克埃曼丝法官表示支持国际法院的裁定，菲律宾没有足够的证据证明其法律利益或许被本案的裁定结果影响，因此国际法院拒绝了菲律宾的请求。克埃曼丝法官认为，菲律宾没有在口述程序中详细地阐述相关事项，国际法院应当采用这种表述方法，而不是要求菲律宾必须清晰明确地说明对北婆罗洲具有主权的历史原因与权利来源，不同的表述方式具有不一样的法律效果和现实意义。一般来说，第三方请求介入和国家同意管辖原则完全不是一个概念，倘若第三国认为国际法院几乎不可能同意其介入，那么它极可能不会向国际法院寻求救济，为了实现第三方介入制度的价值，就要尽可能地增加第三国参与案件的可能性，国际法院需要注重论证《国际法院规约》第 62 条提到的法律利益的含义、范围，来源于哪些历史事实。维拉曼特立法官赞同国际法院作出的裁定，同时也提出自己的看法，本案中菲律宾在请求介入过程中出现的一系列问题恰恰是探究第三方介入制度的良机，今后第三方介入制度在国际裁决程序中的应用一定会更加广泛，其地位将

---

① The Order of Sovereignty over Pulau Ligitan and Pulau Sipadan (Indonesia/Malaysia: Philippines intervening), Para. , p. 84 - 03.

会进一步提升,菲律宾提到的问题是国际法院行使管辖权的一个疑难问题。维拉曼特立法官分析了《国际法院规约》第62条中赋予国际法院的斟酌决定权,对比了介入问题在国际法与国内法中的体现,并分析了二者之间的相同与区别,二者分别引申出一些法律规则,这对指导国际法院的审理工作具有重要作用,他还分析了介入申请的提起时间限制、案件相关书状的保密问题等。弗朗科法官同样也支持国际法院的论述推导过程与最终裁定,他还提出了一个崭新的观点,菲律宾的请求介入之所以没有成功,是由于非自治区域的人民具有自决权。联合国大会、本案的裁决结果和一些国际条约都肯定了这一法律原则,它是值得世界广泛关注的亮点。弗朗科法官提出联合国秘书长代表监督进行的选举中确认与保障了这种权利。当时北婆罗洲处于脱离殖民统治时期,北婆罗洲人民支持和马来西亚组成联邦的投票行为是合法公正的,由此可见,非自治领土委员会用行动表明了对这种权利的肯定。弗朗科法官提出国际法院应当认识到非自治领土的民族自决权极大地推动了国际法的发展,通过历史事实,苏禄苏丹的一些权利转移给菲律宾,民族自决权是北婆罗洲人民最基本的权利,倘若国际法院否定北婆罗洲人民的这一权利,那么菲律宾无从谈起对北婆罗洲的问题实质利益。

2010年2月25日,哥斯达黎加援引《国际法院规约》第62条,请求以非当事国的身份参与领土与海洋争端案,国际法院拒绝了这一申请。2010年6月10日,洪都拉斯同样在《国际法院规约》第62条的基础上,请求以当事国身份介入领土与海洋争端案,国际法院也没有准许它的请求。本案持续的时间相对较长,从2001年尼加拉瓜提起诉讼到2012年国际法院宣判,长达11年之久。诉讼的事实经过是尼加拉瓜在2001年12月6日向国际法院寻求救济,声称关于西加勒比的领土主权与海域划界的法律事项和哥伦比亚发生了矛盾,尼加拉瓜主张自己对一些尚未实际控制的岛屿、附属岛屿与礁石,与一些已经能够实际控制的礁石的主权。尼加拉瓜希望国际法院能确定其具有的前述主权,依据公平原则与国际法对单一海洋边界确定的边界线的方法,分别对尼加拉瓜与哥伦比亚的大陆架、专属经济区进行划定。尼加拉瓜声称对哥伦比亚缺乏主权却侵占的尼加拉瓜的数个岛屿,与遭受哥伦比亚阻挠的尼加拉瓜作为船旗国的船只保留损害赔偿权。尼加拉瓜认为国际法院的管辖权源于《波哥大公约》第 31 条,与尼加拉瓜和哥伦比亚均声明接受国际法院的强制管辖权。[①] 哥伦比亚依据《国际法院规则》第 79 条第 1 款在 2003 年 7 月 21 日发表了初步反对意见。国际法院在 2007 年 6 月 4 ~ 8 日对初步反对意见进行开庭审理,在 2007 年 12 月 13 日作出尼加拉瓜的诉讼请求在两国的海域定界和排除尼加拉瓜所主张的其中 3 个岛屿之外的岛礁的主权事项,具备可受理性的裁决,[②]哥斯达黎加在 2010 年 2 月 25 日向国际法院书记官处提交了一份介入申请,希望以非当事方的身份介入诉讼,请求的权利来源是《国际法院规约》第 62 条的内容,哥斯达黎加认为本案中两国各自声称的主权海域与哥斯达黎加的主权范围产生的重叠。[③] 国际法院迅速将这份介入申请文件发送给尼加拉瓜与哥伦比亚两个诉讼当事国,并定于 2010 年 5 月 26 日为诉讼国提交书面意见的截

---

① The Application of Nicaragua in the Territorial and Maritime Dispute (Nicaragua *v.* Colombia).

② The Judgment of 13 December 2007 Preliminary Objections Territorial and Maritime Dispute (Nicaragua v. Colombia).

③ Application by Costa Rica for Permission to Intervene.

止日期。[①] 洪都拉斯在 2010 年 6 月 10 日同样也依据《国际法院规约》第 62 条向国际法院递交申请，与哥伦比亚不同的是，洪都拉斯在书面内容中表露了希望以当事国的身份介入程序，且表示假如国际法院不予准许，那么还希望能以非当事国身份参与案件。洪都拉斯请求参与的原因是本案的当事国声称的海洋权利覆盖了洪都拉斯在加勒比海域某一位置的权利。国际法院在收到洪都拉斯的书面请求之后很快分别转送给当事国，且明示 2010 年 9 月 2 日是当事国对介入请求提出书面意见的截止日期。[②]

国际法院在 2010 年 10 月 11～15 日审理了哥斯达黎加的申请。国际法院以《国际法院规约》第 62 条与《国际法院规则》第 81 条为基础，对第三方介入提出了四个必备条件：第一，哥斯达黎加需要提供能使国际法院确信的证据，证明其法律性质的利益将会被诉讼程序的主要部分影响，同时这一法律性质的利益事关国际法院如何作出判决。第二，哥斯达黎加需要清晰地描述自己会受到国际法院裁决影响的利益的范围。第三，《国际法院规约》对哥斯达黎加介入案件不提出与诉讼当事国尼加拉瓜与哥伦比亚具有管辖联系的要求。第四，哥斯达黎加负有举证的义务，需要提供足够的证据资料。而哥斯达黎加并未满足这四项要求，因此国际法院最终以 9 票支持、7 票反对，判决哥斯达黎加的介入请求不成立。[③]

国际法院之后在 2010 年 10 月 18～22 日开庭审理了洪都拉斯的介入请求，对洪都拉斯寻求作为当事方或非当事方参与的资

---

① Judgment of 4 May 2011 of Nicaragua in the Territorial and Maritime Dispute (Nicaragua v. Colombia).

② Application by Honduras for Permission to Intervene.

③ Judgment of 4 May 2011 of Application by Costa Rica for Permission to Intervene.

格的事项需要作如下分析,一个参与国要想取得当事方的地位,要求其与相关的当事国一样存在管辖权的基础,但是这一管辖权的基础不是作为非当事方介入诉讼的条件。如果一个国家被国际法院许可成为诉讼程序中的一方,正在介入的第三国可以要求国际法院在它的未来作出的裁定中对第三国的权利予以承认,判决中的这一部分将对准许介入的第三国在这些方面具有拘束力。依据《国际法院规约》第 59 条,无论一个国家寻求怎样的参与资格,都要求存在一个法律利益,这一利益可能被主要诉讼程序环节的判决结果影响,并且作为介入案件的精确的目标。① 国际法院先后查明了洪都拉斯介入请求依赖的法律框架与资格,②可能遭受国际法院裁决影响的法律实质的利益,③国际法院认为《国际法院规约》第 62 条含义范围内的法律实质的利益并不是获益于像作为一个已经创设的权利那样的保护,并且在证据事项上不受到同样的要求。国际法院同意介入的裁决可以被理解为预防性的裁决,因为它的目的是允许介入国介入主要诉讼和程序中,为了保护那些在诉讼程序中将会面临影响风险的法律实质的利益。正如附带程序与主要程序的联系那样,国际法院在先声明,“第三国寻求《国际法院规约》第 62 条下的参与所显示的法律实质的利益不被单单一个判决的主文(dispositif)所限制。它可能

① Judgement of Application by Honduras for Permission to Intervene in the Territorial and Maritime Dispute (Nicaragua v. Colombia), 4 May, 2011, p. 421.

② Judgement of Application by Honduras for Permission to Intervene in the Territorial and Maritime Dispute (Nicaragua v. Colombia), 4 May, 2011, p. 430.

③ Judgement of Application by Honduras for Permission to Intervene in the Territorial and Maritime Dispute (Nicaragua v. Colombia), 4 May, 2011, p. 433.

也与构成判决主文的必不可少的步骤的原因相关。”①国际法院还查明了尼加拉瓜请求介入的精确目的，国际法院特别指出，第三国请求参与诉讼，不能在介入的程序中主张在主要诉讼程序之外引入一个新的案件，然而现实情况确实是一个被允许作为一方介入的第三国可能对国际法院的裁决提交自己的主张，这可能与主要争端的主题联系在一起。事实是一个被允许介入的国家并不意味着它可以选择主要诉讼程序的性质，这是因为参与“不能是将一个案件转变成另一个有着与之不同的当事方的案件的诉讼程序”。② 尼加拉瓜主张洪都拉斯不具有法律实质的利益，这一界线被规定在国际法院 2007 年的判决当中，包括受到此界线约束的北部区域与南部的第 15 条直线。根据尼加拉瓜的主张，不能依赖 1986 年条约进行抗辩，因为侵占了它的主权。一方面，尼加拉瓜辩驳称 2007 年的判决，具有已决案件（res judicata）的完全效力，解决了尼加拉瓜与洪都拉斯之间在加勒比海的界线问题，并且那一已决案件不仅扩大了主文，还有推理过程，它是与有效部分不可分割的。尼加拉瓜认为，洪都拉斯提交的请求书重新提出了尼加拉瓜与洪都拉斯被国际法院已经判决的事项，因此应当在国际法院的先例下被阻止。另一方面，哥伦比亚主张洪都拉斯已经满足了作为《国际法院规约》第 62 条框架下的非案件当事方的检测分析，进一步来说哥伦比亚对洪都拉斯的介入要求不持

---

① Sovereignty over Pulau Ligitan and Pulau Sipadan (Indonesial Malaysia), Application for Permission to Intervene, Judgment, ICJ Reports 2001, p. 596, para. 47.

② Land, Island and Maritime Frontier Dispute (El Salvador/Honduras), Application for Permission to Intervene, Judgment, ICJ Reports 1990, p. 134, para. 98; see also Continetal Shelf (Libyan Arab Jamahiriya/Malta), Application for Pernission to Intervene, Judgement, ICJ Reports 1984, p. 20, para. 31.

反对态度。哥伦比亚将眼光集中于对国际法院2007年的判决的争论中，这一判决包含了1986年公约。哥伦比亚坚持认为，对于洪都拉斯而言，1986年公约的双边义务不是阻止它在当前以关于第15条直线的北侧与第82条子午线东侧作为对抗尼加拉瓜的程序权利和利益的理由，因为1986年公约已经承诺洪都拉斯仅仅对它适用。[①] 国际法院最终以13票同意、2票反对同样拒绝了洪都拉斯的介入请求。国际法院认为，洪都拉斯没有满足国际法院对第三方介入的要求，洪都拉斯不具有在诉讼主要程序中受到国际法院判决影响的法律性质的利益。[②]

此外，还有一个国际海洋争端案例牵涉不可或缺第三方，由于该第三方没有提出介入请求，国际法院裁定对案件不具有管辖权，这一情形具有特殊性，值得我们深入研究。

1991年2月22日第三方东帝汶提起诉讼，申请介入葡萄牙诉澳大利亚东帝汶案。相关的第三方没有提出介入的请求。东南亚小巽他群岛（Lesser Sunda Islands）的东部是东帝汶（East Timor），三面临海，东帝汶的西侧相邻的区域是印度尼西亚的西帝汶，与南侧海岸遥遥相望的是澳大利亚，大约相隔430公里。公元16世纪初，帝汶岛遭到葡萄牙的入侵；1613年，帝汶岛又遭受荷兰的入侵，荷兰实际控制了帝汶岛的西部。两股入侵势力于1859年4月20日签署了划界条约，定下了东帝汶与西帝汶的陆地分界线，东帝汶是葡萄牙的殖民地，荷兰继续占领和控制着西帝汶。西帝汶在1954年又在印度尼西亚的统领之下。1960年

① Judgement of Application by Honduras for Permission to Intervene in the Territorial and Maritime Dispute (Nicaragua v. Colombia), 4 May, 2011, p. 438.

② Judgement of Application by Honduras for Permission to Intervene in the Territorial and Maritime Dispute (Nicaragua v. Colombia), 4 May, 2011, p. 444.

的第15届联合国大会在1542号决议中规定,葡萄牙管理东帝汶和其附属地,这一区域属于非自治领土,当地的人民具有自决权。葡萄牙向联合国提交了备忘录,并在国内宪法中载入了联合国的上述决议。葡萄牙在1975年也确实做到了允许东帝汶行使民族自决权,此时东帝汶存在三类核心政治团体,分别是帝汶人民民主协会、东帝汶独立革命战线、民主联盟。这三个核心政治团体互不相让,于1975年8月开始内战,葡萄牙驻守当地的机构因而离开东帝汶,搬迁到阿嘲罗岛。在激烈的内战中,东帝汶独立革命展现于1975年11月28日宣布东帝汶民主共和国成立,随后印度尼西亚于12月7日攻入东帝汶,次日已搬迁到阿嘲罗岛的葡萄牙驻当地机构再次撤离,印度尼西亚攻占了东帝汶。印度尼西亚在1976年以法律条文的形式明确声明东帝汶属于印度尼西亚领土的组成部分。就东帝汶问题,联合国安理会的两个决议,与联合国大会的18个决议中均指斥印度尼西亚的侵占行为,敦促印度尼西亚撤离葡萄牙帝汶(Portuguese Timor)。联合国大会决议中提到葡萄牙政府是东帝汶的行政权力人(Administering Power),应当孜孜不倦地寻找和平解决纠纷的途径。之后,联合国大会的工作议程中一直将东帝汶纳入《联合国宪章》第11章的非自治领土表中。澳大利亚在1978年2月20日在表示承认东帝汶是印度尼西亚的不可分割的领土,并称只是承认东帝汶被纳入印度尼西亚板块的事实,而并非印度尼西亚武装攻击和占领东帝汶的举动。澳大利亚外交部长于1978年12月15日事先声明未来将与印度尼西亚就帝汶海大陆架划界问题进行磋商,并宣布此次磋商代表澳大利亚在法律上承认东帝汶属于印度尼西亚。1979年2月磋商正式开始,但是没有达成合意。澳大利亚与印度尼西亚又探讨共同开发海底大陆架资源的临时安排,在1989

年 12 月 11 日签署了条约,创造了由接近澳大利亚一侧的 B 区、中间的 A 区、临近东帝汶的 C 区组成的共同开发的区块。葡萄牙在 1985 年 9 月、1988 年 10 月与 1989 年 10 月、12 月先后表示抗议,声明自己是东帝汶的合法管理者,有联合国文件赋予的责任、权力与地位,澳大利亚擅自与印度尼西亚商讨东帝汶的相关事项,侵犯了葡萄牙的权利,但是澳大利亚没有作出任何回复。这促使葡萄牙在 1991 年 2 月 22 日将这一事项提交到国际法院,请求国际法院裁决东帝汶具有民族自决权,保持领土完整的权利与处理自然资源是其主权的组成部分,澳大利亚应当尊重葡萄牙的行政权力人的身份。澳大利亚辩称,如果国际法院同意葡萄牙的申请,那么就不得不在未得到第三国同意的前提下,就裁判第三国入侵与实际控制东帝汶的举措,以及之后就东帝汶相关的大陆架划界进行商讨的行动的性质。这违背了货币黄金案中确立的国家同意方可管辖原则,货币黄金案中认为,如果第三国的法律利益将会成为判决的标的,那么未经该第三国同意,不能决定任何关于该第三国责任的事项。葡萄牙坚持解释这一申请仅仅针对的是澳大利亚与印度尼西亚擅自进行的商讨东帝汶海域的大陆架划界、签订共同开发合同,签署并开始履行条约的举动,和印度尼西亚的其他举措没有关系,申请的主体事项是澳大利亚的举动对东帝汶的民族自决权和葡萄牙的管理者身份构成侵害,性质上是违法行为。国际法院在 1995 年 6 月 30 日发布判决,提出缺乏第三国同意的前提下国际法院对案件无管辖权是《国际法院规约》确定的基本原则之一,它在 1943 年的货币黄金案、1984 年的阿拉伯利比亚人民社会主义民众国诉马耳他大陆架案及尼加拉瓜的军事与准军事行动案中先后得到落实,该案中的根本问题是代表东帝汶行使缔结条约的权利人是葡萄牙抑或印度尼西亚。① 国际法院分析了葡萄牙的理由，结论是 1989 年印度尼西亚与澳大利亚缔结条约的合法性问题是认定澳大利亚行为性质的先决条件，印度尼西亚入侵并实际掌控东帝汶的状态下是否具有代表东帝汶行使自然资源与领土划界的权力是案件的主题事项，但是印度尼西亚未提出接受管辖，那么国际法院没有对案件的管辖权。② 葡萄牙请求国际法院作出的判决结果等同于声明印度尼西亚的入侵、实际控制、纳入自己领土，签署涉及东帝汶的条约等行为是违法的。印度尼西亚的权利和义务是本案裁决结果需要解决的主题事项，如果作出这样的判决将违背《国际法院规约》中已经确立的国家同意才能管辖原则。③ 国际法院最终以 14 票支持、2 票反对形成了本案的判决，其中维拉曼瑞（weeramantry）法官与斯库比啫乌斯基（skubiszewski）法官提出了异议意见，还有 4 位法官发表了个人意见。

维拉曼瑞法官的异议体现在对葡萄牙观点的反驳、包括东帝汶的民族自决权与自然资源的主权、第三方规则、澳大利亚的义务、优先权这几个方面，篇幅长达数十页，为了说明虽然印度尼西亚未参与，但是国际法院依然能够行使管辖权。维拉曼瑞法官指出葡萄牙的申请对象不是印度尼西亚，所指向的违法行为的做出者也不是印度尼西亚，国际法院的裁决确实会影响印度尼西亚的某些利益，但是案件的所有内容的基础均为澳大利亚为履行国际

---

① Judgement on Case Concerning East Timor (Portugal v. Australia), ICJ Reports 1995, para. 27.

② Judgement on Case Concerning East Timor (Portugal v. Australia), ICJ Reports 1995, para. 28.

③ Judgment of 30 June 1995 of East Timor (Portugal v. Australia), p. 19, para. 35.

义务,并擅自与他国处理有争议的事项,因此案件的真正主题事项不是印度尼西亚的举动。[①] 对国际法院管辖权问题的分析需要站在一个统观全局的角度,它不是孤立的,而是与众多因素错综复杂出现的。案件中的基本情况是:东帝汶具有民族自决权,这一点毫无疑问,澳大利亚需要承认。东帝汶还具有对其领土范围内的自然资源的主权,由于地理因素,其中部分海洋资源属于东帝汶与澳大利亚两方共同享有,这些资源归属于东帝汶的起始时间是联合国承认东帝汶是非自治领土之时。澳大利亚一直表示认可东帝汶是非自治领土,时至今日联合国仍旧将东帝汶归为非自治领土名单中。东帝汶附近海域存在丰富的石油与天然气资源,这些资源是东帝汶人民的共同财产。殖民地的管理者葡萄牙现在已经撤离了东帝汶,尽管联合国还将葡萄牙作为东帝汶的行政管理人,且没有指定其他行政管理人。印度尼西亚在 1975 年 12 月 7 日大举入侵东帝汶并一直实际控制,联合国一直以来并未承认印度尼西亚对东帝汶的管理者身份。在入侵之后的 20 年中,联合国始终努力解决东帝汶问题,澳大利亚与印度尼西亚对东帝汶附近的海洋资源达成了协议,澳大利亚认同东帝汶属于印度尼西亚的领土板块。澳大利亚和印度尼西亚签署条约的行为漠视联合国的规定,联合国既为承认东帝汶是自治领土的地位,也未承认印度尼西亚对东帝汶的一系列行为合法。澳大利亚与印度尼西亚签署的条约基本期限是 40 年,之后可以再延长 20 年,条文中没有规定东帝汶能从海洋资源开发中取得哪些利益,

---

① Dissenting Opinion Of Judge Weeramantry, Part A, 1, (i), Eric Heinze, Malgosia Fitzmaurice Landmark Cases in Public International Law, p. 515 – 516, published by Kluwer Law International Press 1998.

东帝汶从未对该条约的内容以直接或间接的方式表示认同。澳大利亚与印度尼西亚之间的条约涉及的海洋资源是一次性,非可再生的,因此东帝汶所享有的海洋资源总量范围将会永久性的陆续缩小。澳大利亚和东帝汶没有达成海洋划界合意,在条约履行的40年或60年后,大量的海洋资源永久性地消失了,在海洋资源被开采的过程中,葡萄牙因没有取得任何利益而希望联合国对此进行监督管理。这些是东帝汶的基本案情。维拉曼瑞法官结合案情探讨本案与货币黄金案的异同,澳大利亚作为联合国的成员,应当履行国际义务,首先需要尊重《联合国宪章》中关于东帝汶是非自治领土的规定,支持东帝汶的民族自决权与自然资源的主权,并保障东帝汶的相关权利的行使。对于联合国成员方国际行为的合法性问题交由国际法院审查,澳大利亚的相关行为包括明示宣布承认本来属于非自治领土的东帝汶是印度尼西亚的领土,在与印度尼西亚签订条约时为得到东帝汶的授权与同意,这些才是该案的关键性点,国际法院无须认定印度尼西亚举动的性质与它与东帝汶的关系的实际状况,联合国的任何成员都应当尊重国际上的非自治领土,不以他国对非自治领土的控制合法与否为前提。货币黄金案里的主题事项是第三国的财产与行为,东帝汶案与之不同,第三国的行为与应当履行的义务并非主题事项,货币黄金案中原告的申请从未针对第三国,该判例确定的规则是国际法院的裁决可能给第三国带来影响,且是裁决所要解决的主题事项,因此国际法院不能在第三国没有同意的前提下接着审理案件。东帝汶案中,虽然第三国印度尼西亚的法律利益或许会受到裁决的影响,然而并不是判决的主题事项,所以货币黄金案确立的原则并不适用于东帝汶案。斯库比啫乌斯基法官提出了异议意见,他在关于不可或缺第三方原则方面,认为葡萄牙的诉讼方向非常正确,与货币黄金案中的第三方问题存在千丝万缕的联系,但是东帝汶案中原告的诉求并未指向没有介入诉讼的第三国,没有要求国际法院对第三国事项进行管辖,所以选择起诉澳大利亚是正确的。国际法院行使管辖权的案情是联合国对东帝汶的定位,《联合国宪章》将其定位为非自治领土,尽管事实上印度尼西亚实际控制着东帝汶。在联合国法律的约束下,国际法院又未有证据证明联合国超越职权范围作出这一决议,那么就要遵守联合国大会和联合国安理会的决议,在划分自治领土与非自治领土,委派对非自治领土的管理者时受到决议的约束。[①] 斯库比啫乌斯基法官认为印度尼西亚的权利并不是本案的正式主题事项,东帝汶在现实中被印度尼西亚纳入自己的版图,印度尼西亚与澳大利亚的权利义务无交错依赖性,虽说有一些相同之处,但是在澳大利亚应当遵守联合国规定的义务方面毫无联系,国际法院对此作出裁判时无须先对印度尼西亚的做法进行定性,国际法院可以不考虑印度尼西亚的做法对澳大利亚进行管辖。[②] 小田滋法官在个人意见中虽然赞同国际法院的判决结果,但是不同意国际法院判决的理由,认为应当是源于葡萄牙不具有介入诉讼的公认身份,小田滋法官详细分析了葡萄牙的申请,得出的结论是葡萄牙不正确地给争端一次下了定义,没有区分葡萄牙对东帝汶的管理者身份,葡萄牙基于联合国决议取得的权利义务及对其他国家的对抗性,与葡萄牙代表东帝汶声索这两个问题。澳大利亚并没有侵犯东帝汶的民族自决权等权利,这一问题从各种角度来说都不构成案件的一个争端,案件牵涉的只有葡萄牙以沿海国的身

---

① Dissenting Opinion Of Judge Skubiszewski, para. 68, 70, 71.

② Dissenting Opinion Of Judge Skubiszewski, para. 82.

份提出的大陆架划界的主张。澳大利亚从未对东帝汶的人民权利与领土海底部分进行与以往不同的主张,没有声称要求与以往不同的任何国家的海底区域。澳大利亚与东帝汶之间的大陆架有重叠部分,对此部分确实需要协商,澳大利亚的确也做到了谈判,所以本案的核心议题是澳大利亚应当与哪个国家谈判,是印度尼西亚,还是葡萄牙,这两个国家谁是东帝汶真正的权利代表。通过帝汶海区域的划界考察,是因为印度尼西亚在1976年以法律的形式将东帝汶纳入自己的版图而取得沿海国的地位,所以澳大利亚才选择与印度尼西亚进行磋商,如果在磋商举行之前,葡萄牙提出自己才是真正的权利者,那么葡萄牙必定与印度尼西亚在此权利上形成争端。假设当时葡萄牙具有代表东帝汶的沿海国的身份,那么所有在帝汶海海底的纠纷将变成葡萄牙和澳大利亚的争议焦点。如果这种假设成立,那么澳大利亚与印度尼西亚先前签署的条约从一开始便无效力,这样一来货币黄金案中确立的规则和本案没有丝毫关系。欧达法官深入地了解了案件发生的历史,提出印度尼西亚在20世纪70年代擅自侵占东帝汶,之后又将东帝汶纳入自己的版图这一做法从未取得联合国的支持,但是同样不存在任何原因推定葡萄牙在同样的时间内受到管理东帝汶的委托,国际社会一直以来不存在任何国家认可葡萄牙在东帝汶的身份和代替其行使权利的地位,所以葡萄牙在这一案件中不符合原告的条件,表面上看申请的提出是为了东帝汶的利益,但是没有任何证据显示了东帝汶人民的期盼,这些才是国际法院拒绝管辖的真正原因。[①]

---

① Separate Opinion of Judge Oda(Summary),"Case Summary of ICJ",from www.icj-cij. org/decision/case concerning East Timor/ case summary.

沙哈布登法官的个人意见中提到国际法在发展的过程中出现了一些规则,这些规则改变着国际社会的秩序与框架组成,表现出国际法的发展趋势,但是一切都离不开源头的国家同意国际法院方可管辖的限制. 这一毫无疑问的国际法原则发展到今天,出现的问题是如果国际法院的裁决可能在法律情势上给第三方造成影响,那么国际法院是否还能继续审判。《国际法院规约》第 59 条规定国际法院的裁决结果的拘束力只限于案件的当事国,但是并未提到如果国际法院的裁决结果可能隐含着对第三方的法律利益造成干扰,与国内法院具有主动追加第三人进入诉讼的权利不同,国际法院不具有这项权利,这种法院主动介入的权利不一定对当事方进行充分的救济,所以当对案件作出的裁决可能同时赋予第三方权利与义务的情况下,国际法院可以未经第三国同意的前提下进行判决,然而货币黄金案作出了相反的意见。在 1970 年 2 月 5 日国际法院对比利时诉西班牙巴塞罗那牵引公司案的判决第 2 段说道:“法律就是持续地平衡利益之间的冲突”(law is constantly balancing conflicting interests)。[1] 而在东帝汶案中,存在的冲突是葡萄牙希望国际法院公布的裁决结果很可能涉及印度尼西亚的利益,并且印度尼西亚未作出同意国际法院处理该问题的表示。出现这一问题的原因是随着国际社会的联系愈加紧密,国家与国家之间的纠纷往往牵涉其他国家,争端很少是纯粹的双边性。在以往的判例中曾经出现过类似的情形,如在关于 1970 年国际法院报告的第 248 段中,国际法院就表示即使在全部当事国均表示同意接受国际法院管辖的条件下,必须在全部当事国出庭的情况下方可作出裁判,这种结果是一种对国际

---

① Barcelona Traction, Light and Power Company, Limited (Belgium *v.* Spain).

法院的履行职责的能力的严厉而无根据的限制。在第三方的利益可能被判决干扰时,国际法院若没有对案件进行管辖,则将无法让彼此冲突的利益寻找到一个平衡点。国际法院最合理的做法是先划定一个界限,让案件涉及的第三国受到的影响保持在国际法能够容忍的范围之内,国际法院在东帝汶案中划定的界限是未介入诉讼的第三国的合法利益既可能被裁决干扰,又属于判决要解决的主题事项。[①] 国际法院中的法官对分界线有一些争议,怎样保证分界线的一侧是国际法院具有管辖权,另一侧不具有管辖权,这个特定的条件设置在哪个位置,通常情况下认为国际法院在货币黄金案的判决结果中形成的规则即为这条分界线,尽管国际法学者对货币黄金案存在一定的争议与批判,但是对案情的认定,案件确立的一些原则是支持的。[②] 1984 年的国际法院报告中在关于尼加拉瓜的军事与准军事行动案部分评论说,货币黄金案中的判决前提与案情事实认定极有可能代表了国际法院是否具有管辖权的限制范围。[③] 国际法院同时指出货币黄金案中确立的原则是从未受到挑战的,这一原则明确了国际法院在管辖事项上存在争议时需要征得当事方的自愿同意的要求,国际法更加看重的是案件的实质。[④] 葡萄牙提起申请的前提条件是自己能够代表东帝汶行使大陆架划界和开采海底资源的权利,澳大利亚表示拥有这些权利的是印度尼西亚,这是争议之一。国际法院如果想

① Separate Opinion of Judge Shahabudeen, para. 1 – 4, from www. icj-cij. org/ decisions/ case concerning East Timor.

② Separate Opinion of Judge Shahabudeen, para. 6, from www. icj-cij. org/ decisions/ case concerning East Timor.

③ ICJ Reports 1984, p. 431, para. 88.

④ Separate Opinion of Judge Shahabudeen, para9, from www. icj-cij. org/ decisions/ case concerning East Timor.

对澳大利亚和印度尼西亚之间缔结和履行条约的活动性质进行裁定,并决定它们是否承担某些国际责任,那么应当先处理条约的缔约权利者是谁这一问题,即如果裁决结果对葡萄牙是有利的,那么案件事实认定应该是印度尼西亚不具有缔约的权利,倘若国际法院不对印度尼西亚入侵东帝汶与实际控制东帝汶的行为进行国际法定性,那么就不可以裁决支持葡萄牙,如此裁决会出现未经印度尼西亚认可就让其承担国际法责任,国际法院必然不能采取如此做法。案件提交后,又有了进一步的发展,葡萄牙提出自己的身份是由联合国大会和联合国安理会的决议确定的,这些事实背景应纳入国际法院审判考虑的因素之内,所以国际法院在裁决结果中可以不涉及印度尼西亚的法律利益。沙哈布登法官指出需要注意的一点,葡萄牙提出国际法院应当作为审判根据的是葡萄牙自行对联合国大会和联合国安理会的决议的解释。在国际裁决中,国际法院有权对各类国际决议进行解释,裁决的基础是各类国际决议内容本身,而非诉讼国为了争取自己的利益对国际决议的解释。澳大利亚对葡萄牙作出的国际决议的解释提出反对,国际法院不能忽视这一问题,应当在裁决中进行说明,在实际裁决中国际法院提出对联合国大会和联合国安理会的决议的解释导致的葡萄牙与澳大利亚的争议,是处理其他问题之前首先应当解决的问题。国际法院对这一问题的处理不受到葡萄牙自行解释的决议的影响,倘若国际法院认定葡萄牙作出的解释没有错误,则随之要处理的事项是裁决葡萄牙具有与澳大利亚就东帝汶大陆架划界与海底资源开发事项进行缔约的权利。不认同葡萄牙对联合国大会和联合国安理会的决议作出的解释将可以增加认定葡萄牙具有代表东帝汶行使缔约权的证明效力,国际法院的裁决将会在欠缺印度尼西亚同意的条件下生效。所以葡萄牙对联合国大会和联合国安理会决议的解释是否合理,倘若国际法院支持葡萄牙的解释,则将没有顾及印度尼西亚的法律利益。① 冉杰瓦法官的个别意见通过全面考察货币黄金案,发现其中的法理对国际法院的限制,货币黄金案裁决结果的客体是个体权利(subjective right),也就是未同意国际法院管辖,或者没有在审判时到场的国家的权利。对于货币黄金案中的规则对东帝汶案中"对一切的权利"是否同样适用,是强行法(jus cogens)转变成实在法(positive law)之后迫切需要解决的问题,国际习惯已经不能包容客观法的规则,客观法引发的纠纷出现了关于第三方法律利益的问题。② 国际法院的困难是将印度尼西亚的行为与当事国之间的纠纷区分开来,这二者之间因为澳大利亚的一系列活动联系在一起。渥瑞旭砗霆法官在个别意见中提出了自己的独特观点,他认为东帝汶案中的第三方不止一个,还有东帝汶人民,缺乏东帝汶人民的认可,国际法院同样不能管辖案件。葡萄牙在申请书内容里,在印度尼西亚与澳大利亚签署条约之前,没有证据表明自己取得了东帝汶人民的认可,但是却一再强调条约侵犯了东帝汶人民的主权,要代表东帝汶人民讨回利益。③ 国际法院的裁决没有涉及这一问题,这可能让国际社会认为东帝汶人民与东帝汶案关系不大,但是实际上东帝汶人民的民族自决权是贯穿全案始终的关键问题。这样分析不是说让国际法院同等地对待诉讼当事国与东帝汶的人民,因为国家的人民不能构成国际法院的

---

① Separate Opinion of Judge Shahabudeen, para. 9 – 15, from www. icj-cij. org/decisions/ case concerning East Timor.

② Separate Opinion of Judge Ranjeva, p. 3, para. 3, ICJ Reports 1995, p. 131.

③ Separate Opinion of Judge Vereshchetin, p. 1, para. 2, ICJ Reports 1995, p. 135.

适格主体，但是国际法院不能因此忽视了东帝汶人民的期待。[①] 葡萄牙有义务向国际法院证明其所提起的申请赢得了东帝汶人民的广泛支持，这是东帝汶案中一个极其关键的因素，以此证明葡萄牙在东帝汶地区行使着行政管理的职权，而并非印度尼西亚。倘若不存在有利的证据，那么国际法院不可以完全认可已经20年没有对东帝汶实行有效控制的葡萄牙能够代表东帝汶广大人民表达期冀。[②] 葡萄牙表示自己与东帝汶的人民代表进行洽谈，达成关于国家之间的重要事项上作为东帝汶的利益代表人，对澳大利亚缺乏征得东帝汶人民代表的同意而进行的一系列的活动表示异议。[③] 之后葡萄牙并未在任何环节提供给国际法院能够证明与东帝汶人民代表达成合意的证据，澳大利亚提出倘若没有和印度尼西亚共同开发帝汶海区域，那么东帝汶人民永远不可能从该海域获取这些经济利益。澳大利亚同样也没能明确地证明自己已经与东帝汶人民代表达成合意，所以它的辩述缺乏说服力。事实上，国际法院由于货币黄金案形成的规则停止了对东帝汶案的继续裁判，所以没有必要强调澳大利亚的责任问题。[④] 澳大利亚的责任是应当在签署条约之前与东帝汶人民代表进行沟通，葡萄牙的责任是在提起申请之前与东帝汶人民代表进行洽谈，因为所有代表的利益的归属方是东帝汶人民。[⑤] 在殖民地存在的时代，《联合国宪章》并未强调殖民地的管理者在面临关于殖民地的国际纠纷时具有事先与殖民地人民沟通的义务，但是不

---

① Separate Opinion of Judge Vereshchetin, p. 1, para. 3, ICJ Reports 1995, p. 135.
② Separate Opinion of Judge Vereshchetin, p. 1, para. 4, ICJ Reports 1995, p. 135.
③ Separate Opinion of Judge Vereshchetin, p. 2, para. 2, ICJ Reports 1995, p. 136.
④ Separate Opinion of Judge Vereshchetin, p. 2, para. 3, ICJ Reports 1995, p. 136.
⑤ Separate Opinion of Judge Vereshchetin, p. 3, para. 2, ICJ Reports 1995, p. 137.

等于说《给予殖民地国家和人民独立宣言》公布之后不需要承担这样的职责。①

(二)依《国际法院规约》第 63 条提起的介入

在常设国际法院存续的 24 年中,涉及第三方介入的案件仅有一例,即 1923 年的英国、法国、日本和意大利诉德国温布尔登案。② 温布尔登案的案件经过是:1921 年 3 月 21 日,法国公司租用了一艘英国籍轮船“温布尔登号”,驶入吉尔运河的入口。由于轮船上有大量的军火、大炮等即将运往但泽波兰海军基地,以支援对俄作战的波兰,吉尔运河的交通总监依据 1920 年 6 月 25 日和 30 日公布的关于俄国、波兰之间战争的《德国中立法》(the German Neutrality Orders)禁止这艘轮船驶入吉尔运河。法国驻德国柏林大使提出抗议要求取消禁令,并要求根据《凡尔赛和约》第 380 条对该船予以放行。德国政府认为《凡尔赛和约》第 380 条不应当对《德国中立法》的实施设置阻碍,因此拒绝放行。1921 年 3 月 30 日,法国托运人指示船长绕道从丹麦海峡继续航行,“温布尔登号”被迫在 4 月 1 日重新出发,4 月 6 日驶入但泽,导致运输耽搁了 13 天的时间。对于这一事件,召开了多次大使会议并进行了与德国政府的多轮谈判,都未形成解决办法。德国政府在 1922 年 1 月 28 日提出诉至常设国际法院的建议,1923 年 1 月 16 日,英国、法国、日本和意大利四国共同向常设国际法院提出申请。波兰最初在 1923 年 5 月 22 日以《常设国际法院规约》第 62 条和《常设国际法院规则》第 58 条、第 59 条为依据,向常设国际法院提出介

① Separate Opinion of Judge Vereshchetin, p. 4, para. 4, ICJ Reports 1995, p. 138.

② Case of the S. S. “Wimbledon”, apply to intervene by Poland in 1923. Publications of the Permanent Court of International Justice, Series A: Collection of Judgments, A01.

入的申请。之后由于英国建议其依据《常设国际法院规约》第 63 条,波兰选择了这一做法并在口述程序中将申请介入的依据更改为第 63 条,常设国际法院在 1923 年 6 月 28 日作出判决,同意波兰提出的变更申请依据的做法,并准许波兰介入该案。

世界各国向国际法院提起的第三方参与的案件多数依赖于《国际法院规约》第 62 条,极少有依赖《国际法院规约》第 63 条的请求。截至目前,仅有一起以《国际法院规约》第 63 条为基础请求介入国际海洋争端的案件。

2012 年 11 月 20 日提起介入诉讼申请的澳大利亚诉日本南极海域捕鲸案,其中的第三方是新西兰,它根据《国际法院规约》第 63 条的内容请求国际法院允许介入诉讼,取得国际法院的认可。面对世界上鲸鱼种群数量减少,甚至逐渐走向灭绝的事实,国际捕鲸委员会在 1979 年公布了禁止在南极海域捕捞鲸鱼的协定。① 1986 年国际捕鲸委员会又公布了《全球禁止捕鲸公约》,日本是该公约的签字国。日本以《全球禁止捕鲸公约》第 8 条为庇护伞,持续在国际社会宣称自己的捕鲸行为是以科研为目的,掩盖追求商业利益的本质目的。日本大肆捕捞南极海域鲸鱼的活动对南极的生态环境造成恶劣的影响,澳大利亚于 2010 年 5 月 31 日向国际法院寻求救济并提出四项请求:第一,国际法院对澳大利亚提起的申请具有管辖权,其国际法依据为《国际法院规约》第 36 条第 2 款,以及澳大利亚在 2002 年 3 月 22 日、日本在 2007 年 7 月 9 日分别作出的接受声明。② 第二,日本对外宣称的

---

① The Schedule of ICRW: As amended by the Commission at the 64th Annual Meeting Panama City, Panama, July 2012, para. 10(d).

② Application, Instituting Proceedings, filed in the Registry of the Court on 31 May 2010, Whaling in the Antarctic, Australia v. Japan, p. 4. para. 4.

“特许南极鲸类研究项目”(Japanese Whale Research Programme under Special Permit in the Antarctic)(以下称 JARPA Ⅱ)与《全球禁止捕鲸公约》第 8 条的内容完全不符,日本作为该公约的签字国却做出违反国际法的行为。第三,日本在南极海域附近持续捕杀大量鲸鱼的活动与《全球禁止捕鲸公约》的附件第 7 条(b)款,第 10 条(d)、(e)款,第 30 条的要求不相符。① 第四,日本必须结束 JARPA Ⅱ 的相关活动,废止已经作出的授权,不能再对类似活动作出批准。② 日本提出国际法院无权审理该案,倘若国际法院对本案能够行使管辖权,那么澳大利亚的所有申请事项均不成立,随之新西兰希望介入本案的申请也不具有任何效力。新西兰基于《国际法院规约》第 63 条的规定,在 2012 年 11 月 20 日向国际法院递交了一份声明。新西兰主张自己是《全球禁止捕鲸公约》的成员国,国际法院或许会对《全球禁止捕鲸公约》第 8 条作出解释,这将与新西兰的法律利益息息相关,新西兰表示无意于以当事国的身份介入诉讼,自己追求的只是《国际法院规约》第 63 条第 2 款赋予的权利,希望通过参与声明让国际法院获知裁定结果中对《全球禁止捕鲸公约》第 8 条含义的阐述将同样也对新西兰造成拘束。③ 日本和澳大利亚都没有明确否定新西兰的介入主张,国际法院分析了新西兰的请求书,认为完全满足《国际法院规约》第 63 条的要求,和《国际法院规则》第 82 条的要求不存

---

① Application, Instituting Proceedings, filed in the Registry of the Court on 31 May 2010, Whaling in the Antarctic, Australia v. Japan, p. 17 – 18. para. 35 – 39.

② Application, Instituting Proceedings, filed in the Registry of the Court on 31 May 2010, Whaling in the Antarctic, Australia v. Japan, p. 24.

③ Declaration of Intervention (Article 63 of the Statute) of the Government of New Zealand, filed in the Registry of the Court on 20 November 2012, Whaling in the Antarctic (Australia v. Japan).

在出入,新西兰的介入不会导致澳大利亚与日本各自的当事国地位失衡,国际法院本案审理法官一致同意准许新西兰介入案件。对于国际法院的管辖权事项,澳大利亚提出自己与起诉方日本均对《国际法院规约》第36条第2款的内容表示认可。日本提出虽然自己与澳大利亚均公布了接受的声明,但是澳大利亚的声明内容中排除了本次诉讼的问题,所以国际法院对该案缺乏管辖权。在管辖权问题上,起诉方与被诉方具有很大争议,国际法院因此分析确定了管辖权事项。澳大利亚对《国际法院规约》第36条第2款作出的保留事项涉及领海、专属经济区与大陆架等海洋划界争端,基于前述争端在未达成解决合意时对这些争议海域和附近海域的海洋资源勘探和开发。日本认为,本案的争议焦点恰恰就是澳大利亚作出保留的事项,即未达成合意的争议海域及周边海域的海洋资源勘探开发。在JARPA Ⅱ的内容中包含有澳大利亚主张的海洋争议区域,因此国际法院不能对争端进行审理。澳大利亚对此提出了异议,澳大利亚的保留声明内容指的是和与澳大利亚的周边海域具有重合部分的国家在争议位置的划界事项,而事实上澳大利亚和日本不存在这些区域的划界矛盾,所以日本提出的反对意见是不正确的,澳大利亚作出的保留声明的内容没有关于《全球禁止捕鲸公约》的效力问题,日本公布的JARPA Ⅱ的内容不在澳大利亚作出的保留事项之内。国际法院听取了双方的辩论,反对日本的观点,原因主要包括四点。第一,在英国对伊朗提起的石油平台案的初步裁定中,国际法院提出首先作出正确、当然与真实的解释是解决争议双方对任意性强制管辖声明矛盾的出发点,同时还需要追溯与分析宣布声明的国家制定声明的出发点与意愿。国际法院指出在解释任择性管辖声明的时候既要仔细地研究书面文字内涵,又要综合分析相关的条文、文件等资料。对本案中牵涉的澳大利亚的声明也要采取这样的做法,应当从宏观上去探讨分析,发现澳大利亚在宣布保留声明时的出发点与真实意图,澳大利亚希望对国际法院保留的事项是与澳大利亚附近海域具有划界纠纷问题。第二,澳大利亚的主权海域与日本实施的 JARPA Ⅱ 活动的海域具有重合点,然而值得注意的是,这些重合点并不代表是澳大利亚与日本的管辖权冲突区域。国际法院的判例尼加拉瓜提起的领土与海洋争端案明确了划界的内涵,即将两个国家各自主张的海域中重合的部分的界限明确化。在本案中,存在争议的两国相互之间不存在海域主张重合的区块,所以这一纠纷无关国际海洋划界问题,也不是与国际海洋划界相关的问题。第三,虽然澳大利亚的主权范围与 JARPA Ⅱ 的范围有重合之处,但是澳大利亚的主权海域仅仅是 JARPA Ⅱ 项目实施范围的子集,JARPA Ⅱ 项目涉及的海域大小与性质并非本争端需要重点考虑的问题,国际法院亟须解决的问题是确定对于《全球禁止捕鲸公约》的签字国来说需要履行哪些义务。综上各种分析,国际法院一致同意受理本案。国际法院指出南极海域捕鲸案的核心问题是对《全球禁止捕鲸公约》的条文进行解释,在案件实体方面,需要处理的是日本公布的 JARPA Ⅱ 项目与其在南极海域开展的捕捞鲸鱼的活动是否符合《全球禁止捕鲸公约》的要求。本案存在附带程序,第三国新西兰提出在《国际法院规约》第 63 条的框架下应当给予其参与案件的权利,《国际法院规约》第 63 条指出在对一项协定条款的内容发生争议时,国际法院的书记官应当及时向其他的签字方发出通知,告知这些签字方有权参诉,选择行使这项权利的签字国将会受到国际法院判决的拘束。南极海域捕鲸案中,被诉方日本尽管未明确表示不支持新西兰的介入,但仍然提出了自己对国际法院诉讼程序事项的忧虑,国际法院在判决书中明确限定了新西兰参与诉讼的范围,即对涉及的《全球禁止捕鲸公约》的解释问题,所以新西兰的介入无关导致诉讼双方地位的失衡,但是在现实状况中,国际法院不会完全吸收与采纳澳大利亚或者日本一方对待新西兰的意见,国际法院只会从中汲取有参考价值的部分。贺杉氏·欧瓦达(Hisashi Owada)法官在其异议意见里对国际法院如何保证当事国之间的地位平等问题提出了自己的看法,国际法院应当通过详细听取当事国的诉求,分析其在诉讼中追求的效果,努力构建当事方的平等地位,这样能够使国际法院在判决形成过程中的逻辑推理更加准确与深远。本案中日本提出在选派临时法官环节是存在问题的,但是因为《国际法院规约》第 31 条和第 35 条的内容不够清晰,需要国际法院对其进行推理分析与明确化。[①]

二、其他机构中第三方介入的历史沿革

1946 年 2 月,依据《国际法院规约》创设了国际法院,作为联合国六大部门之一,行使裁决职能,主要对主权国家之间的民事争端进行审判,同时也对已被正式认可的联合国机关和专门机构的法律问题提出咨询意见。值得注意的是,国际法院不能审判个人,也不具备对国际争端的刑事管辖权。国际法院设有书记官处,人员结构是 15 个法官,任期为 9 年,可以连选连任。法官不能从事其他任何职业的工作,在工作中使用法语和英语。根据时间的先后顺序,国际法院时期涉及第三方介入问题的案件有:阿雅·得柆托耒(Affaire Haya de la Torre)庇护权案、核试验案、军

① Reports of Judgements, Advisory Opinions and Orders, Whaling in the Antarctic (Australia v. Japan), Declaration of Intervention of New Zealand, Order of 6 February 2013, p. 10.

事与准军事行动案、依1974年核试验案判决第63段请求审查情势案、国家的管辖豁免案等。

(一)国际司法中第三方介入的历史沿革

1950年12月13日提起的哥伦比亚诉秘鲁阿雅·得柆托耒庇护权案,古巴以《国际法院规约》第63条为基础向法院申请介入,获得法院的允许。维克托·拉迩·阿雅·得柆托耒是秘鲁一个名为美洲人民革命联盟的政党的领头人物,在1948年10月3日煽动和指挥了一起武装叛乱,在叛乱失败后该联盟被明令取消,秘鲁随后对维克托·拉迩·阿雅·得柆托耒与其他领导人提起了刑事诉讼,秘鲁警方没有抓捕到维克托·拉迩·阿雅·得柆托耒,原因是在他逃脱隐藏的第三个月后的1949年1月3日,驻利马的哥伦比亚大使向维克托·拉迩·阿雅·得柆托耒提供了庇护,并对秘鲁政府提出给予政治犯维克托·拉迩·阿雅·得柆托耒一张安全通行证,让其能够离开秘鲁的要求。秘鲁政府认为,维克托·拉迩·阿雅·得柆托耒并非政治犯,而是触犯普通的罪名,没有同意这一请求。哥伦比亚和秘鲁之间陷入了对以下问题的激烈争论中,即哥伦比亚大使馆有无向维克托·拉迩·阿雅·得柆托耒提供庇护的权利,维克托·拉迩·阿雅·得柆托耒是否是政治犯,他是应该被移送给秘鲁有关部门还是能够取得安全离开秘鲁的资格,哥伦比亚和秘鲁经过协商没有取得任何效果。1949年8月31日,哥伦比亚和秘鲁达成并签署了《利马协定》(the Lima Agreement),一致同意将纠纷提交给国际法院,希望国际法院能对1928年2月20日签署的《哈瓦那庇护公约》(the Havana Convention on Asylum)与美国国际法中的外交庇护进行一般性的解释。关于这一事件,国际法院先后一共发布了三个判决,1950年11月20日的第一个判决和1950年11月27日的第二个判决使用的案件名称为“庇护权案”，最后一个判决宣布于1951年6月13日，使用的名称是“维克托·拉迩·阿雅·得椪托耒案”。第一个案件起源于哥伦比亚在1949年10月15日提出的申请，首先请求国际法院确定哥伦比亚为了给维克托·拉迩·阿雅·得椪托耒提供庇护，有权利对他是政治犯还是普通犯作出决定，同时请求秘鲁应该在哥伦比亚的决定的前提下为维克托·拉迩·阿雅·得椪托耒提供安全离境保障，国际法院驳回哥伦比亚的第一个请求，并区分了领域庇护与使馆庇护两个概念。对第二个请求，国际法院也予以驳回，认为秘鲁没有该项义务。对于秘鲁的反诉，国际法院裁定哥伦比亚的做法遵守了《哈瓦那庇护公约》第1条规定的内容。在第一个判决公布之后，哥伦比亚请求国际法院解释判决中的是否需要哥伦比亚把维克托·拉迩·阿雅·得椪托耒交给秘鲁这一问题。1950年11月27日，国际法院认为哥伦比亚的要求不合理，这一问题并非在案件中提出过，而是一个新的请求，违反了《国际法院规约》第60条的内容，因此予以驳回。哥伦比亚在1950年12月13日再次提出诉讼请求，在诉讼阶段，哥伦比亚提出自己与秘鲁对第一份1950年11月20日的判决的效力没有达成一致意见，请求国际法院解释如果执行第一份判决，且请求国际法院确认哥伦比亚无移交维克托·拉迩·阿雅·得椪托耒的义务。秘鲁请求国际法院声明在1950年11月20日的判决生效后哥伦比亚即需停止对维克托·拉迩·阿雅·得椪托耒的庇护，以便秘鲁的裁决程序得以恢复。1951年3月13日古巴以《国际法院规约》第63条为基础向法院申请介入，它认为《国际法院规约》第63条给予了签字的成员国这一权利，希望国际法院允许其对所涉及的《哈瓦那庇护公约》内容的解释申述意见。秘鲁强烈反对古巴介入诉讼，认为古巴是图谋对1950年11月20日的判决进行上诉。国际法院对这一点解释道,介入是一个案件的附带程序,第三国能在提交介入声明后取得介入的权利是基于其与未解决的争端具有某种密切关系,现在案情涉及一个崭新的问题,即是否把维克托·拉迩·阿雅·得杻托耒转交给秘鲁有关部门。这一问题不存在于争端双方的诉求当中,因此1950年11月20日的判决中没有针对这一事项的部分。在这样的背景下,目前古巴提交一份介入声明,古巴政府的代表提出介入诉讼是为了得到国际法院对涉及《哈瓦那庇护公约》内容的哥伦比亚移交避难者维克托·拉迩·阿雅·得杻托耒的义务存在与否的解释,因此国际法院裁定允许古巴介入审判程序中。1951年6月13日,国际法院作出第三份判决,法庭宣布哥伦比亚无义务移送维克托·拉迩·阿雅·得杻托耒给秘鲁,庇护在1950年11月20日的判决生效后就应当终止,《哈瓦那庇护公约》规定移交的不是政治犯,而是普通刑事犯,虽然对这一问题欠缺规定,但是不等于说哥伦比亚就有移交所有被庇护者的义务,这种解释办法与拉丁美洲的历史传统与裁决实践相冲突。为了脱离这一尴尬的局面,哥伦比亚应当停止为维克托·拉迩·阿雅·得杻托耒提供庇护,但是不存在移交被庇护者的义务,国际法院建议哥伦比亚与秘鲁本着“礼让与善邻”的态度去探讨解决方案。案件的后续情况是维克托·拉迩·阿雅·得杻托耒在哥伦比亚大使馆待到1954年4月才终于离开秘鲁。

1973年5月16日提起介入申请的新西兰、澳大利亚诉法国核试验案,斐济申请加入案件,国际法院没有接受这一介入申请。自1966年至1972年,法国选择在其领土的波利尼西亚开展空中核武器试验,声明一些位置是禁止飞机与船舶通过的区域,法国在1973年宣布将继续开展空中核武器试验。1973年5月9日,澳大利亚与新西兰向国际法院求助;5 月 16 日斐济向国际法院递交介入这两国提起的诉讼的申请,这里面实际包含了两个介入申请,特别需要指出的是,斐济的申请内容中未指出所依据的条约规定。国际法院在 1974 年 12 月 20 日就斐济的介入申请作出了两项命令,没有当众宣读这两项命令,国际法院解释说裁决公布后,斐济的介入申请归于无效,所以无须任何进一步行动。国际法院的法官全体支持这项命令,其中 4 名法官作出了声明,另外 2 名法官作出了联合声明。案件的后续过程中,斐济未进入该案的实体程序,法官们针对是否要求介入与国际法院的管辖权存在联系这一问题各抒己见。奥耶玛(Onyeama)法官、迪拉得(Dillard)法官、哈姆福瑞·渥都克(Humphrey Waldock)法官、吉姆奈·德·阿察噶(Jiménez De Aréchaga)法官、卡菲尔德·巴维克(hoc Garfield Barwick)法官认为,只有介入与国际法院的管辖具有联系才能获得允许。奥耶玛法官提出斐济均不满足《和平解决国际争端日内瓦总议定书》第 17 条、《国际法院规约》第 36 条和第 37 条、接受国际法院的任择性管辖这些条件,所以斐济与起诉方法国不具备引起国际法院管辖的对等条件。[①] 吉姆奈·德·阿察噶法官分析《国际法院规约》的形成史,在起草《国际法院规约》初期缔约国纷纷提出了一些关于国际法院的强制管辖权的假设性意见,最后形成了任择性条款,但是《国际法院规约》第 62 条不应当受到它的限制,仍旧应当以强制管辖为前提进行解释,这样才是合情合理的。如果在任择性条款的前提下对《国际法院规约》第 62 条进行解释,那么就会产生与一些国际法基本规则的矛盾。倘若一个

① Nuclear Test (New Zealand v. France), Application by Fiji for Permission to Intervene, Order, Declaration of Judge Onyeama, ICJ Reports, 1974, p. 536 – 537.

国家不接受他国的起诉,则这个国家就也不能为了维护自己权益主动起诉或者介入其他国家之间的诉讼。[1] 卡菲尔德·巴维克法官对此深表支持。[2] 迪拉得法官、哈姆福瑞·渥都克法官提出斐济具有在国际法院作出裁决之前进行口头陈述的权利。[3] 1974年12月20日,国际法院在判决中认为由于法国主动声明停止核试验,争端已经消失,因此无须对原告的诉讼请求进行裁决。

1984年8月15日,萨尔瓦多向国际法院提交了一份介入声明,申请介入尼加拉瓜诉美国军事与准军事行动案,声明的依据是《国际法院规约》第63条。国际法院认为萨尔瓦多不符合介入的条件,因此予以驳回。案件经过是,美国于1983年和1984年在尼加拉瓜主权水域安放鱼雷,且引发了数次严重的航行事故。1984年4月9日,尼加拉瓜向国际法院寻求救济,控告美国对尼加拉瓜主权的一系列侵犯行为,尼加拉瓜希望国际法院立即指示临时措施,确认美国的一系列军事和准军事活动违背国际法,命令美国停止侵害尼加拉瓜主权的活动并对已造成的恶劣后果进行赔偿。萨尔瓦多在1984年8月15日申请参与该案,国际法院于1984年10月4日以14票支持、1票反对,宣布到审理程序的后期再探讨萨尔瓦多的请求。内格都拉·辛格法官认为,倘若现在就审议萨尔瓦多的声明,那么将直接引入本争议的实质问题。

---

① Nuclear Test (New Zealand v. France), Application by Fiji for Permission to Intervene, Order, Declaration of Judge Jiménez De Aréchaga, ICJ Reports, 1974, p. 537 – 538.

② Nuclear Test (New Zealand v. France), Application by Fiji for Permission to Intervene, Order, Declaration of Judge ad hoc Garfield Barwick, ICJ Reports, 1974, p. 538.

③ Nuclear Test (New Zealand v. France), Application by Fiji for Permission to Intervene, Order, Joint Declaration of Judges Dillard and Sir Humphrey Waldock, ICJ Reports, 1974, p. 537.

如果进行公开审判，就要对本争议的实质问题进行辩论。这涉及实质问题的开庭与未来国际法院专门针对实质问题的开庭，会引起国际社会的疑惑与不解，是没有足够依据支撑的，所以国际法院在时间上进行了安排，倘若国际法院审理案件的实质问题，萨尔瓦多要求在接下来的程序中参与进来。国际法院已经肯定了萨尔瓦多的参与诉讼的权利，萨尔瓦多在国际法院享受到了公平对待，未来在下一轮的程序中将探讨介入申请是否准许的问题。目前，国际法院的法官以 14 票对 1 票否定萨尔瓦多在当前程序中的可接受性。洛达、慕斯勒、阿格、罗伯特·詹宁斯与杜拉谢立艾的意见中均赞同国际法院的裁判，同时提出倘若国际法院采取相反的做法才是更加合适的。小田滋法官指出，萨尔瓦多在 1984 年 8 月 15 日提交的声明中使用的措辞比较模糊，完全不能满足《国际法院规则》第 82 条的要求，之后在 9 月 10 日与 17 日又进行了补充，最终基本满足第 82 条的要求。国际法院仅从萨尔瓦多的首份申请中获知一些诉讼当事国的观点，之后的两份补充申请措辞不够清晰，无法了解诉讼当事国对待这一问题的态度。由于小田滋法官认为尼加拉瓜同意萨尔瓦多的参与，所以投了支持票，他提出了自己深感遗憾的问题，国际法院在 10 月 4 日决定审议萨尔瓦多的申请前已经确定了于 8 日进行口述程序，在此后讨论了萨尔瓦多的参与请求和是否准许当前阶段参与程序，如果没有在这样的条件下匆忙地作出决定，也许萨尔瓦多将成为国际法院首个在管辖权阶段适用《国际法院规约》第 63 条的国家。[①] 贝嘉威法官提出国际法院宣布拒绝萨尔瓦多的介入

---

① Separate Opinion of Judge Oda, Judgment of Military and Paramilitary Activities in and against Nicaragua (Nicaragua v. United States of America) on 26 November 1984.

申请,那么公开审理便毫无意义,因为一个争端解决机构不可以在拒绝参与请求的同时讨论是否对此公开审判。施韦贝尔法官反对国际法院作出的命令,国际法院裁定不公开审判不符合正当程序原则,在没有明确解决问题的方案之前,萨尔瓦多应当被准许参与,如果国际法院不公开审判该介入申请,那么在处理接下来的问题时都应朝着有助于萨尔瓦多参与案件的方向努力。施韦贝尔法官认为,萨尔瓦多提出的申请依据是《联合国宪章》、《国际法院规约》、中美洲条约等,尼加拉瓜表示同意萨尔瓦多的参与,但是根据《国际法院规则》第 84 条第 2 款,即国际法院只有在考虑案件当事国与介入申请国的主张后方可否定介入申请的可接受性,不同意国际法院公开审判该申请。施韦贝尔法官提出支持萨尔瓦多介入案件的诉讼程序中,原因在于《国际法院规约》第 63 条表述了介入可能发生于确定管辖权问题的过程中,需要解释萨尔瓦多提出参与所依据的国际法,假设国际法院不仅仅可以否定萨尔瓦多的请求,那么同意国际法院管辖的声明的性质就是条约。①

2011 年 1 月 12 日,希腊申明根据《国际法院规约》第 62 条具有介入的权利,要求介入德国诉意大利国家的管辖豁免案诉讼程序当中,②介入的形式是非案件当事方,最终国际法院作出肯定与支持介入的判决。案件发生的背景是在第二次世界大战中德国侵占了意大利的许多领土,德国在 1943 年 10 月之后屠杀了

---

① Dissenting Opinion of Judge Schwebel, Judgment of Military and Paramilitary Activities in and against Nicaragua (Nicaragua v. United States of America) on 26 November 1984.

② Jurisdictional Immunities of the State (Germany v. Italy), apply to intervene by the Hellenic Republic in 2011.

意大利的许多平民且强迫一些意大利平民在德国势力范围区域服劳役。第二次世界大战结束后，1947 年意大利同盟军签署了条约，确定了第二次世界大战各方应当承担的责任。意大利和德国在 1961 年签署了两个协定，德国作出对意大利受害者进行经济补偿的承诺。2000 年的联邦法律否定了一些战争俘虏获取赔偿的权利。曾被德国强迫服劳役的路基·福尼(Luigi Ferrini)向意大利法院提起针对德国的诉讼，经过较为曲折的不同级别法院的审理，意大利上诉法院在 2004 年 3 月 11 日确认具有对这类索赔案件的管辖权，随后许多类似遭受德国侵害的意大利国民不断对德国起诉。德国宣称意大利没有对这类案件的管辖权，因为德国应当被豁免，意大利法院拒绝了德国的要求。2008 年 12 月 23 日德国向国际法院寻求救济，认为意大利国内法院审理的德国由于在“二战”期间对意大利国民的侵害行为作出赔偿的诉讼违背了德国是一个主权国家，应当具有裁决豁免权的规定。意大利将属于德国的财产进行裁决抵押并明确载入土地名册，意大利对存在于意大利地域内的德国财产进行强制执行的做法违背了执行豁免的规定，意大利应当及时纠正裁决实践中的错误行为，履行国际法明令的义务。德国另外提出关于希腊的案件，希腊对德国部队进行大屠杀的案件进行审理，之后希望能后在意大利对德国罪犯进行处罚。德国请求国际法院判决：德国在 1943 年 9 月至 1945 年 5 月进行的触犯国际人道主义法的活动具有管辖豁免权，意大利应当尊重德国的国际法权利。意大利对德国在意大利的非商业性财产进行裁决抵押的行为违背国际法的裁决豁免规定，德国的财产是不可执行的，就希腊判决且意图在意大利执行的活动违背意大利的国际义务，意大利之前审理过与此后继续受理的此类案件均无效。德国认为，根据国际法院的管辖权来自

1957 年 4 月 29 日签署的《关于和平解决争端的欧洲公约》的首条,诉讼双方均为这一条约的签字国。希腊在 2011 年 1 月 12 日递交了一份介入申请,希腊表示自己的法律性质的利益或许会为国际法院的裁定所侵犯,虽然是一种间接意义上的侵犯。依据国际法的规定,希腊作为一个主权国家具有主权权利与对国家争议案件的管辖权,希腊请求参与诉讼的目的是告诉国际法院自己的法律利益,德国提起的申诉对希腊的法律权益或许产生哪些影响。1941 年 4 月 6 日,德国军队进攻希腊,一直到 1945 年 5 月 8 日德国才被迫无条件投降,德军对希腊人民进行了大量迫害,德国应当对导致希腊人民伤亡和财产损失的作为与不作为活动承担责任,德国无论是明示承认抑或默示承认都将使希腊获取这种法律权益。希腊明确指出自己请求介入诉讼的实质目的有两个:首先,通过所有能采取的法律途径捍卫希腊的国家权益,保障希腊的法律利益,基于德国于"二战"期间在希腊进行了一系列的罪恶行为导致的纠纷,和国际法关于国际责任和管辖权事项上的普遍性规定的法律利益与权利。其次,告知国际法院作出的德国对意大利提起的管辖权豁免案的结果或许对希腊的法律利益有干涉。希腊表示参与诉讼的范围限定在涉及希腊对德国在"二战"期间对希腊的侵害行为作出裁定并在意大利执行的案件的程序类事项上。希腊表示自己与诉讼当事方具有管辖联系,希腊请求参与的国际法依据是《国际法院规约》第 62 条,希腊无意作为诉讼的当事方。国际法院根据《国际法院规则》第 82 条第 1 款的内容,将希腊的请求参与文件的副本分别发送给意大利与德国。意大利提出对希腊的请求参与没有任何意见。尽管德国提出对国际法院是否准允希腊介入不表示反对,但是希望国际法院全面核查,希腊的参与申请内容中有些事项不符合《国际法院规约》

第62条的要求。诉讼当事方均没有表示不同意希腊的参与，国际法院依据《国际法院规则》第84条第2款认定无须召开讨论是否准许希腊参与案件的会议，这不代表希腊没有对德国和意大利的态度进行反驳的权利，希腊仍旧可以发表自己的反驳意见，德国与意大利有权利在随后继续补充相关的论述意见。国际法院明确了各方递交各类书面意见的截止期限，希腊反驳当事国的意见截止于2011年5月6日，德国与意大利依据希腊的意见书内容进行反驳的截止日期是2011年6月6日。希腊在证明自己的法律性质的利益的意见中表示，国际法院已经明示将对争端中涉及希腊法院对德国审判结果是否有权利在意大利执行的问题进行审理，希腊初审法院曾对蒂斯图穆(Distomo)案进行审理，希腊的人民支持希腊裁决机关的裁决依赖意大利的执行程序得到落实，意大利对此也给予肯定。国际法院未来将对德国诉意大利国家管辖豁免案进行裁定，德国是否具有国际法上的管辖豁免权与希腊法院的判决结果能否在意大利得到落实密切相关，国际法院的审理结果及其可能对希腊的法律利益造成干扰。希腊希望通过提交的意见书使国际法院获悉希腊在管辖豁免问题与德国相关案件发展趋势的观点，希腊清晰地表示希腊所述说的这些内容是为了让国际法院了解提出请求的事实与背景，目的不是表明希腊一定具有法律性质的利益。德国对希腊的反驳意见作出了补充书面意见，认为希腊没有再次强调在国际法院不得不解决的争议事项上拥有一般性的权益，同时没有强烈要求国际法院确认第二次世界大战持续的阶段中发生的事关德国、意大利与希腊的事实情形。所以德国在递交的这份是否同意希腊参与案件的意见中只对一个问题进行讨论，即一个国家对其国内法院公布的生效判决于他国落实是否取得法律性质的利益。德国指出一个国家国内法院宣布的生效判决倘若在他国境内执行则由实行限制措施的国家的公共管理部门实施,所以这样的情形不必造成对作出裁决判决的国家的法律利益的干涉,希腊国内法院判决的玛戈洛(Margello)案其实业已否定了先前的蒂斯图穆案的审理结果,同时也肯定了德国在相关案件中的管辖豁免权,德国期望国际法院能够考虑到这些事实,再对希腊的参与请求是否受理作出决定。意大利针对希腊反驳意见也提交了补充意见书,表示认可国际法院批准希腊介入该案。国际法院在2011年7月4日宣布同意希腊参与到管辖权豁免案中,参与的方式为非案件当事国。国际法院在同意希腊介入的命令中阐述道,关于国际法院对争议焦点进行审理的过程中,可能需要考虑希腊初审法院对蒂斯图穆案的案件推理与判决结果,也会分析国家豁免原则,依据这样分析结果对德国请求内容中的第三项进行判断。国际法院的这些表述明确了希腊在本案的相关项上具有法律性质的利益,且该法律利益或许会受德国申诉案审理的结果影响,国际法院表示希腊如果是在申请文件中所述的介入诉讼的范围之内且以非当事国身份请求参与,国际法院是可以准许的。希腊请求国际法院传送给希腊争端当事国之间的书面文件资料。国际法院规定希腊递交意见书的截止日期是2011年8月5日,意大利与德国递交意见书的截止日期是2011年9月5日。根据《国际法院规则》第85条的内容,希腊有权利介入口述程序,在该程序进行时能够对请求介入的主题发表自己的看法,由于希腊介入案件的身份是非案件当事国,因此无权在本案的主要诉讼程序进行时主张希腊的权利,当然国际法院公布的生效裁定对希腊不会产生拘束力,拘束力的范围仅仅限于德国与意大利,国际法院的裁定具有终局性,德国与意大利均不能提起上诉。

国际法院的早期,对待第三方介入制度的态度相对消极,导致第三方介入制度一直处于沉寂状态,国际社会极少有国家选择参与诉讼。20 世纪 50 年代,国际法院对首例以《国际法院规约》第 63 条为依托的哈雅德拉托雷案作出回应,同意古巴介入诉讼。20 世纪 70 年代,首例以《国际法院规约》第 62 条为依托的核试验案[①]拉开了第三方介入制度重新出现在国际诉讼视野的序幕。案件的进展过程中,被诉方法国终止了核试验活动,起诉方澳大利亚与新西兰的目的达到了,因此国际法院以争议已经消失为由不再进行裁决,当然斐济的介入请求也失去了意义。20 世纪 80 年代,在马耳他申请介入的大陆架案中,[②]国际法院首次对以《国际法院规约》第 62 条为依托的参与请求作出了回应。需要特别说明的是,本书所研究的仲裁不涉及国际投资领域的仲裁,仅涉及《联合国海洋法公约》附件七下的仲裁法庭与常设仲裁法院的仲裁。

(二)国际仲裁中第三方介入的历史沿革

国际争端可能被诉诸国际仲裁机构,这些国际仲裁机构包括《联合国海洋法公约》附件七下的仲裁法庭和常设仲裁法院。

《联合国海洋法公约》第 287 条项下成立的仲裁法庭(arbitration court)与国际法院、国际海洋法法庭等均不一样,这一仲裁法庭并非一个裁决机构,也不具有常设性质,和解决普通国际争端的常设仲裁法院也不是一个概念,仲裁庭的管辖权并非来源于缔约国的自愿,而来自《联合国海洋法公约》授予的强制管

---

① Nuclear Test (Australia v. France, New Zealand v. France), apply to intervene by Fiji in 1973.

② Continental Shelf (Tunisia/ Libyan Arab Jamahiriya), apply to intervene by Malta in 1981.

辖权,它的启动前提是一个《联合国海洋法公约》缔约国向其提交符合《联合国海洋法公约》规定的争议。[①] 截至目前,这一仲裁庭审理的案件中出现过一例涉及仲裁庭主动通知相关第三方介入的案件由《联合国海洋法公约》附件七的临时仲裁庭(temporary arbitration court)审理。而国际海洋法法庭是一个在实践中迅速发展的国际争端解决机构,未来有可能审理第三方请求介入的案件。常设仲裁法院处理的案件中曾经出现过一例关于第三方参与的案件,年代较为久远,是德国、英国与意大利在1903年起诉的委内瑞拉优先债权案,下文将分别分析这几个案件中与第三方介入制度的相关情况。

1904年常设国际仲裁法院第一次作出关于第三方介入的仲裁裁决是在委内瑞拉有限求偿仲裁案。[②] 案件原告是德国、大不列颠与意大利,被告是委内瑞拉,案情是关于给予委内瑞拉革命中的遭受损失的国民补偿和优先支付委内瑞拉债券的问题。被告三国在1902年至1903年冬季封锁了原告的海岸,迫使原告承认之前的被告的国民主张的赔偿事项。相关的赔偿问题来源于两个方面,一方面是大哥伦比亚于1828年至1830年之间的解体,另一方面是委内瑞拉内战过程中对原告国民造成的侵害。仲裁庭的管辖权源于被告与原告各方之间在1903年5月7日分别达成的3份同样的协议。这份仲裁协议的第6条赋予了所有委内瑞拉的债权国参与仲裁的权利。原告之外的债权国中除了西班牙,都充分利用了第6条的规定。这一仲裁协议内容不处于

---

① 华敬炘:《海洋法学教程》,中国海洋大学出版社2009年版,第444页。

② Preferential Treatment of Claims of Blockading Powers Against Venezuela (Germany, Great Britain and Italy v. Venesuela).

《和平解决国际争端公约》的范围之内，不符合1899年版本第56条与1907年版本第84条的要求。仲裁庭最后支持了原告的诉讼请求，被告三国也采取了一些关于请求的战争报复行为，如扣押委内瑞拉船只、封锁委内瑞拉海岸等。

第三节　第三方介入的性质与分类

一、第三方介入的性质

介入被规定在《国际法院规约》第三章"程序"当中，意味着介入是一种程序性问题。介入同时又被规定在《国际法院规则》的第三章"诉讼程序"、第四节"附带程序"、第四小节"介入"之中，这代表着介入是一种特别性质的程序。在《国际法院规则》中还存在诸如初步反对（preliminary objection）、反诉（counter-claims）、临时保全（Temporary preservation）、特别提交（special delivery）等一些不同的附带程序。《国际法院规约》中的第21条出现了临时保全，第62条与第63条分别规定了两类介入。《国际海洋法法庭规则》第三部分C节规定了6类附带程序，即临时措施（provisional measures）、反诉、介入、诉讼停止（discontinuance）、初步程序（preliminary proceedings）、初步反对主张（preliminary objections）。附带程序依赖于诉讼的主要程序（principle proceeding）而存在，它并非处理国际纠纷的实质问题（merits），也并非普遍化运用的程序。[①] 对介入具有特别性质的证实体现在国际法院的裁决实践中。在1950年12月13日提起的哥伦比亚诉

---

① 王林彬：《国际司法程序价值论》，复旦大学2007年博士学位论文，第55页。

秘鲁维克托·劳尔·阿亚·德拉托雷案中,古巴以《国际法院规约》第63条为基础向法院申请介入,获得法院的允许。在这一案件中,国际法院明确指出第三方的介入依附于主要的诉讼程序。介入的特别性质表现为第三方的介入请求与未决诉讼(pending proceedings)中的主要事实(subject matter)存在关联。① 第三方介入的特别性质在国际法院的许多判例中均有体现,1989年11月17日,尼加拉瓜递交介入请求,恳请以非当事国的身份加入萨尔瓦多诉洪都拉斯陆地、岛屿和海上边界争端案。国际法院分庭在1990年9月13日宣布判决,一致认同尼加拉瓜在部分事项上,按照其参与的目的、参与的方式,在国际法院限定的范围内参与案件。国际法院分庭(chamber of the International Court of Justice)提出,附带程序是依赖于主要程序而存在的程序,不能因为附带程序而对案件本身引入一个新的争端,使原来的案件变成另一个不同的案件,因此申请介入诉讼的第三国无权发表新的主张。新的当事国进入诉讼程序与介入是不同的概念,无论是在类别、程序性权利的取得,还是诉讼中可以覆盖的程度方面均不相同,不可能存在替代性。第三方介入离不开诉讼方同意的限制,当事国同意原则是国际法院取得管辖权的基础。② 1973年5月16日,斐济提起介入申请,加入新西兰、澳大利亚诉法国核试验案,国际法院没有接受这一介入申请。国际法院对斐济的参与请求推迟审理,因为国际法院需要首先确定对核试验案本身的管辖

---

① Haya de la Torre Case, Judgment, ICJ Reports, 1951, p. 76.

② Land, Island and Maritime Frontier Dispute (El Salvador/ Honduras), application by Nicaragua for Permission to Intervene, Judgment, ICJ Reports, 1990, p. 133 - 134, para. 97 - 99.

权,在这一过程进行完毕后才能处理斐济的请求。[①] 国际法院指出,由于斐济的参诉请求的性质,只有在国际法院认定案件的主要事实具备可受理性(admissibility)的条件下方可审理斐济的请求并作出是否指示临时措施的决定。[②] 由此可见,介入的审理必须迟于对案件的主要事实的可受理性认定。斐济的介入申请实际包含两方面内容。特别需要指出的是,斐济的申请内容中未指出所依据的条约规定。1974 年 12 月 20 日,国际法院在判决中认为由于法国主动声明停止核试验,争端已经消失,原告两个国家期待的结果已经达到,因此无须对原告的诉讼请求进行裁决。随后国际法院指出斐济的两个请求不再具有效力。[③] 根据斐济介入案,可以看出介入的存在依赖于主要诉讼程序。在主要诉讼程序没有存在的必要而终止时,介入请求无论是否审理,审理的结果如何,都不再具有效力,因为此时第三方强调的可能受到裁决干扰的法律利益已经消失。介入的内容需要与案件的主题事项具有联系,第三国参与的原因是考虑自己的法律性质的利益或许会受到国际法院审理结果的影响,所以向国际法院寻求救济,而国际法院的审理结果处理的核心内容便是案件的主题事项,因此也就推断出《国际法院规约》第 62 条要求第三国的介入请求必须与纠纷的主题事项息息相关。第三方介入需要与案件当事方的主张具有某些关联,同时能使国际法院足够确信其法律性质的利益

---

① Nuclear Tests Case (Australia v. France), Application by Fiji for Permission to Intervene, order, ICJ Report, 1973, p. 321.

② Nuclear Tests Case (Australia v. France), Interim Protection, Order, ICJ Reports, 1973, p. 106.

③ Nuclear Tests Case (Australia v. France), Application by Fiji for Permission to Intervene, Order, ICJ Reports, 1974, p. 531.

有被审理结果侵犯的可能。国际法院或法庭在审理过程中发现存在密切关联的诉讼而予以合并,如国际法院对北海大陆架案与西南非洲案都分别采用了合并审理的方法。国际海洋法法庭第3号案例是新西兰诉日本的南方金枪鱼案,①第4号案例是澳大利亚诉日本的南方金枪鱼案,②由于第3号案件和第4号案件具有许多类似点,因此国际海洋法法庭将两案合并审理。但是,国际法院对1973年5月9日澳大利亚与新西兰分别对法国提出的核试验案并没有进行合并审理。国际法院未对这一做法的原因进行分析,在案件的审理结果中,有三位法官对国际法院的做法持否定态度。③ 国际法院或法庭对案件的合并(joinder of cases)审理考虑了经济利益等因素,但是需要我们注意将其与第三方以当事国身份的参与进行区别。在渔业管辖权案中,国际法院对合并审理进行了考虑,然而由于两个原告不支持国际法院进行合并,同时国际法院也发现两个原告的申请内容并不完全相同,因此不采用合并的方法。④ 国际法院对案件的合并意味着此后的诉讼程序与审理结果都是单一的,当然案件的审理结果对两个当事国不一定是一致的。需要注意的是,倘若被合并案件的两个原告提出的请求相同,那么二者只能共同选择一位特别选任法官。事实上,一些未合并审理的案件的两个原告也仅可选择一个特别选任法官,如核试验案。产生这一现象的原因是虽然案件未经合

---

① Case No. 3 Southern Bluefin Tuna Case, New Zealand v. Japan.

② Case No. 4 Southern Bluefin Tuna Case, Australia v. Japan.

③ Opinion Dissidente de M. Gros, ICJ Reports 1973, p. 149; Opinion Dissidente de M. Petrén, ICJ Reports 1973, p. 159; Opinion Dissidente de M. Ignacio-Pinto, ICJ Reports 1973, p. 163.

④ ICJ Reports 1974, p. 6, para. 8; p. 177, para. 8.

并,但两个原告之间存在相同的利害关系。在渔业管辖权案中,英国已经存在常任法官,因此国际法院拒绝了西德选择特别选任法官的申请。① 国际法院在裁决实践中对案件未采用合并审理不妨碍两个程序同时并行,国际法院在核试验案与渔业管辖权案中的做法都是并行审理,甚至于同时公布审理结果。

介入既随附于案件的主要诉讼程序,其本身又发挥着诉讼程序的作用,可以说是诉讼程序的一个组成部分。《国际法院规约》中既规定了第三章的诉讼程序,又规定了第四章的咨询程序,《国际法院规约》第 62 条与第 63 条作为第三章的组成部分代表着介入的诉讼程序的性质。在《国际海洋法法庭规约》第 31 条"介入的请求"与第 32 条"对解释或适用案件的介入权利"位于第三章"程序"部分,同样也表示附件六《国际海洋法庭规约》赋予了介入诉讼程序的性质。在国际法院或法庭的审判中,第三国是与当事国相互独立的另一主体,第三国的诉讼主张可能与当事国某一方的主张全部或部分相同或相反,也可能存在其他非常复杂化的情形。在国际法院已经审理的第三国请求介入的案件中,第三国一般是以非当事国身份期待参与案件,只有少数情形是希望以当事国身份介入案件,如洪都拉斯在 2010 年 6 月 10 日请求与当事方身份或者以非当事国身份亦可介入案件,国际法院没有准许。② 在国际法院的裁决实践中,尽管认可了第三方以当事国身份参与的情形,但是没有成功的实践。在第三方以非当事方申请介入的情况下,第三国没有权利就案件的诉讼标的提出新的要

① ICJ Reports 1973, p. 177, para. 8.

② Territorial and Maritime Dispute (Nicaragua v. Colombia), separately apply to intervene by Costa Rica and Honduras in 2010.

求,它在国际法院审判庭对实体问题的解决中,既不与原告站在一起,也不站在被告一方,它能行使的权利是发表对介入范围内的事项的看法,第三方的诉讼活动完全被限制在被准许参与的范围之内。《国际法院规约》中分章节规定了诉讼程序与咨询程序,介入仅处于诉讼程序一章,可见介入没有咨询程序的性质,也代表着第三国不能请求以介入的方式介入咨询程序。但是咨询程序中存在一种类似于介入的模式,在《国际法院规约》第 66 条的内容中,①国际法院的书记官需要通知那些既能为咨询案件提供有价值的消息,又能出席法庭审理的国家或国际团体,告知其可以提交相关的书面意见或在开庭时旁听。这类国家或国际组织具有类似介入诉讼的权利,且他们介入案件的初衷也是让国际法院更加全面、深入地了解案件事实经过。这是与介入具有相同之处的地方。与此相对,二者更多的是具有诸多不同点:在主体方面,第三方介入制度的主体由于受到国际法院管辖主体的限制,因此只有唯一的形式即国家,而《国际法院规约》第 66 条所规定的咨询制度中,主体不单单是国家,还增加了国际组织这种形式;在提出请求的目的方面,第三方介入制度申请介入的目的是保护己方的法律性质的利益,而《国际法院规约》第 66 条的咨询制度介入的目的是为国际法院提供某一信息资料;在请求内容方面,第三方介入制度要求请求内容与国际法院未来裁决需要解决的主题事项息息相关,而《国际法院规约》第 66 条的咨询制度不需要这一条件;在国际法院裁决的对象方面,第三方介入制度

---

① 《国际法院规约》第 66 条第 2 款:书记官长并应以特别且直接之方法通知法院(或在法院不开庭时,院长)所认为对于咨询问题能供给情报之有权在法院出庭之任何国家、或能供给情报之国际团体,声明法院于院长所定之期限内准备接受关于该问题之书面陈述,或准备于本案公开审讯时听取口头陈述。

中的对象是国际纠纷的当事方,《国际法院规约》第 66 条的咨询制度中的对象是某一国际组织;在国际法院裁决的外在形式方面,依据第三方介入制度作出的是命令或判决,而依据《国际法院规约》第 66 条咨询制度作出的是咨询意见。

二、第三方介入的分类

(一)第三方介入在国际法院的分类

就国际法院而言,在《国际法院规约》中有两类不同的第三方介入制度,分别规定在第 62 条与第 63 条。国际法学界对《国际法院规约》第 62 条的争论要远远多于第 63 条,这是因为涉及《国际法院规约》第 63 条的国际裁决实践相对不多,且关于第 63 条的争议相对较少。《国际法院规约》对两类介入设置的初衷不同,设置第 62 条的目的是充分保障相关第三国的法律性质的利益免遭侵害,设置第 63 条的目的是保障条约解释的相关第三国的国际法权利,且保证对某一条约作出稳定的、一致的解释。在国外学者的著作中,对《国际法院规约》第 62 条有多种称谓,如由国际法院同意取得的介入、[①]由国际法院裁量的介入等,[②]对《国际法院规约》第 63 条的称谓相对比较单一,基本上都是采用权利性的"介入"一词。[③] 日本国际法学者杉原高岭提出这是一种错误的观点,国际法学界不应该对《国际法院规约》第 62 条与第 63 条的介入划分如此明显的分界线,《国际法院规约》第 62 条

① Fitzmaurice, The Law and Procedure of the International Court of Justice, Vol. Ⅱ, p. 550.

② Rosenne, The Law and Practice of the International Court, 1920 – 1996, Vol. Ⅲ, p. 1482.

③ Fitzmaurice, The Law and Procedure of the International Court of Justice, Vol. Ⅱ, p. 550; Rosenne, The Law and Practice of the International Court, 1920 – 1996, Vol. Ⅲ, p. 1482; Chinkin, Third Parties in International Law, p. 150.

的介入并非一种由国际法院同意介入的一种第三方的权利。[①]《国际法院规约》第 63 条起源于国际仲裁制度，在 1875 年《国际仲裁裁判程序规则草案》第 16 条里有这方面的内容。之后在 1899 年的海牙和平会议中，荷兰代表提出了这一内容，会议采纳了荷兰代表的意见并将其置于《和平解决国际争端公约》第 56 条中。1907 年国际社会对《和平解决国际争端公约》进行了修正，旧的规定的第 56 条被置于第 84 条当中。在关于创建常设国际法院的大会中，荷兰代表再次提及了相关意见，大会采纳了荷兰代表的提议并将 1907 年《和平解决国际争端会议》第 84 条直接引入大会草案的第 49 条当中。法学家咨询委员会在草案进行梳理归类后，最终将这条放在第 23 条。[②] 在 1923 年的英国、法国、意大利、日本诉德国的韦幕布勒敦案中，波兰最初在 1923 年 5 月 22 日以《常设国际法院规约》第 62 条和《常设国际法院规则》第 58 条、第 59 条为依据，向常设国际法院提出介入的申请。之后由于英国建议其依据《常设国际法院规约》第 63 条，波兰采纳了这一做法并在口述程序中将申请介入的依据更改为第 63 条。常设国际法院在 1923 年 6 月 28 日作出判决，同意波兰提出的变更申请依据的做法，并准许波兰介入该案。常设国际法院对于案件中请求参与的波兰先后基于《国际法院规约》不同条款的背景进行描述，并通过对比分析的方式对两个国际法规定进行区分。常设国际法院提出《国际法院规约》第 62 条成立的前提是参与国与

---

① ［日］杉原高嶺：《国际司法裁判制度》，易平等译，中国政法大学出版社 2007 年版，第 253 页。

② Andreas Zimmermann ct al. Eds. , The Statute of the International Court of Justice: A Commentary, Second Edition, Oxford: Oxford University Press, 2012, p. 1575 – 1576.

案件的主题事项密切相关,关系到法律性质的利益的完整性,当常设国际法院足够确信第三方的法律性质的利益,那么可以考虑准许第三方介入。《国际法院规约》第63条成立的前提是案件的诉讼标的为对某一国际条约的解释,请求参与案件的第三方必定是这一条约的缔约国,常设国际法院审理的结果对参与的第三方产生约束。[①]《国际法院规约》第62条与第63条存在许多不同之处,首先,《国际法院规约》第63条的介入需要以请求参与方和案件当事国都是条约的缔约国为先决条件,《国际法院规约》第62条的介入意味着第三方的法律性质的利益存在遭受国际法院进一步的裁决影响的可能性。其次,《国际法院规约》第63条的介入是一种权利,任一缔结条约的国家在面对条约解释的纠纷时,都拥有介入案件的权利,《国际法院规约》第62条的介入并非第三方的一种权利。再次,《国际法院规约》第63条的介入中,第三方有义务向国际法院提供自己的声明(declaration),《国际法院规约》第62条的介入中,第三方递交给国际法院的是申请(application),这反映了介入在不同条文中具有的特殊属性。又次,《国际法院规约》第63条赋予介入国的权利范围是对相关条约解释的内容发表看法,《国际法院规约》第62条的规定显得相对比较宽泛,它要求第三方提出的意见只要与纠纷的主题事项密切相关,且在被允许参与的范围内。最后,第三方通过《国际法院规约》第63条介入时,国际法院的审理结果对第三方产生约束,第三方依据《国际法院规约》第62条介入时,分为两类情形,当第三方以非当事国的身份介入案件,此时国际法院的审理结果对

---

① Case of S. S. "Wimbledon", Question of Intervention by Poland, PCIJ, Series A, No. 1, p. 12.

其没有约束,当第三方以当事国的身份介入案件,此时国际法院的审理结果产生拘束力。如果从第三方介入制度的起源来说,《国际法院规约》第 63 条的地位是不可磨灭的。《国际法院规约》第 62 条与第 63 条的介入在诉讼程序中都需要遵守《国际法院规则》第 83 条、第 84 条的内容,并且需要符合附带程序的基本规定。国际法院对《国际法院规约》第 62 条与第 63 条的判断具有一定的自由裁量权,但是不能过度行使这种自由裁量权,否则将有损国际法院的公信力。在基于《国际法院规约》第 63 条的参与中,请求方提出了自己的声明,国际法院需要对这一声明的真实性与确定性进行核实。

维克托·劳尔·阿亚·德拉托雷案中,国际法院充分保障了古巴于《国际法院规约》第 63 条获取的权利,监督当事方对古巴这一权利实现的落实。① 1984 年 8 月 15 日提起介入申请的尼加拉瓜诉美国军事与准军事行动案,萨尔瓦多向国际法院提交了一份介入声明,声明的依据是《国际法院规约》第 63 条,国际法院认为萨尔瓦多不符合介入的条件,因此予以驳回。小田滋法官指出萨尔瓦多在 1984 年 8 月 15 日提交的声明中使用的措辞比较模糊,完全不能满足《国际法院规则》第 82 条的要求,之后,萨尔瓦多在 9 月 10 日与 17 日又进行了补充,最终基本满足第 82 条的要求。国际法院仅从萨尔瓦多的首份申请中获知一些诉讼当事国的观点,之后的两份补充申请措辞不够清晰,无法了解诉讼当事国对待这一问题的态度。② 施韦贝尔法官认为萨尔瓦多提出

① Greig, "Third Party Rights and Intervention before the International Court", p. 310.

② Separate Opinion of Judge Oda, Judgment of Military and Paramilitary Activities in and against Nicaragua (Nicaragua v. United States of America) on 26 November 1984.

的申请的依据是《联合国宪章》、《国际法院规约》、中美洲条约等，尼加拉瓜表示同意萨尔瓦多的参与，但是根据《国际法院规则》第 84 条第 2 款，即国际法院只有在考虑案件当事国与介入申请国的主张后方可否定介入申请的可接受性，不同意国际法院公开审判该申请。施韦贝尔法官提出支持萨尔瓦多介入案件的诉讼程序当中，原因在于《国际法院规约》第 63 条表述了介入可能发生于确定管辖权问题的过程中，需要解释萨尔瓦多提出参与所依据的国际法，假设国际法院不仅仅可以否定萨尔瓦多的请求，那么同意国际法院管辖的声明的性质就是条约。[①] 本案中，国际法院对请求介入方萨尔瓦多的声明从外在表现形式与内容实质都进行了认定。由于萨尔瓦多的请求不符合《国际法院规约》第 63 条的要求，因此国际法院没有同意萨尔瓦多的参与，并且提出第三方基于《国际法院规约》第 63 条获得的权利并非等同于能自动拥有介入诉讼的权利。[②]《国际法院规约》第 62 条与第 63 条的两类介入在国际诉讼中发挥着极其关键的作用，在国际法院或法庭的审判实践中尚未出现第三方同时基于这两条规定的介入，只有一例特殊的情形也仅是依据《国际法院规约》第 62 条，2010 年 6 月 10 日，洪都拉斯在书面内容中表示希望以当事国的身份介入程序，且表示假如国际法院不予准许，那么还希望能以非当事国身份参与。[③] 目前，国际法院或法庭的推断中没有《国际法

① Dissenting Opinion of Judge Schwebel, Judgment of Military and Paramilitary Activities in and against Nicaragua (Nicaragua v. United States of America) on 26 November 1984.

② ［日］杉原高嶺：《国际司法裁判制度》，易平等译，中国政法大学出版社 2007 年版，第 254 页。

③ Application by Honduras for Permission to Intervene.

院规约》第62条与第63条不互容的观点。秦肯法官指出,《国际法院规约》第62条与第63条的法理存在区别,无论是在外在表现形式还是介入的实质目的方面都不是一个概念,所以一般来说第三方不能要求同时基于两项内容请求介入。① 胡申提出《国际法院规约》第62条的范围更加广阔,其中涵盖了第63条的介入,它具有独特性。可以这样理解《国际法院规约》第63条,请求依据该条参与的第三方是条约的缔约国,请求参与的原因是基于对国际法院对某一条约作的解释对自己造成影响的担忧,这与第62条要求的第三方具有法律性质的利益是类似的,如此情形国际法院不用采取进一步的措施审核第三方是否具有法律性质的利益。② 因此,国际法院对《国际法院规约》第63条的适用比第62条稍微简单,不用核实第三方是否确实对纠纷主题事项具有法律性质的利益。胡申的考虑运用了更加发散的思维,采用了假设的方法,首先假设依据《国际法院规约》第63条的申请具有类似于第62条的法律性质的利益,尽管事实上国际法院没有这样认为。国际法院在裁决实践中对待这两条采取了不同的态度,不会将二者置于一个案件中进行推理讨论。

（二）第三方介入在国际海洋法法庭的分类

《联合国海洋法公约》附件六的《国际海洋法法庭规约》的第31条与第32条分别规定了两种不同类型的介入。《国际海洋法法庭规则》第81条、第99条、第100条、第102条和第103条也规定了一些对介入进行限制的内容。《联合国海洋法公约》附件

① Chinkin, Third Parties in International Law, p. 154.

② Manley O. Hudson, The Permanent Court of International Justice, 1934, p. 422, cited in Zimmermann et al. eds., The Statute of the International Court of Justice: A Commentary, p. 1577.

九的第 4 条规定了国际组织介入的范围与相应的权利和义务。国际海洋法法庭晚于国际法院创设,在性质上属于常设国际法庭,国际海洋法法庭的许多法律都是类似于国际法院的规定,而事实上,国际法院的《国际法院规约》与《国际法院规则》是国际海洋法法庭参照起草法庭法律的模板。[①] 杉原高嶺将《国际海洋法法庭规约》第 31 条称作基于许可方式的介入,将第 32 条谓之基于权利方式的介入。[②]

当《联合国海洋法公约》的缔约国主观上意识到自己的法律性质的利益或许会被国际海洋法法庭的审理结果影响,那么就能够向国际海洋法法庭提出介入请求,在请求内容中需要详细地描述所担心受到影响的是怎样的法律利益,同时还需要表达介入的目的,这一内容体现在《国际海洋法法庭规则》第 99 条第 2 款中。《国际海洋法法庭规则》第 99 条第 3 款表明国际海洋法法庭在判断该类参与请求时不必将第三国对《联合国海洋法公约》第 287 条框架的态度与取舍作为参考的因素。《国际海洋法法庭规则》第 102 条第 1 款指出,国际海洋法法庭对这类请求的判断需要放在优先位置。《国际海洋法法庭规则》第 103 条表明当第三国取得了国际海洋法法庭的同意,就可以具备一些新的权利,如可以取得案件的各类书状与随附文件的副本资料,对介入范围内的问题作出书面陈述,参与口述程序并表达关于标的的观点等。

《国际海洋法法庭规约》中的第二类介入源于第 32 条,在

① Barbara Kwiatkowska, Inauguration of the ITLOS Jurisprudence: The Saint Vincent and the Grenadines v. Guinea M/V Saiga Cases, Ocean Development and International Law, Vol. 30, No. 1, 1999, p. 43.

② [日]杉原高嶺:《国际司法裁判制度》,易平等译,中国政法大学出版社 2007 年版,第 252 页。

《联合国海洋法公约》与符合其规定的协定的解释或适用的过程中一旦出现争议，国际海洋法法庭的书记官需要迅速通知《联合国海洋法公约》的全部签字国。在这样的情形下，《联合国海洋法公约》与其指明的国际协定的成员方都能行使《国际海洋法法庭规约》第32条赋予的权利。《国际海洋法法庭规则》第100条指出，此时倘若《联合国海洋法公约》与其中指明的国际协定的成员方有进行《国际海洋法法庭规约》第32条相关活动的意愿，那么需要向国际海洋法法庭递交相关声明，在声明的内容中应当明确提出具有异议的《联合国海洋法公约》或其中所指的国际协定的条文，和对这些条文的解释或适用的立场。《国际海洋法法庭规约》第32条与第31条存在一些不同之处，第32条的介入没有赋予作出请求的第三方证明与裁决具有特殊的利害关系的义务，第三方取得《国际海洋法法庭规约》第32条的介入诉讼的资格的前提条件仅为证明自身是《联合国海洋法公约》或其指定的国际协定的成员方。第三方对于《国际海洋法法庭规约》第32条的权利不是直接自动获得，[①]国际海洋法法庭遵照《国际海洋法法庭规则》第102条第1款的要求对第三方的请求作出判断，倘若国际海洋法法庭同意该第三方介入诉讼，那么依据《国际海洋法法庭规约》第32条第3款，之后国际海洋法法庭的审理结果中的解释对第三方有拘束的效果。

---

① ［日］杉原高嶺：《国际司法裁判制度》，易平等译，中国政法大学出版社2007年版，第253页。

第四节 第三方介入的基本规定

一、《国际法院规约》与《国际法院规则》的规定

国际法院的权利主要源于《国际法院规约》《国际法院规则》等，第三方介入的相关问题主要存在于《国际法院规约》第59条、第62条、第63条、第66条。《国际法院规约》第62条形成于海牙委员会，当时制定者模仿国内法中的第三方介入制度创设了国际法院中的这项制度，目的是为国际法院案件中的潜在第三方提供更多介入诉讼的方式。[①] 海牙委员会的报告书中指出，《国际法院规约》第62条的介入成立的基础是第三方与国际法院的审理结果具有利益关系，国际法院的职能是判断第三方说明的利益关系的正当性，以此进一步决定是否准许参与案件。《国际法院规约》第63条适用的前提条件是对某一条约的解释出现了争议，第63条源于1907年《和平解决国际争端公约》第84条，两项的内容非常接近。《国际法院规约》第63条赋予了这类第三方一项权利，且在权利成立的条件下，国际法院无权否定第三方的参与申请。[②] 在尼加拉瓜诉美国的军事与准军事行动案中，确定了《国际法院规约》第63条赋予第三方的权利并非自动获得的权利。第三方介入在《国际法院规则》中体现在第81～86条。事实上，《国际法院规约》与《国际法院规则》均未明确、详细地规定适用《国际法院规约》第62条和第63条的条件，条款中的措辞比较复杂与模糊。常设国

---

① Procès-Verbaux, p. 594.

② Procès-Verbaux, p. 746.

际法院在1921年诞生,次年举行了制定《常设国际法院规则》的会议。在这次会议上一些代表指出《常设国际法院规约》第62条存在的重要问题,常设国际法院表示这些问题倘若在法院的案件中出现,再根据具体案情区别对待。[①] 但是由于常设国际法院与之后的国际法院在早期对第三方介入制度的态度不够明朗,导致介入案件比较少见,关于1922年会议上一些代表提出的问题也没有形成充分、有力的逻辑推理与结论。第三方介入制度的明显发展主要开始于20世纪90年代,与其他国际裁决程序相比,其发展相对滞后,许多问题并没有得到妥善解决。

截至目前,《国际法院规约》第62条的介入共有8个案例(其中6个案例涉及海洋纠纷),第三方的请求被国际法院驳回的有5例(其中4例为海洋纠纷类案件),第三方请求获得国际法院准许的有3例(其中2例是关于海洋问题的争议)。在1922年举行的制定《常设国际法院规则》的会议中,贝斯曼法官对《常设国际法院规约》第62条的相关意见做了记录,如第三方在证明与裁决具有法律利益关系之外还有哪些证明义务,介入的成立是否以案件当事国同意为前提条件,介入的成立与管辖权基础(any basis of jurisdiction)的关系,第三方是否有权表达与起诉一方截然相反的请求,常设国际法院的审理结果对参与的第三国的效力等,大会的回答结果是将问题放在此后的具体案件中逐一解决。参会者提出的问题恰恰是此后数十年来国际法院面临的棘手问题,也是国际法学界的主要辩驳问题。

《国际法院规约》第63条介入的主体是缔约国,第63条的介入比第62条少了一项证明义务,即关于存在法律性质的利益方

---

① PCIJ Series D, No. 2, p. 349. See also ICJ Reports 1981, p. 14, para. 23.

面。依据第 63 条请求的介入的第三国的证明义务证明其为存在争议的条约的成员方。这是由于如果第三国是条约的成员方,那么必然与国际法院对条约的解释存在利益关系,有的国际法学者提出《国际法院规约》第 63 条属于第 62 条的范畴。[①]《国际法院规约》使用的书面语言中,第 62 条要求第三方提交申请(application),第 63 条要求第三方递交声明(declaration)且无须国际法院作出特别许可。1923 年的英国、法国、意大利、日本诉德国的韦幕布勒敦案,波兰依据《常设国际法院规约》第 63 条提出介入申请,之后又在口述程序中变换成第 62 条,常设国际法院指出韦幕布勒敦案与《凡尔赛和约》第 380 条的解释密切相关,有足够的证据显示波兰是《凡尔赛和约》的成员国,这一法律事实即产生确定波兰具有《国际法院规约》第 63 条介入的权利。[②]常设国际法院在韦幕布勒敦案中的做法仅仅是从波兰的请求的表面形式上进行判断。但是此后的国际法院对《国际法院规约》第 63 条的认定,不再采取常设国际法院的做法。1984 年 8 月 15 日提起介入申请的尼加拉瓜诉美国军事与准军事行动案,萨尔瓦多向国际法院提交了一份介入声明,声明的依据是《国际法院规约》第 63 条,并提出此为萨尔瓦多的自动权利(automatic right)。[③] 假设萨尔瓦多的意见能够避免国际法院对其进行认定,那么这一申请缺乏正当意义。国际法院最终没有同意萨尔瓦多的请求,并且明确表示《国际法院规约》第 63 条介入的权利不是向萨尔瓦多

---

① Hudson, Permanent Court, p. 422.

② PCIJ Series A, No. 1, p. 11 – 13.

③ W. D. Rogers, J. A. Beat and C. Wolg, Application of EI Salvador to Intervene in the Jurisdiction and Admissibility Phase of Nicaragua v. United States, The American Journal of International Law, Vol. 78, No. 4, 1984, p. 929 – 936.

认为的那样自动取得，军事与准军事行动案中的参与问题具有独到之处。

从上面的案件审理可以发现，第三方无论选择《国际法院规约》第62条还是第63条都不能跳过国际法院审查这一步骤，这一步骤并非国际法院背离《国际法院规约》设置的，可以说国际法院的审查是第三方介入的限制条件之一。格瑞指出国际法院明示对介入申请的审查权，同时规定第三方应当在请求书中明确指出涉及的某一条约的哪些条款且予以详细描述，这些行为使《国际法院规约》第62条与第63条的界限模糊化。[①]《国际法院规约》第63条的程序性事项体现在《国际法院规则》第82、84条中。国际法院对《国际法院规约》第63条介入的判断并非一个机械模式化的过程，在判断第三国请求内容中描述的条约和纠纷主题的关系方面，要求这一条约与纠纷的主题具有决定性的重要意义，对国际法院的审理提供扶持与帮助。《国际法院规则》没有明确限制《国际法院规约》第63条中所指的条约的性质与类型。《国际法院规约》第62条要求第三方与当事国具有管辖权方面的联系，具体包括案件当事国的同意、对条约的裁定、第三方接受强行管辖权的声明等。《国际法院规约》第63条没有要求请求方具有类似第62条的形式，因为倘若第三方能够充分证实自己是条约的成员方，则满足第62条的关联性要求。在1950年12月13日提起的哥伦比亚诉秘鲁阿雅·得柆托末庇护权案中，古巴的请求内容里并没有论证管辖权关联的方面，国际法院最终准许了申请，由此可以发现国际法院对《国际法院规约》第63条的

---

① D. W. Greig, "Third Party Rights and Intervention before the International Court", Virginia Journal of International Law, Vol. 32, No. 2, 1991 - 1992, p. 285 - 376.

认定无关管辖权关联方面，欧达法官、斯韦贝法官、穆巴耶法官、赛特·卡马如法官的意见①和格瑞、②秦肯③的著作中也肯定了这一方面。

二、《国际海洋法法庭规约》与《国际海洋法法庭规则》的规定

国际海洋法法庭的权利主要源于《国际海洋法法庭规约》《国际海洋法法庭规则》等，第三方介入主要存在于《国际海洋法法庭规约》第31条、第32条、第33条，《国际海洋法法庭规则》第99～104条、第126～129条。在《联合国海洋法公约》的缔约国主观上认为自身存在法律性质的利益，同时国际海洋法法庭对纠纷的判决结果有影响缔约国利益的可能性，那么该国能够向国际海洋法法庭请求参与诉讼。国际海洋法法庭具有判断并认定介入是否符合《国际海洋法法庭规约》的权力，在国际海洋法法庭准许第三方参与的前提下，在介入的框架内第三方受到裁决的约束。值得注意的是，国际海洋法法庭在这方面的规定和国际法院存在区别，对于第三方以非当事国身份参与诉讼，不能通过此案推导彼案。另外，第三方在涉及《联合国海洋法公约》的解释或适用争议时有权请求介入审判，国际海洋法法庭的审理结果具有终局性，效力及于案件当事方。

目前为止，国际海洋法法庭尚未出现第三方请求参与的案件。有的国际法学者持这种观点，即《联合国宪章》第六章为国家提供了充分自由地选择解决国际纠纷手段的依据，而第三方介

---

① Judge Oda, ICJ Reports 1981, p. 28; Judge Schwebel, ICJ Reports 1981, p. 40; Judge Mbaye, ICJ Reports 1984, p. 46; Judge Sette-Camara, ICJ Reports 1984, p. 86 – 87.

② Greig, supra note 18, p. 308.

③ C. M. Chinkin, Third-Party Intervention before the International Court of Justice, The American Journal of International Law, Vol. 80, No. 3, 1986, p. 495 – 531.

入诉讼程序存在导致破坏和平解决国际争端的可能性，第三方的正确做法不是从已经展开的国际诉讼程序中请求介入，而是重新向国际争端解决机构寻求救济，开启一项新的程序。[①] 在国内诉讼程序中，介入得到广泛应用，有利于将多个平行的程序合并进行进而加快裁决结案速度。在国际诉讼中，第三方的介入可以为国际法院与国际海洋法法庭带来更多的信息资料，让国际法院对某一国际法条文的解释更加精准。国际法与国内法密切相关，抛开国内法去讨论国际法是不正确的做法，尽管是两类不同领域的法律，但是国际法对国内法的依赖性非常强。在各国国内法中普遍存在并经常适用第三方介入制度的背景下，倘若国际法对此制度“闭口不谈”，那将是不明智之举，因此国际法中不能有意地限制且拒绝介入。[②] 与其他国际争端解决机构的国际法权源相比，《联合国海洋法公约》中的第三方介入制度出现得相对较晚。《联合国海洋法公约》中置入第三方介入程序充分肯定了介入的功能与价值，表现了《联合国海洋法公约》采用介入程序的决心与态度。作为国际海洋法法庭权利来源的国际法文件，《国际海洋法法庭规约》中的介入主要体现在第 31 条、第 32 条，它是以《国际法院规则》第 81 ~ 86 条为模板创设的规定。《国际海洋法法庭规则》中关于介入的内容体现在第 99 ~ 104 条中。国际海洋法法庭中的介入的来源大致有两类，第一类是成员国主动申请，

---

① Rudiger Wolfrum, Intervention in the Proceedings before the International Court of Justice and the International Tribunal for the Law of the Sea, Liber Amicurom Guenter Jaenicke, Heidelberg, 1998, p. 427 – 428.

② Rudiger Wolfrum, Intervention in the Proceedings before the International Court of Justice and the International Tribunal for the Law of the Sea, Liber Amicurom Guenter Jaenicke, Heidelberg, 1998, p. 428.

第二类是国际海洋法法庭主动通知,下文将予以分别讨论。

第一类是成员国主动向国际海洋法法庭递交申请,做出这一行为的原因是成员国主观上认为国际海洋法法庭即将处理的纠纷的审理结果可能有损自己法律性质的利益,成员国此时证明国际海洋法法庭具有管辖权的国际法为《国际海洋法法庭规约》第31条第1款。有介入意愿的第三方成员国需要尽可能快速地向国际海洋法法庭递交申请,做出这一行动的截止期限是国际海洋法法庭能够接到辩诉状之后的30天内,设定这一期限的依据是《国际海洋法法庭规则》第99条第1款。第三方需要在申请中详细地列明如下事项:第三方代理人的姓名、请求介入的案件的名称、第三方主观上认为可能遭受影响的具体法律性质的利益,请求参与的目的、第三方与争端当事国具有管辖权联系、能够对上述内容提供辅佐的资料目录,同时还需要在之后附上这些资料的副本。这些程序性事项的国际法依据是《国际海洋法法庭规则》第54条第3款、第99条第2款与第4款。

国际海洋法法庭具有裁夺第三方介入申请的权力。第三方介入是国际海洋法法庭需要优先处理的问题,这源于《国际海洋法法庭规则》第102条第1款的内容。国际海洋法法庭在收到第三方的申请之后,有义务立即核对第三方的申请与副本,在核对无误后将副本分别转交给当事方,要求当事方回复书面意见,回复的期限由国际海洋法法庭或庭长决定,这一内容体现在《国际海洋法法庭规则》第101条第1款。倘若当事方不支持第三方介入程序,国际海洋法法庭应当分别了解第三方与当事方的见解,这是《国际海洋法法庭规则》第102条第2款赋予国际海洋法法庭的义务。国际海洋法法庭目前尚未出现涉及介入的案件,因此对介入的认定等需要参考国际法院的处理办法。1981年1月30日提出介入申请的突尼斯诉阿拉伯利比亚人民社会主义民众国大陆架案，马耳他以《国际法院规约》第62条为由要求介入诉讼程序，被国际法院驳回。国际法院没有支持马耳他参与的原因是马耳他没有成功证明其与当事国之间纠纷的主题存在直接的法律方面利益。[①] 1983年10月24日第三国提出介入诉讼程序的阿拉伯利比亚人民社会主义民众国诉马耳他大陆架案，意大利在《国际法院规约》第62条的基础上要求介入该案，国际法院以11票对5票拒绝其请求。案件的实际情形是当事国均对意大利的申请持有异议，国际法院此时有义务首先裁夺意大利的参与问题，因为当事国之间的特别协定规制的仅为两国之间的大陆架边界位置，无关意大利的法律利益，因此意大利的请求明显不满足《国际法院规约》第62条的要求。国际法院进一步指出，倘若能够确定第三方的请求与纠纷的主题事项存在直接的法律利益，那么国际法院无须征询当事方的意见，因为此时国际法院已经满足《国际法院规约》第62条的要求，具备对第三方介入的管辖权。[②] 国际法院对这些案件的处理办法为国际海洋法法庭提供了有益的参考。对待第三方参与问题，国际海洋法法庭需要从第三方的法律性质的利益、管辖权基础等方面进行衡量。国际法院中第一个成功使用《国际法院规约》第62条的案件是尼加拉瓜为第三方，试图介入萨尔瓦多与洪都拉斯的划界案，国际法院分庭确定了尼加拉瓜符合《国际法院规约》第62条的要求，与此同时当事方均为《国际法院规约》的成员方，对第三方介入制度持充分肯定的态度，所以当事方

---

① Reports of ICJ(1981),3 et seq. (12). Para. 19.

② 《国际法院判决、咨询意见和命令汇编》，1984年，第142页。

对第三方介入的异议不妨碍国际法院同意介入。[①] 国际法院分庭还指出,第三方寻求介入并不能转变其在诉讼程序中的身份与地位,倘若第三方基于介入而转变成案件当事国,那么将产生与国家同意原则的冲突与矛盾,设置介入程序的初衷并非引入一个关于第三方的新的案件,并取得国际法院的裁决。国际法院分庭指出自己取得管辖权的根本原因是当事国的同意。[②] 因而第三方没有指定特别选任法官和对当事国停止诉讼表示不支持的权利。

第三方在取得国际争端解决机构的肯定后,取得了与介入相关的一系列权利。诸如获取当事方的书状和随附文本资料的副本,在国际争端解决机构指定的时间内递交书面陈述,参与口述程序并就介入标的发表看法。但是,第三方没有指认特别选任法官和对当事方要求停止诉讼表示反对的权利,这是《国际海洋法法庭规则》第 103 条的一项重要内容。国际海洋法法庭的介入区别于国际法院,如《国际海洋法法庭规约》第 31 条第 3 款是国际海洋法法庭独具的规定。这一条文的设置起源于国际实践,在这一条款的约束下,第三方一方面不具有当事方的地位与权利,另一方面却要同当事方一样受到审理结果的拘束,这似乎不太合理,国际海洋法法庭应当通过实践给予合理的解释。

第二类是国际海洋法法庭的书记官长主动发出通知的介入,其中又包括两类情形,分别规定于《国际海洋法法庭规约》第 32 条第 1 款与第 2 款。第 1 款指的是当出现一项争端涉及《联合国海洋法公约》的解释或适用,那么书记官长有义务向《联合国海洋法公约》的全部成员方发出通知。而《国际法院规约》与《国际

---

① ICJ Reports 1990,133,para. 96.

② ICJ Report 1992,351 et seq. para. 421.

法院规则》中不存在类似的内容。第2款与第1款的不同在于产生争议的是某一国际协定，对于国际海洋法法庭来说，其主体范围超过国际法院，也就是说，除了国家之外还允许非国家类型的实体。在国际海洋法法庭发出通知之后，相关的成员方并非立即拥有参与诉讼的资格。相关的成员方需要采取的必要步骤是发表声明。《国际海洋法法庭规则》第100条第1款指定了第三方提出声明的截止期限，一般情况下截止期限是口述程序开始之日，例外情形是晚于前述时间。

《国际海洋法法庭规则》第100条第2款确定了申请书的基本内容，包括第三方代理人的名字、产生争议的国际协定、证明第三方是国际协定的成员方的证据、指明国际协定中产生争端的部分、第三方对争议部分的意见、具有辅助证明作用的文件资料的目录和相关副本。

值得提出的一个问题是，第三方主观上认为自己符合国际协定的成员方的要求，但是国际海洋法法庭没有通知该第三方参与，那么该第三方是否具有向国际海洋法法庭递交声明的权利，《国际海洋法法庭规则草案》第98条第3款给予的答案是第三方具有这样的权利。然而《国际海洋法法庭规则》第100条没有采纳这部分内容。

另外，国际海洋法法庭对第三方的申请具有决定权，且需要优先解决参与的问题。国际海洋法法庭在转交给第三方副本资料时会明确指定提交意见的期限，当事方需要在截止期限前呈交意见书。国际海洋法法庭应当在听取与考虑当事方的意见的基础上判断是否同意第三方参与。①

① 《国际海洋法法庭规则》第102条。

第三方作为国际协定的成员方，无须对国际海洋法法庭的审理结果将可能影响自己的法律性质的利益进行举证，国际海洋法法庭的审理结果中仅关于争议条款的解释部分对第三方存在拘束效果，其余部分对第三方没有效力。[①] 可以说，第三方能够取得国际海洋法法庭的允许的条件是第三方与国际协定中争议条款的解释具有密切关联，而当事国提出的反对意见的作用是为国际海洋法法庭提供一些考虑因素，但无法起到阻碍第三方参与的决定性作用，如当事国秘鲁拒绝支持第三方古巴介入案件，并没有妨碍古巴最终取得国际法院的认可。[②]

《国际海洋法法庭规则》第 104 条指明：第三方在征得国际海洋法法庭同意后，取得一系列的权利，诸如取得当事方的诉讼文件及随附文件资料的副本，在截止日期前就参与标的递交书面意见，参与口述程序并在口述程序中表达关于参与标的的见解。第三方在受允后仍然不能指认特别选任法官，也不能对当事方达成的停止诉讼合意提出异议。

三、国际法院与国际海洋法法庭的第三方介入比较

《国际海洋法法庭规约》《国际海洋法法庭规则》的制定思路与《国际法院规约》《国际法院规则》的内容非常相近，可以说是在参照与模仿的基础上同时又存在新的改变。《国际法院规约》第 62 条被有的国际法学者称作“许可方式的介入”，[③]在这方面与国际海洋法法庭存在较大的区别。首先，《国际法院规则》第

① 《国际海洋法法庭规约》第 32 条第 3 款；陈治世：《国际法院》，台北，台湾商务印书馆股份有限公司 1991 年版，第 148 页。

② Report of the ICJ(1951), Asylum Case, p. 76.

③ ［日］杉原高嶺：《国际司法裁判制度》，易平等译，中国政法大学出版社 2007 年版，第 252 页。

81 条第 1 款要求第三方的请求递交时间不可晚于书面程序结束之时,《国际海洋法法庭规则》第 99 条第 1 款要求第三方的请求提交时间不能晚于国际海洋法法庭取得辩诉状之后 30 日,特殊情况可以适当延长。其次,《国际法院规则》第 81 条第 2 款(c)项指出第三方的请求内容中需要详细地阐述第三方与当事方存在的管辖权联系,然而《国际海洋法法庭规则》里不存在对应的内容。再次,《国际海洋法法庭规则》也存在一些《国际法院规则》里没有规定的事项,如《国际海洋法法庭规则》第 103 条第 4 款指出第三方既不能指定特别选任法官,也不能对停止诉讼的协定提出不支持的意见。有的国际法学家表示《国际海洋法法庭规则》的内容暗含着第三方的身份不能转变成当事方。[①]《国际法院规约》中不存在赋予第三方选择诉讼身份的权利,然而国际法院的裁决中补充确认了第三方的这些权利,即国际法院可以准许第三方以当事方或者非当事方的身份介入程序。[②] 假设第三方选择的当事方身份得到了国际法院的允许,那么第三方能够在诉讼程序中取得一系列的权利,且这些权利是国际法院必须给予承认的。[③] 这类征得国际法院或者国际海洋法法庭同意的第三方应当具有确定特别选任法官的权利。[④] 但是需要特别注意的是,征得

① P. Chandrasekhara Rao & Ph. Gautier (eds.), The Rules of the Internayional Tribunal for the Law of the Sea: A Commentary (Martinus Nijhoff Publishers 2006), p. 285.

② Territorial and Maritime Dispute (Nicaragua v. Colombia), Application for Permission to Intervene by Honduras, Judgment, ICJ Reports 2011, p. 420, para. 27.

③ Territorial and Maritime Dispute (Nicaragua v. Colombia), Application for Permission to Intervene by Honduras, Judgment, ICJ Reports 2011, p. 420, para. 29.

④ [日]杉原高嶺:《国际司法裁判制度》,易平等译,中国政法大学出版社 2007 年版,第 277 页。

国际法院或国际海洋法法庭许可的,选择非当事方身份介入程序的第三方,必然不可具有与当事方完全相同的国际法权利与义务,因为《国际法院规约》《国际法院规则》《国际海洋法法庭规约》《国际海洋法法庭规则》并未对第三方与当事方的权利与义务进行相同的规定。① 这类第三方请求的目的并非让国际法院就自己的权利作出一项裁决,真正的目的是通过给予国际法院一些意见,尽量让国际法院的审理结果与自己的权利不相违背。② 领土与海洋争端案中,确认了《国际法院规则》要求第三方和当事国具有管辖权联系,这仅指的是第三方选择当事方的情形,与选择非当事方的情形无关。③ 最后,《国际海洋法法庭规约》第31条第3款指出,国际海洋法法庭的审理结果对第三方的效力范围限于同意第三方介入的界线之内。但是《国际法院规约》第62条缺乏对裁决效力范围的界定,这引发了国际法学术界的广泛讨论,如日本国际法学者杉原高嶺的意见为应当参照第三方选择的介入身份进行区别对待,第三方在非当事方身份的前提下介入诉讼向国际法院提出一些自己的见解,那么不受到国际法院裁决结果的限制,第三方在当事方身份的前提下并期望国际法院发布决定,那么必然受到国际法院审理结果的限制。④ 国际法院在尼加拉瓜诉哥伦比亚案的审理结果中表示,对于以当事方身份参诉的

---

① Territorial and Maritime Dispute (Nicaragua v. Colombia), Application for Permission to Intervene by Honduras, para. 29.

② [日]杉原高嶺:《国际司法裁判制度》,易平等译,中国政法大学出版社2007年版,第261~262页。

③ Territorial and Maritime Dispute (Nicaragua v. Colombia), Application for Permission to Intervene by Honduras, para. 28.

④ [日]杉原高嶺:《国际司法裁判制度》,易平等译,中国政法大学出版社2007年版,第271~274页。

第三方,在获准参与的范围内的裁决结果部分对其产生拘束效果。[①] 国际仲裁中也存在一些涉及第三方介入制度的规定,将在后续章节中详细阐述。

---

① Territorial and Maritime Dispute (Nicaragua v. Colombia), Application for Permission to Intervene by Honduras, para. 29.

第二章　国际争端预防与解决中第三方介入的实体问题

第一节　第三方介入的基本形态

《国际法院规约》第 62 条与第 63 条的两类介入构成了第三方介入制度的基础，国际法学者对此的研究分为两派，即扩大介入说学派与限制介入说学派。根据国际裁决实践，第三方参与案件的目的主要有两类，即陈述意见和提出特别请求，以陈述意见为宗旨的第三方希望介入案件的原因不是让国际法院作出事关第三方权利的决定，而是为了向国际法院表露自己的立场，为国际法院提供一些具有参考价值的信息。以提出特别请求为宗旨的第三方是将自己的立场设定为当事方，主观上认为国际法院的审理处理的主题事项与自己密切相关，期望国际法院能考虑这些情况作出裁决。

除上述两类情形外,还可能出现这两类情形杂糅的形态,似乎难以分辨应当归属于何类。因此出现了一些问题,即国际法院对这些不同类型的第三方介入形态是否接受或承认,这是一个决定第三方介入制度框架的重要问题,需要从已决案例中寻找答案。

1983 年 10 月 24 日,第三方提出介入利比亚社会主义民众国诉马耳他共和国大陆架案的诉讼程序(以下简称大陆架案)。意大利在《国际法院规约》第 62 条的基础上要求介入该案,国际法院以 11 票对 5 票没有同意其请求。意大利表示自己请求参与的目的是向国际法院表明自己的立场,提醒并希望国际法院能保护意大利的权利,但是并不要求国际法院作出关于意大利权利的裁决决定。然而,国际法院指出意大利的请求书内容中包括在该大陆架海域范围内对抗当事方的"防御本国而提出的权利",会导致国际法院无可避免地作出与意大利权利密切相关的裁决。意大利参与的目的并非仅为防止自身权利被侵害,由此可以看出,意大利期望国际法院做出关于其权利的裁决,意大利是提出特别请求类型的第三方。国际法院认为,倘若同意意大利的请求,将导致关于意大利与当事国的一项新争端(a fresh dispute)的产生。

处理这类参与请求有两个途径,这源于对《国际法院规约》第 62 条的不同角度的解释。第一种途径为:倘若国际法院接受第三方提出的特别请求,将导致违反国家同意原则,由于第 62 条设定的初衷不可能与管辖权的基本原则相左,那么如果想赋予此类介入正当性,则需要寻找其合理的管辖权基础,这时采用的方法就是采用扩大介入说。第二种途径是:当《国际法院规约》第 62 条所限定的范围中不存在这类第三方提出特别请求时,应当拒绝这类介入,让第三方另行起诉,与此同时,国际法院可以权衡是否将新的案件与之前的案件进行整合,《国际法院规约》第 62

条中没有为新的纠纷指明可替代的方法,这一途径也被称为"采用限制介入说"。国际法院指出,通过两种途径对大陆架案进行分析,得出的结论均为意大利的请求不符合《国际法院规约》第62条的内容,所以不同意意大利的申请。但是国际法院在结论中并没有旗帜鲜明地表明对第三方提出特别请求的案件采用何种处理方式。假设国际法院选择扩大介入说,对于提出特别请求的介入类型的案件,第三方需要证明与案件当事方存在管辖权联系,大陆架案中第三方意大利并没有充分证明自己与利比亚、马耳他存在管辖权联系。假设运用限制介入说对意大利的请求内容进行分析,则该请求不符合《国际法院规约》第62条的规定,只能转变为一个新的诉讼。综上分析,可以发现,陈述意见类型的介入不存在争议,它无须与案件当事方具有管辖联系,是满足《国际法院规约》第62条设置初衷的一个类型。

基于《国际法院规约》第62条请求介入的首例成功案件是陆地、岛屿和海上边界争端案,并且还是目前唯一一例国际法院分庭处理的、同意介入的案例。1990年2月28日,国际法院分庭对案件做出判决,国际法院分庭支持第三方尼加拉瓜的主张,即对丰塞卡湾的法律地位一案存在法律利益。国际法院分庭在分析第三方尼加拉瓜的介入目的时,认为第三方的介入目的倘若为告知被争议主题影响的法律权利的性质,则不可否认第三方介入初衷的正当性。第三方的介入目的与第三方介入制度的设置初衷相吻合。第三方尼加拉瓜提出自己请求介入的原因是避免遭到国际法院分庭的审理结果的损害(trench upon),国际法院分庭指出第三方使用的措辞不属于《国际法院规约》第62条的内容,同时考虑到《国际法院规约》第59条和1953年起诉的货币黄金案中国际法院的结论,可以得知国际法院分庭在陆地、岛屿和海上边界争端案中审理之后作出的决定不会对第三方的权利带来损害。第三方尼加拉瓜采用的“通过所有方法保护本国向国际法院提出的申请”措辞,并不等同于尼加拉瓜期待国际法院分庭作出支持自己的审理结果。实际上第三方尼加拉瓜未对争议起诉。通过对第三方尼加拉瓜阐述的内容的分析,国际法院分庭认为不对尼加拉瓜的请求作出如下的解释,即尼加拉瓜希望国际法院分庭的审理结果支持自己的申请,根据这些分析可以推断出尼加拉瓜提出请求的初衷没有不合理之处。[①] 国际法院分庭通过推理得出第三方尼加拉瓜的请求属于陈述意见类型,自然也是符合《国际法院规约》第 62 条关于的介入的规定。国际法院对全案的最终判决与之前对第三方申请做出的裁决形成了完整的制度体系。需要特别指出的是,国际法院分庭未对构建的制度体系中是否包括第三方提出特别请求的类型给出明确的答案。国际法院在审理结果中谈及此事时进行了这样的阐述,即《国际法院规约》第 62 条设置的初衷并非创造一个新的争端,应将第三方的身份转变成新争端的当事方,以此取得国际法院对第三方的申请的审理与判决。这个崭新的案件的争议主题源于之前案件的争议主题与第三方的请求核心内容。前述第三方引起的新的案件与之前的案件在性质上完全不同。[②] 其中蕴含了国际法院分庭对此类介入的态度,即第三方提出特别请求不在《国际法院规约》第 62 条规定的范围之中。然而,国际法院又进行了辩证分析,即存在这样的事实情况:在当事方不反对第三方参诉的情形下,请

---

① Sir Robert Jennings, The International Court of Justice after Fifty Years, American Journal of International Law, Vol. 89, p. 499 – 500(1995).

② ICJ Reports 1990, p. 133 – 134, para. 97.

求介入的第三方的身份可以转变成案件的当事方(a party to the case)①。第三方的请求征得当事方的同意意味着第三方与当事方存在管辖权联系,在这样的前提下不影响国际法院支持第三方提出的特别请求。国际法院分庭的审理结果确定了《国际法院规约》第62条的基本形态包括第三方陈述意见的类型,这也就是限制介入说的内涵,在第三方与案件当事方存在管辖权联系的条件下,国际法院也会作为例外接受第三方提出特别请求的介入,这也就是扩大介入说的实质。然而,这两种学说基于第三方与当事方存在管辖权联系连接在一起,国际法院分庭的态度是对这两类介入均予以接受,这一结论是否会得到国际法院的认可与继续实行,有待国际法院对之后介入案件的处理。通过上述分析,可以发现国际法院目前尚未构建出清晰的第三方介入制度的框架,对于提出特别请求的第三方应当如何处理是国际法院的一大棘手难题,未来国际法院仍需明确选择何种角度或切入点逐渐使这一问题清晰化。

限制介入说的合理性需要进一步的考证,对第三方介入制度性质的认定直接影响着是否要求根据《国际法院规约》第62条提出申请的第三方必须与当事方具备管辖权联系,也决定了对第三方介入制度设置的目的与作用的内容。《国际法院规约》没有对这一问题给予明确的答案,国际法院在未来裁决实践中的选择代表着国际法院对第三方介入制度的价值取舍。国际法院最终可能选择的是与一般国际法原则最为贴近的方法,因此,国际法院选择扩大介入说的可能性更大,即陈述意见的第三方与具备管辖权联系的提出特别请求的第三方都符合《国际法院规约》第62条

① ICJ Reports 1990, p. 134 – 135, para. 99.

的规定,这样选择的有利之处能够是推动诉讼经济。但是需要注意的是国际法院倘若选择扩大介入说将导致一些问题:首先,国际法院不易判断第三方意图选择的介入类型,在大陆架案中,国际法院的法官对意大利意图选择的介入类型存在争议。其次,扩大介入说导致了国际法院需要解决更多的问题,例如特别选任法官的参与问题,国际法院审理结果对第三方的效力问题。第三方介入的种类扩大化将会使法院遇到更多的第三方介入情形杂糅在一起的情况,容易导致审理复杂程度加深。限制介入说的优势是避免上述的一系列复杂问题的出现,同时给提出特别请求的第三方指明“道路”,即以《国际法院规约》第 36 条为基础重新提出诉讼申请。对于获准介入的第三方有权陈述相关意见,国际法院对这类第三方陈述意见中出现的类似于提出特别请求的内容可以排除考虑,限制介入说可以让国际法院在充分考虑第三方的法律利益的前提下,形成仅关于当事方的判决。事实上,通过扩大介入说来推动国际法院诉讼经济的做法很可能意义不大,因为国际社会选择介入的案件的数量占所有案件数量的比例相对不高。目前更多的多方争端是当事方分别提起的,国际法院审理的是关于类似纠纷的两个案件,例如 1967 年 2 月 20 日提起的北海大陆架案,该案中联邦德国对丹麦与荷兰分别起诉,三个国家均支持国际法院合并审理,国际法院没有做出三国期待的选择,仍旧将两个案件视为各自独立的纠纷。1973 年 5 月 9 日向国际法院寻求救济的核试验案,澳大利亚与新西兰分别对法国进行控告,国际法院没有合并审理。英国于 1972 年 4 月 4 日,德国于同年 6 月 5 日对冰岛进行控诉的渔业管辖权案,国际法院没有合并案件。1955 年 7 月 27 日发生的罗科比空难引发的案件,以色列在 1957 年 10 月 16 日向国际法院控告保加利亚,美国在同年 10 月,英国在同年 11 月也向国际法院控告保加利亚,国际法院对几个案件分别进行审理。1992 年利比亚分别对英国与美国提起的罗科比空难引发的 1971 年《蒙特利尔公约》的解释和适用[①]一案,国际法院作为两个独立的案件分别对待。国际法院对这些独立但类似的案件的处理未出现由于没合并审理而产生一些特殊问题的情况。尽管限制介入说对第三方的地位产生了一定的影响,但是国际法院更适合选择限制介入说,许多海洋边界争端中当事方对第三方的介入持否定态度,例如,马耳他在 1981 年 1 月 30 日请求介入"突尼斯诉利比亚国大陆架案",遭到当事方的反对。意大利在 1983 年 10 月 24 日申请介入"突尼斯诉利比亚国大陆架案",当事方予以反对。1989 年 11 月 17 日尼加拉瓜请求介入的陆地、岛屿和海上边界争端案,当事方在海域划界事项上反对第三方介入。究其原因,包括以下几个方面:第三方的介入极易削弱当事方证据的证明力,增添当事方的顾虑,动摇当事方的基本立场。当国际法院支持第三方以当事方身份介入诉讼,这将很可能违背了当事方的预期,改变了诉讼的整体框架结构。所以当事方甚至国际法院对第三方介入持迟疑的态度。[②] 事实上,国际法院也对第三方介入可能对当事方产生不利后果,并削弱诉讼的稳定性的观点表示认同。[③] 因此可以说,国际法院采用扩大介入说更多顾及的是活跃国际法院的诉讼经济,采用限制介入说更多的是顾及案件框架的稳定性与一体化,究竟如何取舍是国际法院根据不同需要终将面临的问题。

---

① Case Concerning Questions of Interpretation & Application of the 1971 Montreal Convention Arising from the Aerial Incident at Lockerbie.

② Chinkin, Supra Note 21, p. 501.

③ ICJ Reports 1981, p. 19 – 20, para. 34.

第二节 第三方介入的法律利益

第三方对法律利益的证明需要从介入的目的和与案件实质具有利害关系等方面着手。《国际法院规则》第 81 条第 2 项明确了第三方申请的必备内容,其中第三方需要与案件实质问题具有法律性质的利害联系是国际法院裁夺申请合理性时必须考虑的因素,同时也是介入成立的绝对要件。第三方介入的目的和第三方与当事方具有管辖联系,这两项基本要求是国际法院裁夺介入时需要考虑的因素。因此,介入的目的,第三方与当事方的管辖权联系,第三方与案件实质问题具有法律性质的利害联系都是决定介入基本性质的要素。怎样的介入目的足以支撑介入的框架,第三方与案件实质具有何种类型、何种程度的关联足以证明存在利害关系是亟须探讨的问题。

通过判断第三方的介入目的,进而判断第三方与案情实质存在的法律性质的利害关系是国际法院一贯采用的方法。1983 年 10 月 24 日,第三国提出介入诉讼程序的大陆架案中,意大利在《国际法院规约》第 62 条的基础上要求介入该案,国际法院以 11 票对 5 票没有同意其请求,国际法院指出,非常有必要确认意大利请求介入的真实目的,并且其真实目的是严格依照《国际法院规约》的要求的目的,这是国际法院裁夺是否存在法律利益的基础,《国际法院规约》要求第三方介入的目的是使自己的法律性质的利益得到保护或安全防卫(protection or safeguarding),达到这一介入目的采用的手段是避免国际法院的审理结果对第三方的法律性质的利益造成影响,国际法院有必要分析是否给予了第三方介入目的足够的保护。[①] 国际法院指出意大利的真实目的是让国际法院确认其对当事国所具有的权利,以此为意大利与当事国之间的新争端提供法律解决办法。所以意大利或者征求当事方的同意,或者重新向国际法院寻求救济,意大利的介入并非《国际法院规约》第 62 条意指的真正介入。

1981 年 1 月 30 日提出介入申请的突尼斯诉阿拉伯利比亚人民社会主义民众国大陆架案,马耳他以《国际法院规约》第 62 条为由要求介入诉讼程序,被国际法院驳回。国际法院分析了马耳他请求介入的目的。马耳他提出囿于地理位置与实际地情地貌,自己必然无法避免收到国际法院审理结果的影响,马耳他的请求无关向当事国主张自己的权利。国际法院据此否认了马耳他对上述案件存在法律性质的利害关系。[②]

这两起大陆架案的第三方的请求都未得到国际法院的同意。斯韦贝法官与罗伯特·詹宁斯法官对这两个案件中第三方的评价是,马耳他介入案件的初衷相对过分缺乏积极性,但意大利介入案件的初衷处于与之相对的另一极端。国际法院采纳介入请求所必需的介入目的的标准显得扑朔迷离。国际法院对上述两个案件中介入目的的评价展现了国际法院在裁夺第三方法律利益时是将介入目的作为基本准则之一。但是国际法院的做法似乎不太合理,这两例大陆架案虽然都是基于海洋划界,但是存在诸多不同之处,将不同的案件的介入目的放在一起衡量有失合理,这也确实引发了一些国际法学者的批判。赛特·卡玛拉法官指出国际法院将介入目的与第三方具有法律利益等同起来的做

---

① ICJ Reports 1984, p. 18, para. 28.

② ICJ Reports 1981, p. 16 – 19, paras. 28 – 33.

法存在问题,他们是不同的概念,需要分别对待。《国际法院规约》将第三方的法律利益问题作为介入应具备的主要因素,意味着国际法院需要对第三方请求中提及的可能遭受审理结果的影响进行评价。《国际法院规则》以介入的法律性质为根本,第三方介入的目的对介入的裁夺起着决定性的作用。国际法院对意大利介入的判断采取了逆向遵循的特殊手段。[①] 赛特·卡玛拉法官的批评为国际法院裁夺第三方的请求指明了纠正的方向。截至 2024 年 8 月 30 日,国际法院针对《国际法院规约》第 62 条予以准许的案件共有 3 例,分别是尼加拉瓜介入案,赤道几内亚介入案,希腊介入案。尼加拉瓜介入案中,一方面第三国需要承担相应的证明责任,展示存在法律利益的有力证据;另一方面第三方在对自己的法律利益与审理结果的关系进行证明时,证明的标准与程度为可能遭受影响(may be effected)。国际法院分庭指出对介入的裁夺需要综合考虑各类因素,其中第三方与国际法院分庭的审理结果具有利害关系方面的标准需要特定化,不能只模糊地做出衡量。[②] 根据以上各方面的分析,国际法院分庭指出第三方尼加拉瓜仅能就丰塞卡湾的法律问题方面介入案件。1917 年中美洲法院确认丰塞卡湾为周边三个国家共有(condominium),所以丰塞卡湾的边界线问题涉及当事国之外的国家,国际法院分庭拒绝第三方尼加拉瓜介入划界事项。国际法院分庭的做法是将第三方的介入目的与第三方的法律利益与国际法院分庭的审理结果具有关联隔离对待。

第三方的法律利益与国际法院的审理结果具有利害关联是

---

① Dissenting Opinion of Vice-President Sette-Camara, ICJ Reports 1984, p. 81.

② ICJ Reports 1990, p. 117 – 118, paras. 61 – 62.

否必然直接导致国际法院的准许是值得深入探讨的问题。在1922年对常设国际法院规则进行讨论制定的过程中，有的代表曾经提出这一问题，然而会议没有得出明确的结论，在此后数十年的实践中也没有给出标准的答案。

欧达法官对尼加拉瓜介入案的推理思路是，第三方尼加拉瓜对丰塞卡湾的边界线确定方面存在法律性质的利害关系，因此，国际法院分庭应当同意第三方尼加拉瓜的请求。[①] 欧达法官的逻辑思路表现为国际法院分庭准许非当事方身份的介入的充分条件是第三方与裁决存在法律性质的利害关系。皆川洸指出国际法院对《国际法院规约》第62条和第63条具有较大的自由裁量权，然而国际法院不能自相矛盾，即一方面以第三方与国际法院的审理结果具有法律性质的利害关系为介入的充分条件，另一方面又以除了这一因素之外的其他因素作为拒绝介入的理由。而菲兹茂瑞茨提出相反的观点，他指出国际法院对《国际法院规约》第62条有准裁量权（quasi-discretionary power），第62条与第63条分属于两种类型，虽然各类介入的基本要素得到满足，但不意味着国际法院在认定了第三方的请求具备介入的基本要素后就必须给予准许，还可以根据准许介入的适当性与第三方与国际法院审理结果的关联程度等进行衡量。[②]

根据国际法学界的不同声音，以及《国际法院规则》第81条第2项的内容，对这一问题进行进一步的分析。《国际法院规则》第81条明确了第三方请求的基本内容，但是并没有指明介入

---

① Separate Opinion of Judge Oda, ICJ Reports 1990, p. 138 – 144; E. McWhinney, Judge Shigeru Oda and the Progress Development of International Law, p. 580 – 586 (1993).

② Fitzmaurice, Supra Note 10, p. 553.

的目的和管辖权基础是介入的必备要素。罗伯特·詹宁斯法官指出《国际法院规则》与《国际法院规约》步调一致，介入目的和管辖权基础不是介入的必备要件，而是国际法院裁夺介入的一般考量因素。[①] 斯韦贝法官的意见为，管辖权基础并非介入的基本要素，管辖权基础能够为国际法院对介入的裁夺带来一些更加全面的信息。[②] 除此之外，管辖权基础还具有其他的作用，它与介入目的等其他因素共同构建了介入的框架。由于第三方介入的初衷各异，有可能出现《国际法院规约》中第三方介入制度之外的介入情形，与此同时，管辖权联系并非每种类型的介入都必备的要素，因此，国际法院需要基于新的角度对此加以认识。

第三节　第三方介入与管辖联系

管辖联系是不是第三方介入案件的必备要素，是一个需要深入详细探讨的问题。1922 年，关于制定常设国际法院规则的大会对《国际法院规约》第 62 条的必要条件展开了激烈的讨论，其中引发较大争议的问题之一在于是否需要得到当事方的同意，或者第三方是否需要具备同意强制管辖条款的声明。安次洛帝法官与伯科曼法官支持第三方必须与案件存在管辖权联系，芬来法官与罗德法官持相反意见，大会最终也没能解决这一问题，只能暂时留存，以后再议。[③] 第三方与案件具有管辖权联系对介入性

---

① Judge Jennings, Supra Note 29, p. 152.

② Judge Schwebel, Supra Note 29, p. 146.

③ PCIJ Series D, No. 2, p. 86 – 97.

质的确定起着极其重要的作用,但是国际社会仍旧未明确第三方与案件存在管辖权联系是否是介入的必要条件。意大利介入案中,国际法院指出当前的争论与1962年相比,没有实质性进步。[①]

《国际法院规则》第81条第2项明确要求《国际法院规约》第62条的请求书需要写入管辖权基础这一事项。这并非意味着管辖权是《国际法院规约》第62条的必要条件。国际法院在对第三方尼加拉瓜的请求的审理结果中表示,国际法院对请求的裁夺不以第三方与当事国存在管辖权联系为必备因素,这取决于介入的目的和介入的法律性质。介入设置的初衷是免于第三方遭受国际法院审理结果的影响,第三方虽然作为非当事方,与案件无管辖权联系,但依旧不能否认其介入的权利。[②] 1950年12月13日提起的哥伦比亚诉秘鲁阿雅·得柆托未庇护权案,古巴以《国际法院规约》第63条为基础向法院申请介入,获得法院的允许。国际法院认为介入是国际裁决程序的特别物(un incident de procédure),要想证明第三方声明的特别性质,只需要证明该声明与案件的主题具有有效关联。[③] 尽管阿雅·得柆托未庇护权案依赖的国际法基础是《国际法院规约》第63条,但是国际法院的意见可视为对所有类型的介入指明其基本原则。

国际法院对案件主题问题的审理过程叫作诉讼的主程序,第三方介入程序叫作主程序的附带程序。附带程序的进行无关案件当事国的态度,其与案件主程序齐头并进,属于国际法院的管

---

① ICJ Reports 1984, p. 27 – 28, para. 45.

② ICJ Reports 1990, p. 135, para. 100.

③ ICJ Reports 1951, p. 76.

辖范围。那么,《国际法院规约》中的各类介入是否均不以管辖权联系为必要条件,国际法院分庭给出了答案。1989 年 11 月 17 日递交介入请求的萨尔瓦多诉洪都拉斯陆地、岛屿和海上边界争端案中,尼加拉瓜恳请以非当事方的身份加入该案,国际法院分庭在 1990 年 9 月 13 日作出判决,一致认同尼加拉瓜在部分事项上,按照其介入的目的、介入的方式,在国际法院限定的范围内介入案件。国际法院分庭指出,成为《国际法院规约》的成员国意味着其认可国际法院从《国际法院规约》第 62 条中取得的权利,因此,这些国家无须在案件中再次专门表达对此的肯定,另外,即使当事方存在否定的意见,依旧不妨碍国际法院对第三方介入行使管辖权。①

国际法院分庭认为第三方寻求介入并非以介入作为另行起诉的替代手段,那种将第三方介入视为将第三方身份转变为当事方的观点有违合意管辖这一基本原则。合意管辖原则是《国际法院规约》第 62 条授予国际法院管辖权的限制性因素之一,第三方的身份不会基于国际法院的许可而立即转变成当事方。然而,从另一方面来说,在当事国同意第三方介入的情况下,依旧不能阻止第三方将身份转变成当事方,这是国际法院判例确认的事实情况。② 国际法院分庭对此的态度为:介入是一项附带程序,一般情形中无须具备管辖权联系这一要素,例外情形是第三方希望以当事方身份介入诉讼。

国际法院分庭的分析方法为大陆架案关于第三方介入的审理结果中的第一类逻辑推理思路。许多法官对这种扩大介入说

① ICJ Reports 1990, p. 133, para. 96.

② ICJ Reports 1990, p. 134, para. 99.

表达了自己的观点,欧达法官指出在第三方与案件当事方具有管辖联系的前提下,有选择成为完全当事人(full party)的资格。在第三方与案件当事方无管辖联系的情形下,国际法院仅允许第三方以非当事方身份提出的申请,此时,第三方的申请事项必须局限于当事方诉由的框架内,且无权主动请求国际法院的审理结果赞同这些事项。[①] 拿亘达·辛戈法官指出,第三方与当事方是否需要存在管辖权联系取决于第三方介入的原始意图,倘若第三方的目的在于对国际法院发出提醒,那么无须具有管辖权联系,倘若第三方意图寻求国际法院就自己的申请进行宣判,那么管辖权联系就必不可少。[②] 木柏烨法官提出了两种不同类型的介入,即当事方身份的介入(intervenant-partie)与非当事方身份的介入(intervenant-non partie),他的观点是以当事方身份介入的第三方需要举证两个要素,即国际法院的审理结果将可能对自己的法律利益造成影响,和与当事方存在管辖权联系。[③] 斯韦贝法官认为《国际法院规约》第 62 条已经充分保障了附带程序介入的管辖权,然而,若对第三方以介入的表面形式掩盖引发一项新争端的本质目的,则国际法院必须要求第三方为具备管辖权联系进行举证。[④] 罗伯特·詹宁斯法官的观点是,管辖权联系与以保护自身利益为目的的第三方限制介入无关,而引发新的争端的扩大介入必须符合合意管辖原则。[⑤]

对管辖权联系这一要素的分析,需要从《常设国际法院规

---

① Separate Opinion of Judge Oda, ICJ Reports 1981, p. 25 – 27.

② Separate Opinion of Judge Nagendra Singh, ICJ Reports 1984, p. 33 – 34.

③ Opinion Individuelle de M. Mbaye, ICJ Reports 1984, p. 45.

④ Judge Schwebel, ICJ Reports 1984, p. 143.

⑤ Sir Robert Jennings, ICJ Reports 1984, p. 149 – 150.

约》和《国际法院规约》中寻找答案。《常设国际法院规约》的英文版规定了具有利害关系的国家有资格"以第三方当事人"的身份介入审理程序。但是法文版里没有对应的措辞。1945 年华盛顿委员会将英文中的"以第三方当事人"这些措辞去除,《国际法院规约》委员会解释说这一做法是为避免造成误解(misleading)。华盛顿委员会在其报告书中注明删除措辞的本意为使《国际法院规约》的英文与法文在形式上保持一致,没有修改条文本意的目的。[①] 所以从制定与修改《国际法院规约》的过程得出的结论为:如此修改的本意无关第三方选择以当事方身份介入的本质,仅仅是为了条文外在表现形式的统一。但是在此后的第三方介入制度的发展过程中,限制介入说学派往往借此修正一事支撑自己的论点,突出这一修正的历史性意义。

国际法院的法官对介入的解释存在许多不同的见解,值得细细考究。扩大介入说学派主张以介入的类别定夺是否必备管辖权联系要素,但是很多学者提出了一些个人看法。

阿格法官主张限制介入说,即《国际法院规约》第 62 条指定的就是第三方意图向国际法院表达意见,此时第三方无须举证与当事方具有管辖联系。寻求国际法院裁决决定的第三方不在《国际法院规约》第 62 条规定的主体范围之内。《国际法院规约》第 62 条和第 63 条与临时措施都是案件主程序的附带程序,国际法院在进行附带程序时无须考虑管辖权联系问题。因此,符合《国际法院规约》第 62 条的真正介入是第三方采用的防御性措施,避免自己的法律利益遭受外界的侵扰,但是以介入作为伪装的外衣,试图引入新的争端,则有违《国际法院规约》第 62 条的初衷。

---

① ICJ Reports 1981, p. 15, para. 25.

阿格法官的主张与大陆架案对介入的审理结果的第二类逻辑思路一致,即"限制介入说"。

赛特·卡玛拉法官基本上也是支持限制介入说,他认为《国际法院规约》第 62 条的介入的必备要素仅包括第三方证明可能遭受国际法院的审理结果的影响。该条是主程序的附带程序,无关第三方是否与当事方具有管辖权联系。赛特·卡玛拉法官并没有以介入请求内容为基础划分介入的类型,且提出第三方的请求内容不会导致一项新的纠纷。国际法院同意第三方介入案件后,第三方需要广泛而充分地向国际法院提供各类证明自己观点的国际法规则和事实。赛特·卡玛拉法官的观点存在模糊的内容,从整体上来说是与限制介入说相一致,但是也有一些异议意见,例如在大陆架案里,第三方意大利没有带来一项新的纠纷,倘若意大利这么符合《国际法院规约》第 62 条的介入都未能获准,那么国际法院究竟需要介入必备哪些形式。介入是国际裁决程序中必不可少的组成部分,介入裁决的功能与作用是值得深入探讨的事项。①

国际法学界还有一种主张为无关介入采用的学说,依据《国际法院规约》第 62 条的请求都必须具备管辖权联系因素。墨儒州法官提出管辖的规定不属于《国际法院规约》第 62 条的内容,第 62 条第 2 款不具有限制管辖权的作用,所以《国际法院规约》第 62 条的满足离不开第 36 条和第 37 条的管辖权联系。② 墨儒州法官没有分别分析各个类型的介入。

---

① Dissenting Opinion of Vice-President Sette-Camara, ICJ Reports 1984, p. 71 – 89.

② Separate Opinion of Judge Morozov, ICJ Reports 1981, p. 22; ICJ Reports 1984, p. 30.

吉米奈·德·阿察迦法官与墨儒州法官的观点比较接近，他认为1920年的海牙法律家咨询委员会意图辅助一般强制性管辖权设置《国际法院规约》第62条，之后的国际联盟理事会与大会对一般强制性管辖权进行讨论并修订，最终采用的是合意管辖制度，所以与一般强制性管辖权相辅相成的《国际法院规约》第62条的含义应当受到前者修改的约束。《国际法院规约》第62条不是一项自足性的制度，在使用的过程中永远被第36条约束，那些主张第62条与管辖权联系要素无关的观点，与国家同意原则、平等原则、相互性原则等背道而驰。[①] 吉米奈·德·阿察迦法官的上述主张指的是大陆架案中的第三方意大利的请求，其认为意大利的请求应当归于提出主张型。吉米奈·德·阿察迦法官的逻辑思路前提无关第三方请求的类型。

第四节　第三方介入与裁决效力

在《国际法院规约》第63条介入相关的案件中，国际法院判决中对条约的解释内容对第三方产生拘束力，需要注意的是，此类第三方无论在被准许介入之前还是在获准介入之后，其身份均并非争端的当事方(party)。胡德森指出，第三方依赖《国际法院规约》第63条介入诉讼，在国际法院审理的程序中对条约解释的部分，可以视为系属案件中的当事方，因此，判决中的相关方面对其产生拘束效果，与将身份转变成案件的一般意义上的当事方无

① Separate Opinion of Judge Jiménez de Aréchaga, ICJ Reports 1984, p. 55 – 70.

关。[①] 胡德森顾及平衡与协调《国际法院规约》第 63 条与第 59 条的关系。然而,依据《国际法院规约》第 63 条介入的第三方由于与起诉方的意见无关,并且介入的范围限定为条约的解释方面,国际法院对此的认定态度是无须与当事方具备管辖权联系,因此,可以推断《国际法院规约》的意图是将此类第三方的性质定位为争端的非当事方,国际法院此时的审理结果作为《国际法院规约》第 59 条的例外形式约束着第三方。在有关《国际法院规约》第 63 条的介入案件中,国际法院审理结果中有关解释条约的内容对第三方有约束力,第三方不为审理结果的其余部分所限制。国际法院需要明确《国际法院规约》第 63 条第 2 款的"解释"的具体内涵,在国际法院的判决内容中明显表示某一论述是对案件相关条约的解释的情况下,"解释"外在形式是不存在争议的。当国际法院的审理结果没有明示的情形下,"解释"究竟存在于裁决的哪些部分容易产生歧义,体现在以下方面:可能被认为是第三方受到国际法院推理中包含的解释的拘束,这一情形与既判力原则相矛盾,将会导致国际法院审理结果中的推导部分及无直接关联的主文部分都对第三方产生拘束力,那样将使第三方受到拘束的范围超过争端当事方。另一种可能是被认为国际法院对第三方成功介入基于的条约进行的解释对第三方产生拘束力,曾有国际法学者将这一观点概括为主文拘束说。尽管这种观点是更加合理的,但仍然存在许多问题,因为这类解释的范围大小不容易被划定,事实上国际法院在已决案例中也没有将解释的范围在审理结果主文中予以明确。阿雅・得柆托末庇护权案的审理结果的主文里面似乎没有对条约做出的解释,在裁决第二

① Hudon, Permanent Court, p. 422. Cf. Greig, Supra Note 18, p. 329.

主文里根据1928年签署的《哈瓦那庇护公约》确认了哥伦比亚没有引渡阿雅·得松托末的义务。对于这一情形,需要从审理结果中的结论倒推国际法院采取的解释。阿雅·得松托末庇护权案中的解释应该是一国非正当地提供给他国政治犯庇护,《哈瓦那庇护公约》不强加给该国交还给国际法院请求国的义务。[①] 第三方受到这一解释的拘束。阿雅·得松托末庇护权案中的解释是无明确的外在表现形式的,但是可以基于推理部分倒推国际法院对条约的解释,第三方受到的拘束并非国际法院判决主文的推理部分。

国际法院对《国际法院规约》第63条与第62条的介入的拘束力存在差异。《国际法院规约》中不存在明确关于裁决对第62条的介入的效力的条款。胡德森指出第三方在得到国际法院同意之后成为当事方,因此,国际法院的审理结果对第三方产生拘束效果。[②] 这一意见与其说是来源于对《国际法院规约》第59条的理解,不如说是对《国际法院规约》的前身中使用的"以第三方当事人"措辞的认知。皆川洸提出国际法院的审理结果对根据《国际法院规约》第62条的参诉产生拘束效果。国际法院根据第三方在诉讼程序中的地位对该问题进行判断。对于扩大介入说存在各种各样介入的情形:介入方或者以非案件当事方身份介入诉讼,目的是表述有关自身法律性质的利益的主张与意见,此时审理结果对第三方没有拘束力,国际法院的审理结果的主文里不存在关于第三方权利与义务的决定;或者以当事方的身份介入诉讼,目的是期待国际法院作出相关决定,此时符合《国际法院规

---

① ICJ Reports 1951, p. 80 – 82.

② Hudson, Permanent Court, p. 421.

约》第 59 条的内容,裁决的效力不言而喻。秦肯法官将介入界定为当事方与非当事方两类身份,第三方以当事方身份参诉的情形受到《国际法院规约》第 59 条的限制,同时,国际法院对第三方执行的范围有限。[①] 欧达法官指出在第三方与诉讼当事方存在管辖权联系的情形中,国际法院审理结果的效力不说自明;在无管辖权联系的情形中,第三方提出的权利事项被限定在案件的框架下,第三方尽管无权请求国际法院做出有利于第三方的审理结果,但是审理结果在参诉的范围内必然对第三方产生效力。1989 年 11 月 17 日递交介入请求的陆地、岛屿和海上边界争端案中,尼加拉瓜恳请以非当事国的身份加入该案,国际法院分庭在 1990 年 9 月 13 日宣布判决,一致认同尼加拉瓜在部分事项上介入程序,这一部分事项具体指的是关于丰塞卡湾的法律地位的认定。国际法院分庭指出第三方尼加拉瓜虽然介入诉讼程序,但是身份不会转换成当事方,所以自然不具备当事方的权利,也不需履行当事方的义务,在这些前提下尼加拉瓜不为审理结果所约束。1992 年国际法院审理了该案的实体问题,并明确了以下结论,即第三方根据《国际法院规约》第 62 条的参与且第三方的身份是非当事国时,国际法院审理结果的效力不及于第三方。[②] 欧达法官指出国际法院的这一判决存在严重的问题,并否定了第三方尼加拉瓜不受国际法院审理结果的效力约束的结论。[③] 获得准许的第三方,无论介入的身份如何,均应当对国际法院的案件审理结果持尊重态度。如果第三方能够和案件当事方同样执行国

---

① Chinkin, Supra Note 21, p. 526.

② ICJ Reports 1992, p. 609, para. 423.

③ Declaration of Judge Oda, ICJ Reports 1992, p. 619 – 620.

际法院审理结果的安排,那么将更好地发挥国际法院审理结果的价值。在判断审理结果对《国际法院规约》第62条中的第三方的效力问题上,国际法院需要慎之又慎,最主要的原因在于《国际法院规约》缺乏对该问题的明确答案。《国际法院规约》第63条限定了审理结果中对条约的解释部分对第三方产生效力,而《国际法院规约》第62条中的第三方不在国际法院审理结果的效力约束范围之内,这一表面现象似乎不尽合理,需要从两条规定的源头寻找答案。《国际法院规约》第62条产生的时间在第63条之后,第63条的前身是《和平解决国际争端公约》的第84条。如此情形下,较晚产生的《国际法院规约》第62条本应沿袭第63条的做法,条款主体应处于国际法院审理结果的效力约束范围之内,但是事实却恰恰相反。《国际法院规约》第59条产生的时间晚于第63条,当时联盟理事会基于对第63条的顾虑,纳入了第59条。①《国际法院规约》第59条没有包含国际法院的审理结果的效力及于非当事国的第三方的意思。国际法院的审理结果的效力的一般情形是仅约束当事国,例外情形为《国际法院规约》第63条第2款。国际裁决领域对第三方介入制度的基本态度是审理结果的效力不及于《国际法院规约》第62条中非当事方身份的第三方。假设国际法院的审理结果支持第三方的权利,由此第三方处于审理结果的效力约束范围之内,那么该案对第三方产生既判力,第三方能够要求当事国执行国际法院的审理结果。假设国际法院的审理结果要求第三方履行一些义务,此时讨论审理结果对第三方的效力没有丝毫价值。陆地、岛屿和海上边界争端案中,第三方尼加拉瓜在请求中明确

① Documents of the League of Nations, p. 50.

表达了接受国际法院法庭审理结果的拘束效力，之后又转变了态度，在书面陈述里否定了之前的说法。国际法院分庭对尼加拉瓜前后不一的做法展开了辩论，最终形成的意见是国际法院分庭的审理结果的效力不对第三方尼加拉瓜产生约束力。国际法院审理结果会产生既判力的效果，第三方的请求不论是否得到准许，请求行为不会导致其转变为当事方，第三方更不能以请求行为对抗之前的当事方。①

第五节　第三方介入与法官考量

在第三方的介入请求被拒绝的情形下，国际法院是否还会在之后的裁夺中考虑第三方的法律利益的主张，这在国际法院的裁决实践中明确了答案。国际法院在大陆架案中虽然否定了第三方意大利的介入申请，但又指出"此外，毫无疑问的是国际法院在将来的审理结果中会考虑该地区现存的其他国家的主张的事实。就如常设国际法院在格陵兰岛的法律地位案中强调的那样"②。国际法院在陆地、岛屿和海上边界争端案里也指出"在关于大陆架案的情况下，国际法院发现自己有能力在作出审理结果时考虑实质问题，如第三方意大利在未成功的介入请求中主张的内容"③。

---

① ICJ Reports 1992，p. 610，para. 424.

② ICJ，Continental Shelf（Libyan Arab Jamahiriya/Malta），Judgment of 21 March 1984 of Application by Italy for Permission to Intervene，p. 26，para. 43.

③ ICJ，Judgment of 18 December 2003 of Application for Revision of the Judgment of 11 September 1992 in the Case concerning the Land，Island and Maritime Frontier Dispute（El Salvador/Honduras：Nicaragua Intervening），p. 130，para. 89.

国际法院分庭曾指出“缺乏管辖权联系不构成对第三方介入请求准予的障碍”①。由此可知,在《国际法院规约》第62条的框架下,国际法院对非当事方身份的第三方规定举证责任仅为证明与纠纷的审理结果具有法律性质的利害联系。国际法院在实践中的做法意味着更大限度地给予第三方介入的机会。这些裁决现象都证明了国际争端解决机构的职责是公职责,即突破了化解纠纷的范围,更加广泛地考量国际社会的利益。②

① ICJ, Judgment of 18 December 2003 of Application for Revision of the Judgment of 11 September 1992 in the Case concerning the Land, Island and Maritime Frontier Dispute (El Salvador/Honduras: Nicaragua Intervening), p. 135, para. 101.

② 参见[英]切斯特·布朗:《国际裁决的共同法》,韩秀丽等译,法律出版社2015年版,第102页。

第三章　国际争端预防与解决中第三方介入的程序问题

第一节　第三方介入的启动主体与目的

一、第三方介入的启动主体

对于国际法院来说，《国际法院规约》中两类介入的启动主体都必须和国际法院的管辖主体保持一致。而《国际法院规约》第 63 条比第 62 条对介入主体的范围做了更进一步的限制，请求介入的第三国必须为某一条约的缔约国，因此《国际法院规约》的成员国自然有资格成为第 63 条的启动主体。那么不是《国际法院规约》成员国的国家能否成为介入的启动主体，需要从《国际法院规约》中寻找答案。从《国际法院规约》第 35 条的内容来看，为了保证案件对抗双方的平等地位，在当前条约无明确规定的前提下，交由安理会解决。因此，在出现不是《国际法院规约》成员国的国家提请介入案件时，国际法院可以向安理会寻求解决方案。《国际法院规约》与《国际法院规则》均没有明确程序启动（institution of proceedings）的内涵。从理论上来说，程序启动既指主要程序的启动，又指附带程序的启动。[①] 同时，《国际法院规约》的非成员国必须满足第35条与第41条的要求。目前还没有出现《国际法院规约》的非成员方请求介入的案件。因此，概括来说，国际法院中介入的启动主体有三种情形，即联合国成员国，非联合国成员国的《国际法院规约》成员国，非前述两类但接受安理会赋予的义务的国家。

《国际海洋法法庭规约》的成员方包括成员国、《联合国海洋法公约》第305条中的实体、《联合国海洋法公约》附件九中的国际组织。《国际海洋法法庭规约》的第三方介入制度当然适用于成员方，对于非成员方是否能够请求介入这一问题，可以从《国际海洋法法庭规约》第20条发现答案。该条款明确了成员方之外的实体有资格向国际海洋法法庭申诉。这意味着成员方之外的实体能够向国际海洋法法庭请求介入。

二、第三方介入的目的

国际法院通常在审理结果中对介入目的进行专门分析。通过对国际法院判例的梳理，可以把介入目的主要划分成以下5种类别。

（一）保护己国的法律利益

意大利请求介入的初衷是保护己国的利益。[②] 尼加拉瓜提出

---

① Rosenne, The Law and Practice of the International Court, 1920 – 1996, Vol. Ⅲ, p. 1518.

② Continetal Shelf (Libyan Arab Jamahiriya/ Malta), Application by Italy for Permission to Intervene, Judgment, ICJ Reports, 1984, p. 12, para. 17.

请求的初衷为穷尽具有可能性的国际法途径维护己国对丰塞卡湾的权利。[1] 赤道几内亚申请的初衷为穷尽一切具有可能性的国际法措施捍卫己国的法律利益。[2] 菲律宾申请的初衷为维护己国在北婆罗洲的国际法权益，且让国际法院了解这一权利的国际法性质与范围。[3] 哥斯达黎加请求的初衷为穷尽一切国际法措施来维护己国于加勒比海享有的国际法权益。[4] 希腊申请的初衷为让国际法院获悉己国的法律利益存在遭受审理结果影响的可能性。国际法院对希腊的介入目的给予肯定。[5]

（二）告知国际法院信息

意大利表示自己会给国际法院带来更多的信息，促使国际法院获得全面的案情信息。[6] 意大利的这一表述与介入的设置初衷相符合：无论属于何种类型的介入，都应帮助国际争端解决机构获取更加全面的案件信息。因此，意大利的这一表述点明了介入的作用，影响了法官对介入的裁夺，推动了介入在国际法院的发展。[7]

---

① Land, Island and Maritime Frontier Dispute (El Salvador/ Honduras), Application by Nicaragua for Permission to Intervene, Judgment, ICJ Reports, 1990, p. 108, para. 38.

② Land and Maritime Boundary between Cameroon and Nigeria, Application to by Equatorial Guinea for Permission Intervene, Order, ICJ Reports, 1999, p. 1031, para. 3.

③ Sovereignty over Pulau Ligitan and Pulau Sipadan (Indonesial/Malaysia), Application by Philippines for Permission to Intervene, Judgment, ICJ Reports, 2001, p. 580, para. 7.

④ Territorial and Maritime Dispute (Nicaragua *v.* Colombia), Application by Honduras for Permission to Intervene, Judement, ICJ Reports, 2011, p. 14, para. 35.

⑤ Jurisdictional Immunities of the State (Germany *v.* Italy), Application by the Hellenic Republic for Permission to Intervene, Order, ICJ Reports, 2011, p. 502, paras. 28 – 29.

⑥ Continental Shelf (Libyan Arab Jamahiriya/ Malta), Application by Italy for Permission to Intervene, Judgment, ICJ Reports, 1984, p. 25, para. 40.

⑦ Continental Shelf (Libyan Arab Jamahiriya/ Malta), Application by Italy for Permission to Intervene, Judgment, ICJ Reports, 1984, p. 15 – 28, paras. 20 – 23.

国际法院分庭曾经表示，以往第三国请求介入的案件常常被国际法院否认，这严重违背了《国际法院规约》第62条的创设初衷，国际法院分庭不赞同那样的做法，支持第三国具有促使国际法院获悉更加全面的案件信息的权利，因为这和介入的创设初衷与应发挥的作用相契合。[①]

（三）阐述与论述己方意见

在马耳他与赤道几内亚均有介入的意愿的案件中，马耳他表示请求介入的初衷为让国际法院获悉自己对本案的某些意见。[②]

赤道几内亚的请求初衷为阐自己的国际法权利和与该纠纷有关的法律利益，论述当事国之间海洋分割线的位置如何影响自己的法律利益。[③] 赤道几内亚的介入目的相对不够清晰，需要国际法院结合请求的具体内容进行裁夺。倘若赤道几内亚在请求书中实际上表达了对纠纷的一种新的诉求，则国际法院不能同意这一请求。倘若赤道几内亚仅仅为阐述对纠纷的一些意见，国际法院不能以介入目的不符合《国际法院规约》的要求为由否定赤道几内亚的申请。

（四）混合型目的

这指的是第三方告知国际争端解决机构案件相关信息、阐述观点、保护自己法律利益三者之间任何组合的混合型目的。这些情形的出现与介入设置的初衷密不可分。

---

① Land, Island and Maritime Frontier Dispute (El Salvador/ Honduras), Application by Nicaragua for Permission to Intervene, Judgment, ICJ Reports, 1990, p. 130, paras. 89 – 90.

② Continental Shelf (Tunisia/ Libyan Arab Jamahiriya), Application by Malta for Permission to Intervene, Judgment, ICJ Reports, 1981, p. 14, para. 9.

③ Land and Maritime Boundary between Cameroon and Nigeria, Application to by Equatorial Guinea for Permission Intervene, Order, ICJ Reports, 1999, p. 1032, para. 3.

(五)特殊目的

在国际法院的已决案件中还出现过具有特殊目的介入。菲律宾的请求初衷中包括对国际法院阻止争端的功能作以多方位的整体评价。① 菲律宾在口述程序过程中没有详细论述这一观点。国际法院没有对菲律宾的这一观点给予支持。法官的个别意见中有这样的观点,即菲律宾所阐述的事项与介入无关,与国际法院的职责存在一定的联系。②

第三方的介入目的应当具备适当性,这是国际争端解决机构衡量第三方请求合法化的基础标准。统观介入的相关判例,可以发现对介入的目的提出了三点要求。

1. 介入目的需清晰明了。《国际法院规则》对介入目的提出了这一基本要求,倘若第三方的介入目的不符合这样的要求,那么国际法院将因第三方的请求初衷缺乏善意而否定其参诉。领土与海洋争端案中,第三方哥斯达黎加的介入目的是让国际法院了解其对纠纷具有的权益,并给予保护。起诉方尼加拉瓜指出这一介入诉讼的目的模糊不清。国际法院在审理结果中阐述了第三方要避免目的朦胧化,应当让当事方与国际法院都能清楚明了地获悉。③ 国际法院在裁夺第三方的请求时,会考量该目的的善意因素,对于第三方以介入的形式掩盖追求其他目的的行为,国

---

① Sovereignty over Pulau Ligitan and Pulau Sipadan (Indonesial/Malaysia), Application by Philippines for Permission to Intervene, Judgment, ICJ Reports, 2001, p. 580, para. 7.

② Sovereignty over Pulau Ligitan and Pulau Sipadan (Indonesial/Malaysia), Application by Philippines for Permission to Intervene, Judgment, Separate Opinion of Judge Weeramantry, ICJ Reports, 2001, p. 649, para. 40.

③ Territorial and Martime Dispute (Nicaragua v. Colombia), Application by Costa Rica for Permission to Intervene, Judgment, ICJ Reports, 2011, p. 359, para. 31.

际法院不可能准允。第三方的真实目的为通过请求介入以拖延诉讼时间，或者故意措辞模糊，没有明显的论点等都是缺乏善意的请求。[①] 在大陆架案中，马耳他认为第三方意大利依赖的利益本质不够充分明确，且意大利的请求内容使介入目的取决于含糊表述的利益（vaguely expressed interest），这一目的的结果，必然也是模糊的（obsure）。[②]

2. 介入目的不能是引入其他纠纷。对第三方的请求是否引入其他纠纷的裁夺主体是国际争端解决机构。对于第三方希望采取当事方身份介入的情形，其介入目的应当与纠纷主题相一致，倘若第三方的介入直接导致产生了另一纠纷主题，那么国际争端解决机构必须否定第三方这一请求。马耳他在大陆架案里将提出请求的初衷的表述为"马耳他请求介入的精确目的（precise object）是为了能够在案件被裁决前向国际法院递交自己的观点"。马耳他的法律顾问在听证程序中解释道，"马耳他追求的是向法官提出关于案件问题的意见，国际法院随后对起诉状的核查可能表明会影响马耳他的利益"。马耳他强调自己提出介入请求的目的不是获取任何形式的国际法院对马耳他与任一或全部当事方之间的大陆架划界的裁定（ruling）或判决（decision）。[③] 国际法院否定马耳他申请的理由为马耳他并非客观地作为一种法庭之友（amicus curiae），而是作为一个拥有密切权益的介入方（a closely interested participant），其诉讼意图

---

① Chinkin, Third-Party Intervention before the International Court of Justice, p. 507.

② Continental Shelf (Libyan Arab Jamahiriya/Malta), Judgment of Application by Italy for Permission to Intervene of 21 March 1984, p. 17, para. 26.

③ Continental Shelf (Tunisia/Libyan Arab Jamahiriya), Judgment of Application by Malta for Permission to Intervene of 14 April 1981, p. 9, para. 14.

(proceedings intent)为使国际法院采用最有利于马耳他的解决方案。[①] 事实上,马耳他希望国际法院对本案裁定的请求,在某种程度上,将会成为对马耳他与突尼斯、利比亚之间的争议的预判(prejudge)。[②] 马耳他的请求会导致新的纠纷,因此,国际法院否定了其介入目的。1983 年 10 月 24 日第三国提出介入诉讼程序的大陆架案中,意大利在《国际法院规约》第 62 条的基础上要求介入该案,国际法院以 11 票对 5 票没有同意其请求。第三方意大利指出自己和当事方不存在纠纷,起诉方利比亚将意大利的这一观点作为论证自己反对第三方意大利介入的依据。利比亚认为,第三方意大利没有做到精确地描述介入目的,无论如何,国际法院对本案的裁夺不能造成对第三方意大利的法律利益的预判,意大利能够表露的唯一真实目的是让国际法院意识到(aware)意大利的利益,如果意大利的真实意愿为向国际法院提交对利比亚或马耳他的诉讼请求,那么恰当的程序应当是与对抗方进行磋商,而不是请求介入,因为介入会导致当前纠纷范围的扩张,且使当前纠纷解决的程序陷入混乱。[③] 马耳他指出第三方意大利的申请涉及了一个之前从未明确表达过的主张。[④] 国际法院指出,在做出准允或拒绝第三方介入的命令前会判断第三方法律性质的利益和听取第三国的请求目的,当然还需要进一步查明第三国介

---

① Continental Shelf (Tunisia/Libyan Arab Jamahiriya), Judgment of Application by Malta for Permission to Intervene of 14 April 1981, p. 18, para. 32.

② Continental Shelf (Tunisia/Libyan Arab Jamahiriya), Judgment of Application by Malta for Permission to Intervene of 14 April 1981, p. 18, para. 31.

③ Continental Shelf (Libyan Arab Jamahiriya/Malta), Judgment of Application by Italy for Permission to Intervene of 21 March 1984, p. 15, para. 21.

④ Continental Shelf (Libyan Arab Jamahiriya/Malta), Judgment of Application by Italy for Permission to Intervene of 21 March 1984, p. 17, para. 25.

入的真正目的。根据当事国争端标的的情况，国际法院指出，虽然表面上意大利仅仅是希望得到国际法院对其权利的保护，但实际上是让国际法院间接地认同其具有该权利，如果想要满足意大利的请求，那么国际法院就要面对一方是意大利，另一方是原案件的争端双方的新的争端。意大利的请求实质上是让国际法院裁定马耳他与利比亚各自的主权范围，倘若国际法院要如此认定，那么必须先确定意大利的权利及于哪些区域。以允许意大利的介入为前提，那么就要求国际法院抛开利比亚去判决马耳他与意大利之间的争议，或者抛开马耳他去解决意大利与利比亚的矛盾，国际法院的判决不仅对权利有影响，还能部分、完全支持或否定这些权利。国际法院的研究结果为：同意意大利的申请将会导致引入一个全新的纠纷（the introduction of a fresh dispute）。这实际上是一个单独事实的两个方面，也就是说，一项基本原则，即国际法院的管辖权和对一个纠纷的裁夺取决于当事方的同意。[①] 因此，倘若国际法院发现第三方的介入目的会导致引入新的纠纷，那么第三方的介入目的不是符合《国际法院规约》要求的合格的目的。

3. 介入目的需和法律利益紧密契合。国际法院在裁夺第三方请求介入的目的是否符合《国际法院规约》要求的时候，采用的一个重要的衡量标准为其与法律利益的契合程度。[②] 第三方马耳他在突尼斯诉利比亚大陆架案中指出自己申请介入不是为了让国际法院对与自己法律利益相关的，与突尼斯、利比亚之间的争端有关的事项进行处理，介入的目的也并非期待国际法院对自

① Continental Shelf (Libyan Arab Jamahiriya/ Malta), Judgment of Application by Italy for Permission to Intervene of 21 March 1984, p. 22, para. 34.

② Continental Shelf (Libyan Arab Jamahiriya/ Malta), Application by Italy for Permission to Intervene, Judgment, ICJ Reports, 1984, p. 18, para. 28.

己单独与突尼斯,或单独与利比亚,或同时与这两国之间的大陆架界限进行认定。[①] 从自然因素与法律利益方面考虑,虽然马耳他明显和国际法院需要处理的在地中海中确立大陆架边界的问题有密切联系,且这一密切联系无论对地中海区域范围内的国家还是区域范围之外的国家都有利害关系,其中与区域范围内的国家的利害关系要更加直接,但是这一密切联系和地中海区域范围内其他国家的利益是一致的。国际法院通过对第三方马耳他介入诉讼初衷的分析,推断出其与法律利益的契合程度未达到《国际法院规约》第 62 条的标准。

第三方意大利在请求书中指出,其介入诉讼的目的为保护自身的法律利益,且指明介入诉讼的目的和法律利益相契合。[②] 喀麦隆诉尼日利亚的陆地和海洋疆界案里的第三方赤道几内亚在补充意见中提到选择介入诉讼是因为迫不得已,赤道几内亚介入诉讼并非想将自己置入喀麦隆与尼日利亚的主权纠纷之中,真正重视的是国际法院对海洋界线位置的确定,赤道几内亚申请介入,是为了引起国际法院对赤道几内亚的法律利益的注意,在之后对海上界线问题进行处理时能考虑到赤道几内亚的权益,赤道几内亚无意向本案件当事国提起诉讼。赤道几内亚指出自己精确的介入目的为:首先是要穷尽一切可采取的法律手段来保护赤道几内亚在几内亚海湾的法律权利,因此选择充分利用《国际法院规约》第 62 条创设的程序。其次是要通知国际法院赤道几内亚的法律权力和利益的本质,存在被国际法院未来审理结果影响

---

① Continental Shelf (Libyan Arab Jamahiriya/ Malta), Application by Italy for Permission to Intervene, Judgment, ICJ Reports, 1981, p. 16 – 19, paras. 28 – 33.

② Continental Shelf (Libyan Arab Jamahiriya/ Malta), Application by Italy for Permission to Intervene, Judgment, ICJ Reports, 1984, p. 19, para. 28.

的可能性。①

在上述案件中,意大利主动指出请求的目的与法律利益相契合,而实际上,第三方在申请中无论是否提到这一点,都不影响国际法院对介入目的与法律利益的契合程度这一基本裁夺标准的判断。国际法院在实践中把第三方介入目的与法律利益作为应紧密契合的两个方面放在一起分析,需要注意的是,这两者的来源不同,第三方的介入目的的相关内容被置于《国际法院规约》第 62 条,第三方的法律利益的相关内容出现在《国际法院规则》第 81 条。大陆架案的异议意见里存在这样的论述:国际法院认为第三方意大利的介入初衷过分主动,第三方马耳他的介入初衷过分被动。② 对于国际法院这种将第三方介入初衷与法律利益视为一体的做法受到一些国际法院法官的驳斥,例如赛特·卡玛拉法官不赞同国际法院在裁夺意大利的请求时,从介入目的出发来评判是否具有法律利益的做法。③ 而在紧随其后的陆地、岛屿和海上边界争端案里,国际法院没有继续沿用之前的做法。

---

① Land and Maritime Boundary between Cameroon and Nigeria (Cameroon v. Nigeria: Equatorial Guinea Intervening), Order of 21 October 1999, p. 1032, para. 4.

② Continental Shelf (Libyan Arab Jamahiriya/ Malta), Application by Italy for Permission to Intervene, Judgment, Dissenting Opinion of Sir Robert Jennings, ICJ Reports, 1984, p. 150; Dissenting Opinion of Judge Schwebel, ICJ Reports, 1984, p. 139.

③ 参见[日]杉原高嶺:《国际司法裁判制度》,易平等译,中国政法大学出版社 2007 年版,第 259 ~ 260 页。

第二节 第三方介入的提起时间

第三方提出介入请求的时间受到《国际法院规则》的限制，且两类介入的提出时间不同。在纠纷被提交给国际法院之后，第三方便可以提出介入申请，且需要履行“尽可能迅速”(as soon as possible)的义务。第三方依据《国际法院规约》第62条提出介入请求的截止时间，一般情况下是以书面程序完结时间为截止点，同时允许存在例外情形，可依据第63条提出介入请求的截止时间点为口述程序的启动时间。为什么出现对第三方介入时间限制的差异，似乎没有定论。[①] 关于“尽速”这一要求的裁夺截至2024年8月30日仅出现在一起涉及《国际法院规约》第62条的案件中，即对利吉坦岛与锡帕丹岛的主权案。国际法院审查并分析了第三方菲律宾提出介入的时间的适当性，得出了该申请不符合适时性的结论。《国际法院规则》第81条第1项要求请求介入的申请书应当尽快递交，一般情况下要在书面程序终止之前递交，特殊情形下除外。国际法院认为菲律宾在2001年3月13日交送介入请求书之前十分清楚国际法院已经对印度尼西亚诉马来西亚案审理超过两年，当事方根据协定的内容先后进行了三次书状传达，这些是国际社会普遍了解的。对于菲律宾方面来说，其代理人在国际法院召开的会议上表示“印度尼西亚与马来西亚基本上不会遵照协定在2001年3月2日以后再进行书状交换”，

---

① Rosenne, Procedure in the International Court: A Commentary on the 1978 Rules of the International Court of Justice, p. 177.

因此,国际法院认为菲律宾向国际法院提出申请的时间不满足《国际法院规约》第 81 条第 1 项的一般规定。但是,不代表菲律宾违背了该条内容,因为这一条文中指出第三国提出请求的时间不可晚于书面程序终止时,而特殊协定的内容中存在增加一次书面意见的可能,倘若争议的当事方都不反对,或者争议的一方提出请求,或者国际法院主动对此进行判决。2001 年 3 月 28 日,印度尼西亚与马来西亚共同向国际法院表示已达成合意,不再继续进行书状的交换,由此,2001 年 3 月 2 日是最后一次的书状交换的时间。国际法院认为菲律宾请求介入时并不知道案件争议双方的书状交换何时终止,国际法院同样也不知道书状交换是否还会继续进行,并且国际法院依据特殊协定具有这样的权利,即在 2001 年 3 月 28 日以后可以主动指令印度尼西亚与马来西亚继续新的书状交换。所以,国际法院否定了印度尼西亚与马来西亚所称的菲律宾请求书的非适时性。① 对于第三方提交介入请求的截止时间的例外情形,《国际法院规则》没有详细指明,对这一法律空白问题,国际法院也未进行相关实践。第三方期待的是介入纠纷的实体问题审理过程中,而国际法院面对一项纠纷首先要解决的是管辖权事项问题,因此,虽然第三方可能在纠纷的较早阶段已经申请介入案件,但是囿于管辖权问题尚未解决而被拖延。第三方在证明自身的法律利益可能遭受未来审理结果的影响的事实及程度上具有一些困难。可能受到未来最终审理结果的影响,这是第三方申请基于的最为普遍的理由。同时,倘若第三方以可能受到国际争端解决机构对初步问题的审理结果的影响为理由

① The Order of Sovereignty over Pulau Ligitan and Pulau Sipadan (Indonesia/Malaysia: Philippines Intervening), paras. 18 – 26.

申请介入,这也是存在可能性的,有的国际法学者也对此加以肯定。[①] 第三方能否向国际法院申请介入另一个附带程序是值得深究的问题,例如第三方请求介入临时措施相关程序,这时需要从国际法院的权利来源,即《国际法院规约》中寻找答案。《国际法院规约》第 62 条限定了第三方介入的依据是可能受到裁决(decision)的影响。通常情况下,国际法院对临时措施相关程序的最终审理结果是以命令(order)的形式作出的。因此,从第三方权利来源的角度审视这一问题,得到的答案是否定的,这也得到了国际法院已有实践的印证,无论在第三方依据《国际法院规约》第62 条,抑或第63 条的请求情形中。1973 年5 月16 日提起介入申请的核试验案,第三方斐济申请加入案件,国际法院的做法为首先确定对该案的管辖权事项与纠纷的可受理性问题,因此第三方斐济并没有介入另一个附带程序。[②] 1984 年 8 月 15 日提起介入申请的尼加拉瓜诉美国军事与准军事行动案,萨尔瓦多向国际法院提交了一份介入声明,声明是基于《国际法院规约》第 63 条指出的,施韦贝法官在反对意见中表示《国际法院规约》第 41 条使用的措辞为“当事国”,因此,第三国是不能在此阶段介入,更何况第三国的法律地位尚待确定。[③] 对于指示临时措施与国际法院对实质问题的管辖权二者的关系,常设国际法院时期的态度为:仅需要求在形式上具备对纠纷的管辖基础,即存在可能性

① Rosenne, The Law and Practice of the International Court, 1920 – 1996, Vol. Ⅲ, p. 1522.

② Rosenne, Procedure in the International Court: A Commentary on the 1978 Rules of the International Court of Justice, p. 176.

③ Military and Paramilitary Activities in and Against Nicaragua (Nicaragua v. United States of America), Request for the Indication of Provisional Measures, Order, Dissenting Opinion of Judge Schwebel, ICJ Reports, 1984, p. 169.

即可。而到了20世纪70年代,国际法院对该问题的态度由形式上的可能性(formal possibility)转为真正的可能性(real possibility)。国际法院在核试验案里指出,倘若起诉方的证据不足以构建国际法院对纠纷的管辖权基础,那么国际法院指示临时措施的行为是错误的。[①] 国际法院在德黑兰案中表示,仅在起诉书基本足以赋予国际法院管辖权的条件下,国际法院方可指示临时措施。[②] 国际法院的这一态度延续至关于1989年7月31日的仲裁裁决案[③]和预防和惩罚灭绝种族罪公约的适用案[④]。[⑤] 由于国际法院指示临时措施是建立在初步具有管辖权的基础之上,而第三方介入更确切地说是纠纷实质问题程序的附带程序,因此第三方请求介入几乎不可能出现在指示临时措施阶段。在国际法院的已决案件中,曾经出现过一些当事方基于第三方申请缺乏适时性的反对介入的意见。起诉方利比亚指出第三方意大利的申请几乎是卡着截止时间提出,只提前于截止时间两日,将可能给当事方带来负面影响。国际法院指出第三方意大利的申请时间符合《国际法院规则》的要求,起诉方的反对意见不能够阻止第三方意大利取得介入方的法律地位。[⑥] 在军事与准军事行动案中,小田滋法官指出,萨尔瓦多在1984年8月15日提交的声明中使用的措辞比较模糊,完全不能满足《国际法院规则》第82条的要求,萨尔瓦多

① ICJ Reports 1973, p. 101, para. 13.

② ICJ Reports 1979, p. 13, para. 15.

③ Arbitral Award of 31 July 1989 (Guinea-Bissau v. Senegal).

④ Application of the Convention on the Prevention and Punishment of the Crime of Genocide (Bosnia and Herzegovina v. Serbia and Montenegro).

⑤ ICJ Reports 1990, p. 68 – 69, para. 20; ICJ Reports 1993, p. 11 – 12, para. 14.

⑥ Continental Shelf (Libyan Arab Jamahiriya/ Malta), Application by Italy for Permission to Intervene, Judgment, ICJ Reports, 1984, p. 8, para. 10.

之后在 9 月 10 日与 17 日又进行了补充,最终基本满足第 82 条的要求。国际法院仅从萨尔瓦多的首份申请中获知一些诉讼当事国的观点,之后的两份补充申请措辞不够清晰,无法了解诉讼当事国对待这一问题的态度。由于欧达法官认为尼加拉瓜同意萨尔瓦多的介入,所以投了支持票,他提出了自己深感遗憾的问题,国际法院在 10 月 4 日决定审议萨尔瓦多的申请前已经确定了 8 日进行口述程序,在此后讨论了萨尔瓦多的介入请求和是否准许当前阶段介入程序。如果没有在这样的条件下匆忙地进行决定,也许萨尔瓦多将成为国际法院首个在管辖权阶段适用《国际法院规约》第 63 条的国家。[①] 该案中当事国提出要补充诉讼请求,因此,国际法院分庭相应地给予了当事方之间更多的书面辩论机会,导致书面程序的终止时间推迟。另外,国际法院分庭还提出起诉方可能修改诉讼请求,那么书面程序的终止时间仍然有待确定。而第三方尼加拉瓜在上述阶段请求的介入是符合《国际法院规则》规定的。[②] 萨尔瓦多在陆地、岛屿和海上边界争端案里进一步主张第三方尼加拉瓜在主要程序(principal proceedings)方面寻求的改变是已经失去时效或被禁止的(estopped),因为《国际海洋法法庭规则》第 81 条第 1 款提出"尽可能迅速"的要求,萨尔瓦多在书面陈述中强调了该词,并指出第三方尼加拉瓜在申请书的第 23 段和第 24 段中对于国际法院分庭的重组与对书面程序的重新判决的要求,不应当在接到通知后延期(postpone)将近三年时间。尼加拉瓜的请求应当被拒绝,因为它超时(out

---

① Separate Opinion of Judge Oda, Judgment of Military and Paramilitary Activities in and Against Nicaragua (Nicaragua v. United States of America) on 26 November 1984.

② Land, Island and Maritime Frontier Dispute (El Salvador/ Honduras), Application by Nicaragua for Permission to Intervene, Judgment, ICJ Reports, 1990, p. 98, para. 12.

of time)了。在听审程序中,萨尔瓦多的代理人继续竭力主张尼加拉瓜的请求是不适时的(untimely),萨尔瓦多注意到,在专门观念(technical sense)中尼加拉瓜遵守的相关的时间限制。萨尔瓦多要求国际法院分庭拒绝尼加拉瓜的介入,不是因为尼加拉瓜没有满足《国际法院规则》的一项专门要求(technical requirement),而是由于尼加拉瓜没有满足《国际法院规约》的实质要求(substantive requirements)。[①] 萨尔瓦多总结道,尼加拉瓜申请中所有这些严重的缺陷是由尼加拉瓜提出的过分的请求(extravagant requests)导致的,国际法院分庭有必要拒绝一项如此有缺陷的申请,国际法院分庭并非面临一个严肃的要求,即国际法院已经明确"真正地介入"。[②] 然而,国际法院分庭并未支持萨尔瓦多的意见。

国际海洋法法庭中第三方请求介入的时间同样也受到一定的限制,这体现在《国际海洋法法庭规则》第99条和第100条中,类似于《国际法院规则》的内容,既有取得被告方辩诉状之后30日内的一般性限制规定,又允许存在例外的情形。国际海洋法法庭中尚未出现第三方请求介入的实践,其对第三方介入的态度也无法推测,但是国际海洋法法庭的创建与国际法院有着千丝万缕的关系,因此在某种程度上,国际海洋法法庭对待第三方介入的态度可以从国际法院中寻找答案。

---

① Land, Island and Maritime Frontier Dispute (El Salvador/ Honduras), Application by Nicaragua for Permission to Intervene, Judgment, p. 112, para. 46.

② Land, Island and Maritime Frontier Dispute (El Salvador/ Honduras), Application by Nicaragua for Permission to Intervene, Judgment, p. 113, para. 47.

第三节 第三方介入的非决定性裁夺因素

一、裁夺主体的自由裁量权

《国际法院规约》第 62 条第 2 项与《国际海洋法法庭规约》第 31 条第 2 项分别赋予了国际法院与国际海洋法法庭裁夺第三方介入的权力。对于介入的审查标准、第三方可能遭受最终审理结果的影响程度等事项，国际法院或国际海洋法法庭具有一定的自由裁量权。国际法院曾经指出，《国际法院规约》中指明国际纠纷的处理是由国际争端解决机构根据两个或数个国家之间达成的合意来对一个争端作出判决。数个国家之间达成的合意的表现形式各种各样，有的是在争议出现后达成的提交某一国际争端解决机构处理的协议，有的是对于将来出现的争议能够作为解决依据的国际法条款或规则。当争议产生后，这些国家将争议提交到国际法院，国际法院发布的裁决对它们产生约束力。国际法院的管辖权源自这些国家的主动授权，因此，国际法院发布的裁决具有《国际法院规约》第 59 条赋予的约束力，所以在日常的国际争端发生后，在缺乏当事国支持的条件下，第三国不能介入诉讼程序，但是《国际法院规约》第 62 条与第 63 条对此进行了特殊的规定。国际法院对于《国际法院规约》中的介入问题的管辖权并非来自当事国的授权，就像国际法院有权受理与判定一项国际争端一样，这种权利来自《国际法院规约》的授权，在这样的情况下，尽管可能出现当事国的一方或双方不支持第三国介入的情形,国际法院仍然能够同意第三国介入诉讼。[①]《国际法院规约》为国际法中的条约,成为《国际法院规约》的成员国意味着承认《国际法院规约》规定的所有事项,那么对其中第62条和第63条的相关内容也必然认可与接受。由于这两条规定肯定了国际法院对第三方介入的裁夺权,因此即使纠纷的当事方不赞同第三方的介入申请,在国际法院裁夺同意第三方介入的情形下,也必须接受第三方的介入。在第三方介入方面,国际法院的管辖权来自《国际法院规约》等的规定,争端纠纷当事方的协议无权否定这一管辖权。国际法院在第三方介入问题上,拥有裁夺是否同意介入和裁夺介入的程度等职权。[②] 那么当第三方的申请基本满足了《国际法院规约》的要求时,国际法院还能否运用自由裁量权拒绝第三方的申请?有的国际法学者对此持否定态度,基于的理由为国际法院在确认第三方与国际法院未来的审理结果之间具有法律性质的利害联系时,不能再基于其他因素否定第三方的介入。[③] 但是也存在支持的声音,其立场为根据《国际法院规约》第62条,国际法院的权利可以称为准裁量权(quasi-discretionary power),国际法院在判断第三方的申请基本满足《国际法院规约》的要求后,仍旧可以以全面权衡的利弊为由拒绝第三方的请求。[④] 国际法院指出自己需要对良好的裁决(sound administration

① Land, Island and Maritime Frontier Dispute (El Salvador/ Honduras), Application by Nicaragua for Permission to Intervene, Judgment, p. 133, paras. 95 – 96.

② Territorial and Maritime Dispute (Nicaragua v. Colombia), Application by Costa Rica for Permission to Intervene, Judgment, ICJ Reports, 2011, p. 358, para. 25.

③ 参见[日]杉原高嶺:《国际司法裁判制度》,易平等译,中国政法大学出版社2007年版,第261页。

④ Fitzmaurice, The Law and Procedure of the International Court of Justice, Vol. Ⅱ, p. 553.

of justice)负责,裁夺要与《国际法院规约》第 62 条对介入的要求保持一致,并决定此类介入的限制与范围。[①] 国际法院实践表象,可以发现国际法院在第三方对法律利益的举证方面的裁决具有不稳定性,有加重第三方举证责任的趋势。2010 年 2 月 25 日哥斯达黎加在《国际法院规约》第 62 条的基础上,请求以非当事国的身份介入尼加拉瓜诉哥伦比亚领土与海洋争端案。国际法院以《国际法院规约》第 62 条与《国际法院规则》第 81 条为基础,对第三方介入提出了四个必备条件:第一,哥斯达黎加需要提供能使国际法院确信的证据,证明其法律性质的利益将会被诉讼程序的主要部分影响,国际法院的裁决事关其法律性质的利益。第二,哥斯达黎加需要清晰地描述自己会受到国际法院裁决影响的利益的范围。第三,《国际法院规约》未对哥斯达黎加介入案件提出与诉讼当事国尼加拉瓜与哥伦比亚具有管辖联系的要求。第四,哥斯达黎加负有举证的义务,需要提供足够的证据资料。而哥斯达黎加并未满足这几项要求,因此,国际法院最终以 9 票支持,7 票反对,判决哥斯达黎加的参诉请求不成立。[②] 国际法院对第三方哥斯达黎加提出的要求并非证明具有法律利益,而是需要证明该法律利益除了向国际法院寻求救济外别无他法,这是一种相对严格的举证标准,也反映了国际法院通过自由裁量权在一定程度上限制了法律利益的证明程度。欧·卡萨温(Al-Khasawneh)法官在异议意见中指出,在一些案件中,第三方即使在《国际法院规约》第 62 条相对较低的门槛(the relatively low

---

① Territorial and Maritime Dispute (Nicaragua v. Colombia), Judgment of Application by Costa Rica for Permission to Intervene of 4 May 2011, p. 358, para. 25.

② Judgment of 4 May 2011 of Application by Costa Rica for Permission to Intervene, p. 373, para. 91.

threshold)下,也没能说服国际法院自身的法律利益可能受到影响,例如国际法院分庭在陆地、岛屿和海上边界案中否定第三方请求的推理过程为:在海洋定界(maritime delimitation)中,倘若第三方没有指出它的利益在哪一海域开始起作用(come to paly),那么不能根据推测(ex hypothesi)证明该利益可能受到影响。① 在对保护的认定方面,国际法院的标准有降低趋势,遭到一些法官的反对。欧·卡萨温法官在异议意见中指出,对《国际法院规约》第59条中保护的归并(conflation),至多能够保护第三国不受已决案件(res judicata)的影响,第62条中的保护是在裁夺纠纷的实质问题前起作用,并希望给予潜在的被影响的国家一个适当的解释机会,以确保它的利益受到保护,这对其他诸如第三方介入制度的影响和限定范围的因素来说是可靠的。令人遗憾的是,第59条的保护不能取代第62条的保护。第62条的保护不仅在分量上与第59条提供的保护存在区别:它具有不同的本质,且通过不同的方式发挥作用,赋予国际法院一种程序与预防性本质的权力。② 通过上述案件,可以得知国际法院对介入具有相对宽泛的自由裁量权,国际法院对自由裁量权的行使取决于对《国际法院规约》的理解和解释,这些解释需要限定在条文的基本含义范围内,国际社会从国际法院的实践中探寻《国际法院规约》的条款的标准解释,因此,国际法院需要谨慎地使用自由裁量权,且尽可

---

① Territorial and Maritime Dispute (Nicaragua v. Colombia), Judgment of Application by Costa Rica for Permission to Intervene of 4 May 2011, Dissenting Opinion of Judge Al-Khasawneh, p. 375 – 376, para. 8.

② Territorial and Maritime Dispute (Nicaragua v. Colombia), Judgment of Application by Costa Rica for Permission to Intervene of 4 May 2011, Dissenting Opinion of Judge Al-Khasawneh, p. 377, para. 11.

能地保证裁决的稳定性。

二、当事方对介入请求的态度

在第三方介入方面,国际法院等国际争端解决机构的管辖权来自其法律权源,纠纷当事方的协议无权否定这一管辖权。国际法院在第三方介入问题上,拥有裁夺是否同意介入和介入的程度等职权。[①] 因此,当事方对待第三方申请介入的态度不对最终第三方介入的准许与否发挥决定性作用。《国际法院规约》的规定表明对第三方介入请求进行裁夺的核心衡量事项为第三方对纠纷的法律利益,而不是当事方对第三方介入的态度。[②]《国际法院规则》第 84 条,《国际海洋法法庭规则》第 102 条的内容是在当事方表示否定时,国际法院或国际海洋法法庭有听取意见的义务。不能解读为第三方在当事方均无异议的前提下能够自动介入纠纷。[③] 当事方的态度对国际争端解决机构裁夺是否同意第三方的申请起到了指引作用,在一定程度上起到了提醒或参考的效果。正如国际法院所认为的,"在现实状况中,国际法院不会完全吸收与采纳澳大利亚或者日本一方对待新西兰的意见,国际法院只会从中汲取有参考价值的部分"[④]。

本书对常设国际法院时期与国际法院时期,第三方介入案件中,当事国的态度与国际法院对介入请求的审理结果进行统计,根据第三方基于的法律依据不同于时间先后顺序列举如下。

---

① Territorial and Maritime Dispute (Nicaragua v. Colombia), Application by Costa Rica for Permission to Intervene, Judgment, ICJ Reports, 2011, p. 358, para. 25.

② Chinkin, Third Parties in International Law, p. 192.

③ Rosenne, The Law and Practice of the International Court, 1920 – 1996, Vol. Ⅲ, p. 1515.

④ Whaling in the Antarctic (Australia v. Japan: New Zealand Intervening), Order of 6 February 2013 of Declaration of Intervention by New Zealand, p. 9, para. 22.

第三方依据《国际法院规约》第 62 条提请的案件：突尼斯诉利比亚大陆架案，起诉方突尼斯与被诉方利比亚都不同意，国际法院拒绝第三方马耳他介入。大陆架案，起诉方利比亚与被诉方马耳他都不同意，国际法院拒绝第三方意大利介入。陆地、岛屿和海上边界争端案，起诉方萨尔瓦多不同意，被诉方洪都拉斯同意第三方尼加拉瓜在丰塞卡湾相关事项中以非当事方身份介入，国际法院同意第三方尼加拉瓜在部分事项上，按照其介入的目的、介入的方式，在国际法院限定的范围内介入案件。依 1974 年核试验案判决第 63 段请求审查情势案，第三方数量较多，包括澳大利亚、萨摩亚、所罗门群岛、马绍尔群岛与密克罗尼西亚联邦这五个国家。国际法院认定不构成纠纷，因此，附带程序也随之被拒。喀麦隆诉尼日利亚的陆地与海洋疆界案，起诉方喀麦隆同意第三方赤道几内亚在海洋定界方面的介入，被诉方尼日利亚表示尊重国际法院的态度，国际法院同意第三方赤道几内亚的介入。印度尼西亚诉马来西亚对利吉坦岛和锡帕丹岛的主权案，起诉方印度尼西亚与被诉方马来西亚都不同意介入，国际法院不支持第三方菲律宾介入。尼加拉瓜诉哥伦比亚领土与海洋争端案，对于第三方哥斯达黎加的申请，起诉方尼加拉瓜不同意，被诉方哥伦比亚支持，国际法院未批准介入申请。对第三方洪都拉斯的申请，起诉方尼加拉瓜不同意，被诉方哥伦比亚同意非当事方身份的介入，国际法院没有批准介入请求。国家的管辖豁免案，起诉方德国没有对第三方希腊的介入表示否定，被诉方意大利也不否定其介入，国际法院同意第三方希腊介入。

第三方依据《国际法院规约》第 63 条提请的案件：韦幕布勒敦案，起诉方英国建议第三方波兰将介入依据由《常设国际法院规约》第 62 条改为第 63 条，对其他起诉方与被诉方，德国都没有对介入提出否定的意见，常设国际法院允许第三方波兰介入程序。哥伦比亚诉阿雅・得栌托耒庇护权案，起诉方哥伦比亚的态度是由国际法院自行裁夺第三方的请求，被诉方秘鲁认为介入请求是不可接受的，国际法院最终同意了第三方古巴的介入请求。核试验案，国际法院认定争端不复存在，第三方斐济的申请随之归于无效。尼加拉瓜诉美国军事与准军事行动案，起诉方尼加拉瓜不同意第三方的申请，被诉方美国同意这份请求，国际法院最终未同意第三方萨尔瓦多的介入请求。南大洋捕鲸案，起诉方澳大利亚认为第三方的请求具有可受理性，被诉方日本尽管未明确表示不同意新西兰的介入，但仍然提出了自己对国际法院诉讼程序事项的忧虑，即提醒国际法院注意，倘若同意新西兰的介入，将导致必然的重大异常现象（certain serious anomalies）。[①] 国际法院在判决书中明确限定了第三方新西兰介入诉讼的范围，限制在对《全球禁止捕鲸公约》的解释范围。

这些统计结果能更好地反映当事国的态度对第三方申请最终成功与否并非具有决定性作用。在这些已决案件中，几乎不存在当事方均同意，但国际法院却否定第三方介入请求的案件，也不存在当事方均拒绝第三方介入，但国际法院却支持请求的情形。因此可以说，在当事方态度一致的前提下，国际法院的态度不会与当事方相违背，这表明当事方的态度会对国际法院产生一定的影响。

---

① Whaling in the Antarctic（Australia v. Japan：New Zealand Intervening），Order of 6 February 2013 of Declaration of Intervention by New Zealand，p. 8，paras. 16 – 17.

第四节 获许介入的第三方取得的权利

《国际法院规则》第 85 条确定了依据《国际法院规约》第 62 条获许的第三方取得的权利,《国际法院规则》第 86 条明确了依据《国际法院规约》第 63 条获许的第三方取得的权利,《国际海洋法法庭规则》第 103 条明确了依据《国际海洋法法庭规约》第 31 条获得准许的第三方取得的权利,《国际海洋法法庭规则》第 104 条明确了基于《国际海洋法法庭规约》第 32 条得到肯定的第三方取得的权利。尽管《国际海洋法法庭规则》第 103 条、第 104 条分别为参照与效仿《国际法院规则》第 85 条与第 86 条制定的内容,但是获准介入的第三方在不同领域中取得的权利不尽相同。

一、取得相关资料的权利

无论是基于《国际法院规约》第 62 条或第 63 条请求介入的第三方,还是基于《国际海洋法法庭规约》第 31 条或第 32 条请求介入的第三方,在获得国际争端解决机构准许后,均有取得相关资料的权利。《国际法院规则》第 53 条确保了具有出席国际法院庭审,同时提出取得相关资料的副本的请求的国家的权利。《国际海洋法法庭规则》第 67 条也存在类似的规定,其确保了《国际海洋法法庭规约》中第 31 条或第 32 条的第三方取得类似的权利。存在的区别仅为:《国际海洋法法庭规则》中指出能够取得这一权利的主体还包括“其他实体”。《国际法院规则》第 53 条与《国际海洋法法庭规则》第 67 条均未明确指向第三方介入事项,但是通过文本字面含义,不难推断出第三方的介入请求在取得国际争端解决机构认同后，可以取得这一权利。《国际法院规则》第 42 条，《国际海洋法法庭规则》第 36 条、第 55 条中也提到了第三方能够取得一些相关资料，但是这与前述条款中取得的资料的类别与覆盖面存在差别。后者意味着很多国家甚至《联合国海洋法公约》规定的其他实体有权利取得起诉方的申请与案件涉及的特别协定的副本。前者意味着第三方可以取得一些秘密性更强的资料，诸如书面程序中被诉方的答辩状，随后的辩诉状或复辩状，对书状观点起到证明作用的文件资料，这些资料被第三方获取的概率较小。第三方在未提出介入请求，或已经提出但未得到国际争端解决机构答复前能否取得相关资料，答案是肯定的，但是需要满足的首要条件为第三方自发主动地向国际争端解决机构递交申请，这一行为代表着查阅相关资料的程序的启动。《国际法院规则》第 53 条第 1 项与《国际海洋法法庭规则》第 67 条第 2 款，均规定了国际争端解决机构需要就第三方介入请求之事询问当事方的意见，这一过程仅需要满足外在形式的要求即可。因为国际争端解决机构无须寻求当事方的同意，而仅仅是为了解当事方对请求的一些看法。① 当事方的态度对国际争端解决机构对第三方请求的定夺不具有决定性影响，因为当事方作为《国际法院规约》或《国际海洋法法庭规约》的成员方，已经在先对文本中的内容表示接受，那么国际争端解决机构有权不以当事方态度为基准定夺第三方的介入请求。对第三方介入请求具有真正决定权的主体为国际法院、国际海洋法法庭。在两起大陆架案中，各

---

① Rosenne, Procedure in the International Court: A Commentary on the 1978 Rules of the International Court of Justice, p. 118.

自的第三方均在获准介入前向国际法院提出取得相关资料的请求,遭到当事方的抗议以及国际法院的拒绝。① 这些判例传达出第三方在被获准前取得相关书面资料非常困难,然而除了请求介入的第三方之外的那些人员,诸如国际争端解决机构的工作人员与纠纷的当事方均能够取得相关书面资料。国际法院在陆地、岛屿和海上边界争端案里,在裁夺介入请求之前,同意第三方尼加拉瓜取得相关书面资料,此后尼加拉瓜于关于介入问题的口述部分大量引用取得的资料中的内容,这些广泛的运用提高了第三方介入诉讼的可能性,能让第三方更加游刃有余地提出支持自己的观点。第三方菲律宾在印度尼西亚诉马来西亚对利吉坦岛和锡帕丹岛的主权案里,于介入请求被裁夺之前,向国际法院提出取得相关资料的申请,遭到国际法院拒绝,当事方以此为由主张菲律宾介入的请求提出时间不适当。国际法院未采纳当事方的这一反对意见,尽管如此,第三方菲律宾对相关资料的请求提出之日与诉讼程序的末轮书状呈递截止之日相隔仅数天,在此方面可以说为国际法院介入类型案件的特例。② 菲律宾的行为不符合"尽可能迅速"之标准。菲律宾指出,囿于当事方相关书面资料的缺失,很难全面、充分地论证自己具有的与争端有关的法律利益。③

---

① Continental Shelf (Tunisia/ Libyan Arab Jamahiriya), Application by Malta for Permission to Interneve, Judgment, ICJ Reports, 1981, p. 5, para. 4; Continental Shelf (Libyan Arab Jammahiriya/ Malta), Application by Italy for Permission to Intervene, Judgment, ICJ Reports, 1984, p. 5, para. 4.

② Sovereignty over Pulau Ligitan and Pulau Sipadan (Indonesia/Malaysia), Application by Philippines for Permission to Intervene, Judgment, ICJ Reports, 2001, p. 585, para. 22.

③ Sovereignty over Pulau Ligitan and Pulau Sipadan (Indonesia/Malaysia), Application by Philippines for Permission to Intervene, Judgment, ICJ Reports, 2001, p. 590, para. 39.

在该案中,有的法官发表了自己的观点,即选择以非当事方身份介入的第三方,倘若未能取得当事方的相关资料,那么该第三方无须为法律利益事项的举证担责。① 在已决介入案件中,仅有4例中的第三方②,在介入请求被裁夺前取得了当事方的相关资料,除了希腊没有提出相关请求之外,其他各案的第三方均没有实现其愿望。虽然当事方的态度对国际争端解决机构就此事的定夺不具有决定性影响,但在有当事方反对的情形下,国际争端解决机构基本上也很难支持第三方的请求。从尼加拉瓜在对介入请求进行定夺的阶段游刃有余的表现,可以看出第三方提前取得相关资料后将占据相对优势与有力的地位。而任一当事方可能对第三方的介入持否定态度,或者囿于己方利益的保全,选择不同意第三方取得相关资料,尽管当事方在表达否定态度时不必指明原因。第三方对相关资料的请求受阻时,向国际争端解决机构递交的介入请求往往很难有针对性地对当事方的意见一一进行论证,这样很可能降低介入获准的概率。因此,如何达到当事方与第三方的利益平衡点,促使双方妥协达成合意,确保国际裁决的终局性是亟待解决的问题。但是在相关资料被公布后,也存在第三方无意请求介入的情形。③ 第三方可能将此权利作为一种法律工具,意图不在于为请求介入做准备,而在于从相关资料中

---

① Sovereignty over Pulau Ligitan and Pulau Sipadan (Indonesia/Malaysia), Application by Philippines for Permission to Intervene, Judgment, Dissenting Opinion of Judge Oda, ICJ Reports, 2001, p. 618 – 619, paras. 13 – 14.

② 依据案件时间先后顺序,分别为斐济、尼加拉瓜、赤道几内亚、洪都拉斯与哥斯达黎加。

③ United States Diplomatic and Consular Staff in Tehran (United States of America v. Islamic Republic of Iran), Judgment, ICJ Reports, 1980, p. 3.

获取诸如科研、技术等其他的信息,从中取得其他的利益。[①]

二、提交书面陈述的权利

第三方的介入请求获得同意之后,国际争端解决机构会主动设定一个期限,在此期限内,第三方可以提交书面陈述,这体现在《国际法院规则》第 85 条、《国际海洋法法庭规则》第 103 条中,而它们分别指定的是《国际法院规约》第 62 条与《国际海洋法法庭规则》第 31 条的介入中的第三方。这与《国际法院规约》第 86 条和《国际海洋法法庭规则》第 104 条中的规定存在差别,这里将《国际法院规约》第 85 条与《国际海洋法法庭规则》第 103 条作为第一板块,将《国际法院规约》第 86 条与《国际海洋法法庭规则》第 104 条作为第二板块,前者的文本含义表现为第三方可以在更加宽泛的范围内陈述一些内容,而后者能够提出书面意见的对象仅为介入标的的相关事项,而前者对介入标的提出意见的权利被置于之后的口述程序中。作为《国际法院规约》第 62 条裁决实践的里程碑案件,国际法院在对介入的裁夺结果中也明确提出了第三方尼加拉瓜取得提交书面陈述的权利。[②] 国际法院在对赤道几内亚的介入请求的裁决中指出,为了满足《国际法院规则》第 85 条的要求,需要对第三方赤道几内亚提交书面陈述的时间加以限制。[③]

三、任命专案法官的权利

专案法官又称特别选任法官(Judge ad hoc),原意为当事方

---

① Chinkin, Third Parties in International Law, p. 188.

② Judgment of 18 December 2003 of Application for Revision of the Judgment of 11 September 1992 in the Case concerning the Land, Island and Maritime Frontier Dispute (El Salvador/Honduras: Nicaragua Intervening) (El Salvador v. Honduras), p. 48, para. 102.

③ Judgment of 11 June 1998 of Land and Maritime Boundary between Cameroon and Nigeria (Cameroon v. Nigeria: Equatorial Guinea Intervening), p. 10, para. 17.

在一个案件中专门选任的法官。在法庭缺少与当事方具有共同国籍的法官的情况下，当事方有权利挑选一名法官。这一制度设定的初衷是促使更多的无国籍国法官的国家或非国家实体选择国际争端解决机构。这一制度在《国际法院规约》第31条与《国际海洋法法庭规约》第17条均有体现。

对于第三方是否具有任命专案法官的权利，应当从现有的国际法院的已决案件中寻找答案。介入在一个案件中主要分为两个阶段，以国际法院的准许时间为切分点，前一阶段是第三方递交申请，国际法院进行裁夺，后一阶段是国际法院同意第三方的请求之后。在第三方递交申请与国际法院进行裁夺的阶段，国际法院明确禁止第三方介入。现有的已决案件中，不论介入的类型如何，国际法院没有同意第三方任命专案法官的要求。1981年1月30日提出介入申请的突尼斯诉阿拉伯利比亚人民社会主义民众国大陆架案，马耳他以《国际法院规约》第62条为由要求介入诉讼程序，被国际法院驳回。马耳他曾经向国际法院询问是否准许自己任命的专案法官进入裁夺介入请求的程序，国际法院给予了否定的回答。国际法院指出第三方作为《国际法院规约》第62条的主体，在被准许介入前仅具有请求国际法院批准的权利。[①]

第三方援引《国际法院规约》第63条的介入，其任命的专案法官既不能介入裁判管辖权的阶段，又不能介入对案件主题事项的审理阶段。截至2024年8月30日，常设国际法院有一例第三方申请介入的案件，且获允；国际法院中有五例第三方援引《国际法院规约》第63条请求介入的案件，其中两例获允，这两例中包含一起国际海洋争端；国际海洋法法庭尚未出现涉及第三方介入

① ICJ Reports 1981, p. 6, para. 8.

的案件。这些案件中，未涉及第三方介入诉讼且任命专案法官的情形，从《国际法院规约》第63条来看，只要求第三方是协约签字国，不考虑第三方申请以当事方还是非当事方身份介入，所以无关专案法官参与第三方介入程序问题。

第三方援引《国际法院规约》第62条申请介入获次后，以陈述意见为目的的第三方的诉讼身份是非当事方，它无权要求国际法院就其请求发布裁决，所以与让自己任命的专案法官参与的问题无关。1989年11月17日递交介入请求的陆地、岛屿和海上边界争端案中，尼加拉瓜恳请以非当事国的身份介入该案，国际法院分庭在1990年9月13日宣布判决，一致认同尼加拉瓜在部分事项上，按照其介入的目的、介入的方式，在国际法院限定的范围内介入案件。尼加拉瓜在请求中说明介入的依据是《国际法院规约》第36条第1项与第62条。国际法院指明尼加拉瓜的身份并非当事方，所以也不需要考虑《国际法院规约》对当事方权利与义务的规定。第三方尼加拉瓜任命的特别选任法官没有进入国际法院分庭对实质问题的审理阶段。

在国际法院同意第三方以当事方身份介入的情形中，因为第三方能够证明与当事方存在管辖权联系，第三方也有权请求国际法院宣布裁决决定，因此，第三方在国际法院或国际海洋法法庭缺乏本国法官时，可以任命专案法官。海牙委员会指明了介入的三类方式，第一类是第三方与一方当事方观点一致，第二类是第三方单独提出不同的诉求，第三类是对一方当事方的主体适格性表示异议。①

① Procès-Verbaux, p. 745.

四、阐释介入目的的权利

《国际法院规则》第85条第3项、第86条第2项,《国际海洋法法庭规则》第103条第3款、第104条第2款确定了征得国际争端解决机构同意的第三方能够在口述程序中就介入目的发表意见的权利。由于这里涉及口述程序,有必要对口述程序与介入的关系进行详细解释。介入程序可以划分为两个阶段:第一个阶段为第三方提出请求,而国际争端解决机构尚未裁夺;第二个阶段为第三方介入请求被裁夺之后,纠纷的实质问题审理阶段。对于那些征得国际争端解决机构同意的第三方,有权利介入前后两个阶段的口述程序。介入第一个阶段的口述程序的权利源于《国际法院规则》第84条第2项,该程序设置的目的为让国际争端解决机构能更加广泛地获知与介入有关的事实,更加深重地定夺介入请求。例如第三方意大利在口述程序中对介入目的进行补充说明,但是国际法院仍旧指出第三方意大利的介入目的不够清晰明确。[①] 起诉方尼加拉瓜在领土与海洋争端案中不同意两个第三方的介入,国际法院因而开展口述程序,听取各方的意见,获知有关介入的事实。[②] 起诉方萨尔瓦多在陆地、岛屿和海上边界争端案中不同意第三方的介入,国际法院启动了口述程序让各方对介入问题进行讨论。[③] 在陆地和海洋疆界案中,起诉方喀麦隆同意

---

① Continental Shelf (Libyan Arab Jamahiriya/Malta), Application by Italy for Permission to Intervene, Judgment, ICJ Reports, 1984, p. 15, para. 22.

② Territorial and Maritime Dispute (Nicaragua v. Colombia), Application by Costa Rica for Permission to Intervene and Application by Honduras for Permission to Intervene, Judgment, ICJ Reports, 2011, p. 355、427.

③ Land, Island and Maritime Frontier Dispute (El Salvador/Honduras: Nicaragua Intervening) (El Salvador v. Honduras), Application by Nicaragua for Permission to Intervene, Judgment, ICJ Reports, 1990, p. 99, para. 17.

第三方赤道几内亚在海洋划界方面的介入，被诉方尼日利亚表示尊重国际法院的做法，鉴于此，国际法院没有组织听证程序。国家的管辖豁免案中，起诉方德国没有对第三方希腊的介入表示否定，被诉方意大利也不否定其介入，但是德国指出第三方希腊的请求未满足《国际法院规约》第 62 条的规定。国际法院考虑到当事方均未明确否定第三方希腊的请求，因此不再举办听证会，但仍要求第三方希腊就起诉方的异议事项进行回复，由此延长书面程序的时间。① 介入第二个阶段的口述程序的权利源于《国际法院规则》第 85 条第 3 项，该条款产生的基础为关于《国际法院规约》第 63 条的裁决实践，这包括常设国际法院期间的实践。② 陆地、岛屿和海上边界争端案是《国际法院规约》第 62 条在裁决实践中的"分水岭"，具有至关重要的意义。在第三方尼加拉瓜的请求被同意后，国际法院分庭将该案的名称中加入"尼加拉瓜介入"数个文字。国际法院分庭庭长指出进入口述程序的名单中包括第三方尼加拉瓜，但是口述程序之日的名单记录中未出现尼加拉瓜方面的人员名称。③ 口述程序的最后阶段就案件中的海湾纠纷进行辩论，这一环节的书面名单记录中包括尼加拉瓜方面人员的名称。尼加拉瓜在这一环节的发言次序在当事方之后。国际

---

① Jurisdictional Immunities of the State (Germany v. Italy: Greece Intervening), Application by Hellenic Republic for Permission to Intervene, Order, ICJ Reports, 2011, p. 496, paras. 5 – 6.

② Rosenne, Procedure in the International Court: A Commentary on the 1978 Rules of the International Court of Justice, p. 181.

③ Public Sitting in the Case concerning the Land, Island and Maritime Frontier Dispute (El Salvador/ Honduras: Nicaiagua Intervening), CR 1991/5 (15 April 1991) 14 (partly in French), in Rosenne ed., The Law and Practice of the International Court, 1920 – 1996, Vol. Ⅲ, p. 1545, n. 84.

法院分庭在这一环节的起始阶段指出了第三方所受的限制事项，并指明倘若当事方均认可第三方的利益会受到影响，则第三方将取得更多在口述程序进行阐述的机会。[①] 由此可知，以非当事国身份介入的第三方，有权在实质问题的口述程序阶段出庭发表意见，这些权利有效地保证了第三方介入制度的设置效果，满足了创设这一制度的初衷。需要指出的是，第三方在该口述程序中发表意见的范围局限于与自己法律利益具有联系的事项。

第五节　其他附带程序中的第三方介入问题

通常情况下讨论的第三方介入，指的是审理案件主题事项的主程序的附带程序，那么第三方介入程序与临时措施程序、先决性抗辩程序等的关系如何，值得认真探讨，解决这一问题的切入点为国际法院的判例。

在 1984 年 8 月 15 日提起介入申请的尼加拉瓜诉美国军事与准军事行动案中，萨尔瓦多向国际法院提交了一份介入声明，声明是基于《国际法院规约》第 63 条提出的。国际法院认为萨尔瓦多不符合介入的条件，因此予以驳回。国际法院的观点是第三方介入的目的不一，包括管辖权事项、国际法院对案件主题事项的审理等，同时第三方提出对介入案件主题事项程序的权利暂时先予保留。根据第三方的这些目的，国际法院拒绝第三方介入当

① Rosenne, The Law and Practice of the International Court, 1920 - 1996, Vol. Ⅲ, p. 1545.

前阶段。[①] 国际法院反对第三方在管辖权的审理阶段介入的原因相对比较模糊，倘若第三方的请求与先决性抗辩，案件的主题事项均存在关联，那么国际法院拒绝第三方介入管辖权审理阶段的法律原因是什么？国际法院为清晰地表达这一逻辑推理思路，仅通过实际裁决行动表明不赞成第三方在管辖权的裁夺阶段介入。

斯韦贝法官提出《国际法院规约》第63条适用的唯一前提是关于某一条约的解释存在争议，与其他诸如第三方与当事方存在管辖权联系，案件进行到主题事项的裁夺阶段还是先决性抗辩的审理阶段等均无关。倘若当事方的争端是关于《和平解决国际争端一般议定书》的效力问题，那么第三方只要具备该议定书的成员国资格，就能够介入该案。[②]

倘若从《国际法院规约》第63条的特殊性考虑，斯韦贝法官的观点有合理的一面，也有欠妥之处。《国际法院规约》中的第三方介入制度设置的目的是为第三方创造维护自身法律利益的途径。案件的管辖权是与国际法院和当事方密切相关的事项，而第三方在一般情况下担忧的是接下来的国际法院对纠纷主题事项的审理阶段，因为第三方与此阶段具有利害关联。可以说管辖权是第三方的无关联事项（res inter alios acta）。根据这一逻辑思路，国际法院对管辖权裁夺阶段的第三方请求应当是以反对为原则，以同意为例外。

临时措施设定的初衷是对当事方的权利进行保全，对于扩大介入说，第三方只能在以当事方的身份介入案件被准许后才有权利请求介入临时措施阶段。从理论上分析限制介入说，可以发现

---

① ICJ Reports 1984, p. 215 – 216.

② Dissenting Opinion of Judge Schwebel, ICJ Reports 1984, p. 234 – 235.

介入临时措施程序这一阶段没有启动的可能性。一般情况下,介入与《国际法院规约》第 60 条和第 61 条不相关。国际法院审理结果的解释或复核与当事方密切相关,倘若第三方确实介入了在先的案件审理程序,也与之后国际法院对审理结果的解释或复核存在联系,在先前介入的范围内第三方是否仍具有介入解释或复核程序的权利,这一问题有待国际法院在后续案件中进一步明确。

第六节　强制仲裁程序中的第三方介入问题

一、探究动因

在国际法的基本书件当中,有时会出现一些“法律空白”,主要基于三类原因。第一类为起草者主观上有意避开某一问题。起草者迫切希望各方达成合意,签署一项协议,而有意避开难以达成共识的部分,以此促成各方的妥协。① 与此同时,起草者可能存在将暂时不易解决的事项留待国际争端解决机构在实践中解决的主观意愿,诸如常设国际法院在设定程序规则方面就得到法学家咨询委员会(Advisory Committee of Jurists)的授权。第二类为受到非主观因素的局限性影响,起草者未能预见到一些法律问题,因此导致“法律空白”。这一情形中的谈判者主观上希望形成一套完整的、全

① Edward Gordon,The World Court and the Interpretation of Constitutive Treaties, AJIL,794,804 – 5(1965); Sir Hersch Lauterpacht,Restrictive Interpretation and the Principle of Effectiveness in the Interpretation of Treaties,British Yearbook of International Law(1949).

面的、有前瞻性的法律规则。[①] 第三类为法律规则适用的措辞模糊，这一情况下，背后起草者的动机与主观意图尚不明确，可能为有意避免提及，也可能为无意为之。这类“法律空白”的表现形式为同一法律规则的不同语言版本之间存在差异，或一些措辞与惯例(practices)的表述不清晰。[②] 国际争端解决机构解决“法律空白”的一般途径为以下三种：第一，借鉴外部的规则和实践。第二，借助普遍适用的一般法律原则。[③] 第三，行使固有权力。这三类主要的方法可以单一使用，也可以混合使用。

二、强制仲裁程序与介入的互容性分析

强制仲裁程序是否容许第三方介入制度的存在，需要从现有的第三方介入制度的文本语境(textual context)、产生历史，强制仲裁的内在特性与已经发生过的国家之间的仲裁实践去探讨。

(一)从第三方介入制度的文本语境看互容性

强制仲裁程序属于《联合国海洋法公约》的重要组成部分，尽管强制仲裁程序部分中的介入属于“法律空白”，但是《联合国海洋法公约》中并不缺乏第三方介入制度，这一事项只不过被规定与《国际海洋法法庭规约》中。《国际海洋法法庭规约》的第31条与第32条是分别参照类比《国际法院规约》第62条与第63条创设的。《国际海洋法法庭规则》中关于介入的内容体现在第99

---

① Certain Expenses of the United Nations (Advisory Opinion) [1962] ICJ Rep 151, 182, 185 (Sep Op Spender).

② LaGrand (2001) 40 ILM 1069, 1092 – 3.

③ Robert Kolb, General Principles of Procedural Law, in Andreas Zimmermann, Christian Tomuschat & Karin Oellers-Frahm eds., The Statute of the International Court of Justice: A Commentary, 2006, p. 793.

条至第104条,第126条至第129条中。国际海洋法法庭中的介入的来源大致有两类:一类是成员国主动申请;另一类是国际海洋法法庭主动通知。《联合国海洋法公约》附件五的第4条代表着调解程序中存在介入的可能性,但是《联合国海洋法公约》的附件七与附件八中出现了介入的“法律空白”这是值得探究的问题。附件七没有给予成员方表达同意的机会,无论是明示同意抑或默示同意。

《联合国海洋法公约》附件七仲裁中没有设置介入这一附带程序,但是在条约的仲裁规则中存在相关事项。对于类似于《国际法院规约》第62条的介入,《〈防止倾倒废物及其他物质污染海洋的公约〉1996年议定书》附件Ⅲ第6条、1973年的《国际防止船舶造成污染公约》议定书Ⅱ第7条、1980年《南极海洋生物资源养护公约》附件第4款、1992年《生物多样性公约》附件二第10条、1992年《保护东北大西洋海洋环境公约》第32条第9款、1969年《国际干预公海油污事故公约》附件第16条均有此类内容。类似于《国际法院规约》第63条的介入,体现在1907年《和平解决国际争端公约》第84条、1949年《和平解决争端修订总议定书》第37条等。起草者是有机会在强制仲裁程序中引入第三方介入制度的,但是依旧否定了介入的可能性。

截至2024年8月30日,同意原则作为国际法领域的一项基本原则的法律地位是不容撼动的,《联合国海洋法公约》附件七的起草者不可能存在否定这一基本原则的意图,因此,《联合国海洋法公约》附件七第5条也完全不可能存在否定同意原则的内在含义。《程序规则》有可能赋予当事方之外的利益相关国家介入的权利，所以国际裁决存在与案外第三方对立的可能性。[①]《弗吉尼亚评论集》的作者恰为《联合国海洋法公约》第十五部分的编写者，他们拒绝在强制仲裁程序中引入第三方介入制度，也必然无否定同意原则的主观意图。对于"法律空白"来说，国际争端解决机构可以通过实践进行弥补，这犹如赋予了国际争端解决机构规则制定权，但国际争端解决机构无权任意行使这一权力。这是一项辅助性的权力，国际争端解决机构只能对法律权源的"法律空白"领域做好补充，保证机构的有效运作，但不能做出违背法律权源本质的规则的行为。[②] 否则规则制定权将沦为国际争端解决机构扩大管辖范围的法律工具，它对限制国际争端解决机构的管辖权的扩大化起着一定的内在制衡作用，展现了管辖权的自我修复性。对《联合国海洋法公约》附件七第5条的解读，需要结合附件五第4条，附件六第16条、第31条、第32条，它们是同一语境中的规定。《联合国海洋法公约》附件五、附件六的有关规定共同表明，《联合国海洋法公约》下的国际争端解决机构虽然对"法律空白"有制定相应规则的权利，但仍需以征得国家的同意为前提，对附件七中的介入问题的"法律空白"也是如此。因此，不能将附件七第5条理解成仲裁庭能够不经当事方许可便设置介入规则。这也与《联合国海洋法公约》附件七的起草者拒绝引入介入事项的历史相一致。因此，从文本语境而言，强制仲裁程序与第三方介入制度不相容。

---

① Cf. LaGrand Case (Germany v. United States), Judgment, ICJ Reports 2001, p. 431.

② Hugh Thirlway, Article 30, in Andreas Zimmermann et al. eds., The Statute of the International Court of Justice: A Commentary, p. 518 – 519.

（二）从产生历史看互容性

在国际法院系统中，第三方介入制度无论是在理论还是实践层面都较为成熟，探究《联合国海洋法公约》附件七中的介入问题有必要从《联合国海洋法公约》与《国际法院规约》的关系入手。联合国是当前全世界覆盖面最广、普遍性最高的国际组织。1945 年 6 月 26 日签署的《联合国宪章》，一方面明确了联合国设置与运行的宗旨与基本原则，另一方面设定了规制成员国行为活动的基本规范。《国际法院规约》是《联合国宪章》的重要构成要素，也是国际法院行使权力的重要来源。《国际法院规约》第 26 条与第 50 条规定国际法院可以创建特别分庭处置国际海洋纠纷，也可引入具备海洋科学技术方面专业知识的人以弥补国际法院法官本身知识结构的短板。这也是第三次联合国海洋法会议第四期全体会议中对于重新创设一个法庭的反对者采用的依据与理由。联合国在 1958 年举办了第一次海洋法会议，在 1960 年召开了第二次海洋法会议，在 1973 年至 1982 年主持开展了第三次海洋法会议。这三次海洋法会议的结果为形成了《联合国海洋法公约》，其起草者是联合国大会特别创建的海底委员会。联合国秘书长主持并最终宣布《关于执行 1982 年 12 月 10 日〈联合国海洋法公约〉第十一部分的协定》通过。三次联合国海洋法会议通过介入方的互相博弈达成了全世界分配海洋权益的国际法基本规定。《联合国海洋法公约》第十五部分中将国际法院、国际海洋法法庭、仲裁法庭、特别仲裁法庭作为可供《联合国海洋法公约》成员国挑选的争端解决机构，这些机构之间不但在裁决层面上存在并列的关系，而且与联合国的政治机构存在极其密切的关联。例如国际海洋法法庭与联合国之间存在《联合国和国际海洋法法庭合作与关系协定》，该协定生效于

1998 年 9 月 8 日。

在国际裁决制度的发展过程中,第三方介入制度最初出现在国内裁决法领域,之后被引入国际裁决领域,它不仅出现在国际诉讼制度中,还出现在国际仲裁制度中,但是令人困惑的是这一在国内裁决程序中普遍采用的形式却未在国际裁决实践中得到充分运用。例如在早期的国际仲裁中,提交仲裁机构解决的原因是争议双方之前已经达成了合意,因此提交仲裁的纠纷牵涉的仅为达成仲裁协议的当事国,而和其他主体没有关系。在国际法术语中存在这一表述方式,即 res inter alios acta,含义为双方共同做出的交易行为不可以损害与此无关的第三方的利益,倘若将这一国际法术语置于国际仲裁的框架下,那么可以认为国际仲裁的裁决仅与当事方有关。国际仲裁与第三方没有关联的观念存在了较长时间,直到 1875 年,国际上才部分接受了第三方介入制度,当年国际法学会公布了《国际仲裁裁判程序规则草案》,《国际仲裁裁判程序规则草案》的第 16 条对第三国主动请求的介入进行了限制:当事国之间形成托付协议且当事国均不反对第三国介入仲裁。[1] 1907 年《和平解决国际争端公约》第 84 条置入了介入的权利(le droit d'intervenir),要求第三方是条约的成员国且不是争议的当事国的情况下可对条约解释的仲裁请求介入。1907 年《和平解决国际争端公约》第 84 条采用的是荷兰阿赛迩(T. M. C. Asser)的建议,他希望推动《国际仲裁裁判程序规则》的第三方介入制度的发展,将该制度进一步引入条约解释的领域。[2] 国际法学者曾提出这一看法,即第三方介入制度应该落实于国际上常设

① Annuaire de l'Institut, Tome 1(1877), p. 126.

② S. Rosenne, Intervention in the International Court of Justice, 1993, p. 14 – 18.

性质的法院或法庭有关的制度中，而并非由当事方合意形成一项关于介入的仲裁协议，之后由国际仲裁机构对介入进行管辖。[①]荷兰阿赛迩也提出第三方介入制度在国际仲裁中不具有存在的意义，第三方介入制度不适合引入国际仲裁中。[②] 在这一观点的影响下，联合国大会在1958年11月14日通过的《仲裁裁判示范规则》中没有选择吸收第三方介入制度。之后国际仲裁法院在1907年制订的计划中也没有涉及第三方介入的问题。可以说，尽管《和平解决国际争端公约》中的第84条给予《常设国际法院规约》与《国际法院规约》的起草者关于第三方介入制度的指引，但是《联合国海洋法公约》的起草者依旧不同意在附件七中引入这一内容。[③] 起草者拒绝引入同意条款的做法意味着强制仲裁程序中禁止默示同意。[④] 从强制仲裁程序的产生历史来说，其与第三方介入制度不相容。

（三）从强制仲裁的内在特性看互容性

仲裁程序的一大优势为其秘密性，这体现在事实、程序、资料、裁决等诸多方面，这是许多国家愿意选择仲裁程序的主要原因之一。一国出于政治方面的考虑，非常担忧国家权力行使中的差错会被其对手援引斥责，或者国家的一些机密一旦被公开，很可能会威胁到国家的稳定，或者国家在仲裁庭上的行为举动可能会受到国际社会的评论，影响到国家的尊严；等等。因此，国家选

---

① J. I. Simpson & H. Fox, International Arbitration, 1959, p. 190.

② ICJ Yearbook 1950, Vol. Ⅱ, p. 138.

③ Shabtai Rosenne & Louis B. Sohn, United Nations Convention on the Law of the Sea 1982: A Commentary ("Virginia Commentary"), Martinus Nijhoff Publishers, Vol. 5, p. 430 – 431 (1989).

④ Cf. LaGrand Case (Germany v. United States), Judgment, ICJ Reports 2001, p. 503 – 504, para. 104.

择仲裁程序解决国际争端。强制仲裁程序作为仲裁程序的重要组成部分,倘若强制仲裁程序中引入第三方介入制度,必将减损仲裁程序的秘密性。国际仲裁具有突出的双边性的特点,成为《国际法院规约》的成员国意味着对其中第62条、第63条的内容在先表示了一般同意,一些条约中也存在类似的情况。但是国际仲裁实践中当事国为了避免一切有违仲裁秘密性的因素,会要求仲裁庭在程序规则中删去介入的相关内容。有的国际法学者指出,仲裁是一种秘密程序,不存在第三方介入的可能,这样使得仲裁拥有其他国际裁决机制没有的优势。[①] 仲裁的秘密性是国家向国际仲裁机构寻找救济的核心因素之一。[②] 从仲裁程序的秘密性来看,其与第三方介入制度不相容。

(四)从仲裁实践看互容性

在仲裁制度中,在当事方的既得利益或许会被影响的前提下,仲裁程序中的介入的启动建立在当事方同意的基础之上。[③] 由此,当事方惯常的做法为作出特别同意的表示。而现实中,仲裁程序规则的来源主要包括三类:第一类,当事方在仲裁协议中已经就仲裁规则达成合意。第二类,仲裁庭在第一次开庭时讨论并制定。第三类,借用国际实践中现存的仲裁规则。然后在仲裁规则被初步设定后,仲裁庭又将其中的介入内容予以否定并排除。例如几内亚诉几内亚比绍的海洋划界仲裁案,加拿大诉法国

---

① Ian Brownlie, The Peaceful Settlement of International Disputes, p. 277.

② Andress Zimmermann, Intervention, in The Max Planck Encyclopedia of Public International Law, para. 5.

③ Christine Chinkin, "Article 62" in the Statute of the International Court of Justice: A Commentary, p. 1568, MN92.

圣特劳伦斯海湾的角隅填密仲裁案。[①] 第三方介入制度尽管被规定于《联合国海洋法公约》附件六中，但是尚未出现相关实践。第三方介入制度主要贯彻于常设国际法院与国际法院的实践中，第三方的介入请求被获准的前提为第三方本身是《常设国际法院规约》或《国际法院规约》的成员方，这代表着一种事先的同意。在这一领域的第三方介入的实践中，尚未出现成员方之外的第三方提出介入请求。截至目前，国际仲裁中涉及第三方介入的判例屈指可数，基本都是常设仲裁法院受理的案件。其中年代较为久远的委内瑞拉优先债权案[②]在国际仲裁的第三方介入制度发展历史中具有比较重要的意义。原告是德国、英国与意大利，被告是委内瑞拉，案情是关于给予在委内瑞拉革命中遭受损失的国民补偿和优先支付委内瑞拉债券的问题。1903 年 5 月 7 日，基于英国、德国、意大利和委内瑞拉在华盛顿签署的债券议案组成仲裁庭，当事国之间的仲裁协议内容非常特别。其条款指出，承认粘附于债券上的、于 1903 年 2 月 13 日达成的仲裁协议的债券权利国与权利国之外能够对委内瑞拉行使请求权(claim)的国家，对他们获得的权利或他们的实际特权地位可以不表露放弃的意图。[③] 在这项条款的框架下，美国、瑞典、法国、挪威、比利时、墨西哥与荷兰这 7 个国家均介入仲裁程序。仲裁庭支持原告的诉讼请求，原告

---

① The Guinea/ Guinea-Bissau Maritime Boundary Delimitation Arbitration (1985) (19 RIAA 147); The Filleting within the Gulf of St. Lawrence (Canada/ France) Arbitration (1986) (19 RIAA 225).

② PCA Case No. 1903 - 01: Preferential Treatment of Claims of Blockading Powers Against Venezuela (Germany, Great Britain and Italy v. Venezuela).

③ Award of the Tribunal, the Hague, February 22, 1904, Preferential Treatment of Claims of Blockading Powers Against Venezuela (Germany, Great Britain and Italy v. Venezuela), p. 3.

也采取了一些关于请求的战争报复行为，例如扣押委内瑞拉船只、封锁委内瑞拉海岸等。第三方请求介入国家之间的一般仲裁实践尚且少之又少，请求介入国家之间的强制仲裁实践更是前所未闻，虽然有由缔结的条约引入第三方介入制度的可能性。因此，从国家间仲裁实践来看，其与第三方介入制度不相容。

综上所述，从文本语境、产生历史，强制仲裁的内在特性、已经发生过的国家之间仲裁实践等诸多方面来看，强制仲裁允许与介入都不具有互容性。

三、屏蔽介入领域的第三方利益保护

通过上述分析，可以推断出《联合国海洋法公约》附件七屏蔽了第三方介入制度，然而这一第三方介入制度被屏蔽的国际法领域，正在逐渐受到更多国家的重视。仲裁庭受理的首例案件为麦氏金枪鱼案①，于2000年8月4日作出判决。此后于2005年9月1日对围海造地案②，于2006年4月11日对巴巴多斯诉特立尼达和多巴哥案③，于2007年9月17日对圭亚那诉苏林南案④，于2008年6月6日对墨客斯工厂案⑤，于2013年11月11日对

---

① Cases No. 3 &4, Southern Bluefin Tuna Cases (New Zealand v. Japan; Australia v. Japan), Provisional Measures.

② ITLOS Case No. 12, Case concerning Land Reclamation by Singapore in and around the Straits of Johor (Malaysia v. Singapore), Provisional Measures; PCA Case No. 2004 – 05: Land Reclamation by Singapore in and around the Straits of Johor (Malaysia v. Singapore).

③ PCA Case No. 2004 – 02: Barbados v. Trinidad and Tobago.

④ PCA Case No. 2004 – 04: Guyana v. Suriname.

⑤ ITLOS Case No. 10, The MOX Plant Case (Ireland v. United Kingdom), Provisional Measures; PCA Case No. 2002 – 01: MOX Plant Case (Ireland v. United Kingdom).

“自由号”案[1]，于2014年7月7日对孟加拉国湾划界案[2]，于2015年3月18日对查戈斯群岛案[3]，于2014年9月23日对大西洋鲱鱼案[4]，于2013年11月22日对“北极日出号”案[5]分别作出裁定。其中巴巴多斯诉特立尼达和多巴哥案为仲裁庭首次裁夺纠纷的实体问题。围海造地案、墨客斯工厂案、“自由号”案的最终结果均为停止仲裁，但是原因各有不同。新加坡在罗浮海峡围海造地案停止仲裁是因为当事方经过磋商在2005年4月26日签署了《解决协议》且即刻生效，仲裁庭无须进一步审理因而宣布了和解裁定。[6] 墨客斯工厂案停止仲裁的原因是爱尔兰主动提出撤诉。[7] “自由号”案之所以停止仲裁，是因为2013年9月当事方之间达成共识，一起向仲裁庭提出终止审理的申请，仲裁庭因此作出停止仲裁的命令。[8] 此外，还有数起案件的申请方开始是诉

---

① ITLOS Case No. 20, The “ARA Libertad” Case (Argentina v. Ghana), Provisional Measures; PCA Case No. 2013 – 11: The “ARA Libertad” Arbitration (Argentina v. Ghana).

② PCA Case No. 2010 – 16: Bay of Bengal Maritime Boundary Arbitration between Bangladesh and India.

③ PCA Case No. 2011 – 03: Chagos Marine Protected Area Arbitration (Mauritius v. United Kingdom).

④ PCA Case No. 2013 – 30: The Atlanto-Scandian Herring Arbitration (The Kingdom of Denmark in respect of the Faroe Islands v. The European Union).

⑤ ITLOS Case No. 22, The “Arctic Sunrise” Case (Kingdom of the Netherlands v. Russian Federation), Provisional Measures.

⑥ PCA Case No. 2004 – 05: Land Reclamation by Singapore in and around the Straits of Johor (Malaysia v. Singapore), Award on Agreed Terms of 1 September 2005.

⑦ ITLOS Case No. 10, The MOX Plant Case (Ireland v. United Kingdom), Provisional Measures; PCA Case No. 2002 – 01: MOX Plant Case (Ireland v. United Kingdom), Order No. 6 of 6 June 2008.

⑧ ITLOS Case No. 20, The “ARA Libertad” Case (Argentina v. Ghana), Provisional Measures; PCA Case No. 2013 – 11: The “ARA Libertad” Arbitration (Argentina v. Ghana), Termination Order of 11 November 2013.

至仲裁庭,之后又移交到国际海洋法法庭,这些案件有“赛加号案”(第2号)①、箭鱼案②、孟加拉湾海域划界案③、“弗吉尼亚号案”④、大西洋海域划界案⑤。通过上述分析,可以发现强制仲裁程序下的仲裁庭逐渐得到更加普遍的适用。

但是由于强制仲裁程序是第三方介入被屏蔽的领域,在第三方为自身的法律利益可能受到影响而倍感焦虑的情形下,如何维护自身的法律利益成为值得关注的问题。事实上,介入本身受到诸多因素的限制,这在后文中将会进行详细的讨论。第三方的法律利益会得到除了介入案件之外其他诸多途径的保护,同时第三方还能通过广泛的途径让仲裁庭获知其对法律利益的忧虑,引起仲裁庭对案外第三方法律利益的顾及,以此对仲裁裁决造成事先影响,这在一些已决案件中已经得到了证实。⑥ 仲裁庭对第三方法律利益的保护符合其自身功能的内在要求。

---

① ITLOS Case No. 2, The M/V “SAIGA” (No. 2) Case (Saint Vincent and the Grenadines v. Guinea).

② ITLOS Case No. 7, Case Concerning the Conservation and Sustainable Exploitation of Swordfish Stocks in the South-Eastern Pacific Ocean (Chile/European Union).

③ ITLOS Case No. 16, Dispute Concerning Delimitation of the Maritime Boundary Between Bangladesh and Myanmar in the Bay of Bengal (Bangladesh/Myanmar).

④ ITLOS Case No. 19, The M/V “Virginia G” Case (Panama/Guinea-Bissau).

⑤ ITLOS Case No. 23, Dispute Concerning Delimitation of the Maritime Boundary Between Ghana and Côte d'Ivoire in the Atlantic Ocean (Ghana/Côte d'Ivoire).

⑥ The Eritrea/ Yemen Arbitration, Second Phase, Award of Aritral Tribunal in the Second Stage of the Proceedings (Maritime Delimttation).

第四章　国际争端预防与解决中第三方介入限制问题

意图介入国际争端解决的第三方会受到各类因素的限制,这些因素造成的后果既包括第三方不能介入,也包括第三方被获准介入,但介入的范围受到限制,具体分析如下。

第一节　不存在争端

如果国际争端解决机构认为起诉方提出的请求并不构成争端,或者在审理的过程中争端消失,那么依附于争端主程序的附带程序必然停止,这犹如"皮之不存,毛将焉附"。依1974年核试验案判决第63段请求审查情势案中,国际法院认定不构成纠纷,因此附带程序也随之被拒。常设仲裁法院仲裁庭在拉森诉夏威夷王国案中论证了不可或缺第三方规则，又指出拉森与夏威夷王国之间不存在纠纷[①]，实际上是本案当事方与美国之间的纠纷，仲裁庭还清楚地分析了是否能在不对美国的行为性质进行裁定的同时作出裁决。[②] 从另一个角度考虑，即使作为不可或缺第三方的美国请求升入本案，也不可能获得准许，因为当事方之间不存在纠纷。如果一项纠纷在诉诸国际裁决之后，由于当事方之间达成合意，或一方妥协，或停止侵害行为等，纠纷因此消失，相关的介入也随之无效。核试验案中，国际法院在 1974 年 12 月 20 日就斐济的介入申请作出了两项命令，但没有当众宣读这两项命令，国际法院解释说，裁决公布后，斐济的介入申请归于无效，所以无须任何进一步行动。[③]

第二节　禁止引入新的争端

介入作为一项附带程序，第三方倘若欲以介入作为法律工具，进而引入新的争端，是被明令禁止的。主张限制介入说的阿格法官指出，符合《国际法院规约》第 62 条的真正介入是第三方采用的防御性措施，避免自己的法律利益受到外界裁决的影响。

---

① PCA Case No. 1999 – 01：Larsen v. Hawaiian Kingdom, Arbitral Award of 15 May 2014, p. 42, para. 12. 19.

② PCA Case No. 1999 – 01：Larsen v. Hawaiian Kingdom, Arbitral Award of 15 May 2014, p. 37, para. 12. 5.

③ ICJ, Judgment of 20 December 1974 of Nuclear Tests（Australia v. France）, p. 272, para. 59.

一旦将介入作为伪装的外衣，试图引入新的争端则会违背《国际法院规约》第62条的初衷。《国际法院规约》第36条将以第62条为伪装的介入定性为新的纠纷的对象，与主程序的附带程序没有关联。[①] 国际争端解决机构对“禁止引入新的争端”的判断非常严格，这体现在关于介入请求的方方面面，尤其体现在对第三方介入目的的审查上。

第三方马耳他共和国，在“突尼斯诉利比亚国大陆架案”中，阐述了申请介入的目的，希望国际法院考虑其意见，因为案件影响了马耳他共和国的利益。马耳他共和国特别指出，申请介入并非谋求国际法院对大陆架划界案做出裁判。

但是，国际法院没有准许第三方马耳他共和国介入的请求。法官意见为，第三方马耳他请求介入的目的为促使国际法院做出有利于其的裁判。如果国际法院准许第三方马耳他共和国介入争端，那么等于对第三方马耳他共和国和突尼斯或利比亚共和国之间的争端，形成预判。既然第三方马耳他共和国的介入，会引发新的争端，那么，国际法院不同意其介入本案。

第三方意大利在“利比亚诉马耳他共和国”中，依据《国际法院规约》第62条要求介入该案，意大利指出自己和当事方之间不存在纠纷，起诉方利比亚将意大利的这一观点作为自己反对第三方意大利介入的论证依据。利比亚认为第三方意大利没有做到精确地描述介入目的，无论如何，国际法院对本案的裁夺不会影响对第三方意大利的法律利益的预判，意大利能够表露的唯一真实目的是让国际法院察觉到意大利的利益。如果意大利的真实意愿为向国际法院提交对当事方的诉讼请求，那么恰当的程序应

---

① Opinion Dissidente de M. Ago, ICJ Reports 1984, p. 115 – 121.

当是与对抗方进行磋商,而不是请求介入,因为介入会导致当前纠纷范围扩张,并使当前纠纷的进程陷入混乱。[①] 马耳他指出第三方意大利的申请涉及了一个之前从未明确表达过的主张。[②] 国际法院指出,在作出准允或拒绝第三方介入的命令前会判断第三方法律性质的利益和听取第三国的请求目的,当然还需要进一步查明第三国介入的真正目的。根据当事国除争端标的的情况,国际法院指出虽然表面上意大利仅仅希望得到国际法院对其权利的保护,但实际上是让国际法院间接地认同其具有该权利。如果想要满足意大利的请求,那么国际法院就要面对一方是意大利,另一方是原案件的争端双方的新的争端。意大利的请求实质上是让国际法院裁定马耳他与利比亚各自的主权范围,倘若国际法院要如此认定,那么必须先确定意大利的权利及于哪些区域。以允许意大利的介入为前提,那么就要求国际法院抛开利比亚去判决马耳他与意大利之间的争议,或者抛开马耳他去解决意大利与利比亚的矛盾,国际法院的判决不仅对权利有影响,更是对这些权利的部分、完全支持或否定。国际法院的研究结果为:同意意大利的申请将会引入一个崭新的纠纷。这实际上是一个单独事实的两个方面,也就是说一项基本原则,即国际法院的管辖权和对一个纠纷的裁夺取决于当事方的同意。[③] 因此,倘若国际法院发现第三方的介入目的会导致引入新的纠纷,那么第三方的介入

---

① Continental Shelf (Libyan Arab Jamahiriya/Malta), Judgment of Application by Italy for Permission to Intervene of 21 March 1984, p. 15, para. 21.

② Continental Shelf (Libyan Arab Jamahiriya/Malta), Judgment of Application by Italy for Permission to Intervene of 21 March 1984, p. 17, para. 25.

③ Continental Shelf (Libyan Arab Jamahiriya/ Malta), Judgment of Application by Italy for Permission to Intervene of 21 March 1984, p. 22, para. 34.

目的就不符合《国际法院规约》的要求。

陆地、岛屿和海上边界争端案中,国际法院分庭在 1990 年 9 月 13 日宣布判决,一致认同尼加拉瓜在部分事项上可按照其介入的目的、介入的方式,在国际法院限定的范围内介入案件。国际法院分庭提出,附带程序是依赖于主要程序而存在的程序,不能因为附带程序而将一个新的争端引入案件,使原来的案件变成另一个不同的案件。因此申请介入诉讼的第三国无权提起新的主张。新的当事国进入诉讼程序与介入是不同的概念,不论是从类别上、程序性权利的取得上,还是诉讼中可以覆盖的程度上均不相同,不可能存在替代性。第三方介入离不开诉讼方同意的限制,同意原则是国际法院取得管辖权的基础。①

第三节 涉及主张领土主权的争端

没有任何已决案例显示诉讼当事方尝试诉诸国际争端解决机构的是一项涉及第三方直接主张领土主权的区域的纠纷。或许从早期案件中裁夺主体的反应中可以获知,其已经在这类程序中觉察到超越了一个裁夺主体的权限。由此可以推测,涉及争端的相关主体已经考虑到,国际争端解决机构对此类纠纷应采取的正确做法为拒绝受理。国际法院分庭在陆地、岛屿和海上边界争端案中指出,裁夺案外第三方的权利是不恰当的。国际法院分庭

① Land, Island and Maritime Frontier Dispute (El Salvador/ Honduras), Application by Nicaragua for Permission to Intervene, Judgment, ICJ Reports, 1990, p. 133 - 134, paras. 97 - 99.

采用了“双重假设”,即当事方之间的纠纷不能牵涉第三国领土,以及当事方对此具有排他的主权权力。就当事方而言,这一假设是不容反驳的,即他们都不能依赖于第三国的主权而改变他们的地位。然而,这种假设不能支撑第三国主张未来裁决可能影响其利益的立场。

1983 年 10 月 24 日第三国提出介入诉讼程序的大陆架案,意大利在《国际法院规约》第 62 条的基础上要求介入该案,国际法院以 11 票对 5 票没有同意其请求。案件背景是阿拉伯利比亚人民社会主义民众国地处非洲板块的北部,其北侧是地中海,马耳他由地处地中海中心的五个岛屿构成。1976 年 5 月 23 日,利比亚与马耳他经过磋商达成共识:今后关于大陆架争议的事项交由国际法院处理。1982 年 7 月 26 日,对于两国之间的大陆架边界争议,利比亚和马耳他联合向国际法院寻求救济。利比亚不是《大陆架公约》的成员国,马耳他已经加入该公约,双方都是《联合国海洋法公约》的缔约国,均认可《联合国海洋法公约》遵循的国际习惯。本案发生时,《联合国海洋法公约》尚未生效。两国各自在 1983 年 4 月 26 日向国际法院提出诉讼申请。意大利在 1983 年 10 月 24 日向国际法院书记处递交了一份介入申请。1983 年 12 月 5 日,马耳他与利比亚提交了反对意大利介入的意见书。在《国际法院规则》第 84 条的框架下,国际法院在 1984 年 1 月 25 日至 30 日进行公开审理,倾听案件当事方与希望介入方的意见并做出判断。国际法院依据《国际法院规则》第 81 条第 2 项的要求一一审查意大利的申请书内容,认为其形式符合允许介入的标准。意大利提出的法律利益是其对本案争议海域大陆架的主权权利,意大利申请介入的目的是希望国际法院重视这一问题并充分保护意大利的权利,让国际法院在判决中提醒案件当事方在大陆架划界时不能侵害意大利的主权权利。国际法院认为从意大利的主张考虑,无须考虑案件当事方存在的特殊协议,因为仅从《国际法院规约》第62条便能取得审理案件的管辖权。国际法院认为要认定意大利的介入申请的内容的正当性,就应当先判断意大利是否具备可能受到裁决影响的法律性质的利益,这一问题又需要以审查请求书的目的是不是以期待取得国际法院的保护与避免受到裁判的干扰为前提。国际法院在作出准允或拒绝第三方介入的命令前会判断第三方法律性质的利益和听取第三国的请求目的,当然还需要进一步查明第三国介入的真正目的。根据当事国间争端标的的情况,国际法院指出,虽然表面上意大利仅仅希望得到国际法院对其权利的保护,但实际上是让国际法院间接地认同其具有该权利。如果想要满足意大利的请求,那么国际法院就要面对一方是意大利,另一方是原案件的争端双方的新的争端。意大利的请求实质上是让国际法院裁定马耳他与利比亚各自的主权范围,倘若国际法院要如此认定,那么必须先确定意大利的权利及于哪些区域。以允许意大利的介入为前提,那么就要求国际法院抛开利比亚去判决马耳他与意大利之间的争议,或者抛开马耳他去解决意大利与利比亚的矛盾,国际法院的判决不仅仅对权利有影响,更是对这些权利的部分、完全支持或否定。倘若国际法院准许意大利的介入申请,则将会出现新的争端,从《国际法院规约》第62条的角度进行分析有两个不同途径。第一种途径是:因为意大利请求国际法院对其主权权利进行确认,因此,国际法院应当首先审查相关问题,确定自己有无权利裁判介入国的要求。意大利提出介入的国际法依据是《国际法院规约》第62条,这一条款为国际法院行使管辖权提供了充分的依据。国际法院认为意大利的说法倘若成立,那么国家同意原则、国家与国家之间对等和平等原则这些赋予国际法院管辖权的基本原则之外存在特殊的《国际法院规约》第 62 条,但是实际上第 62 条的规定并不是国际法院取得管辖权的例外情形。第二种途径是:只要是请求介入诉讼的国家期待国际法院确定其权利,那么其介入就是不符合《国际法院规约》第 62 条的介入。第 62 条不能与国家同意原则背道而驰,第 62 条针对的情形是第三国希望保护自己的合法权利,并非要求外界承认自己的合法权利。第三国不能利用第 62 条创设一个新的争端,也不能借以取得自己的个别权利,这些问题若要提出,必不可假借第 62 条。因此,国际法院不应当同意意大利的请求。从两个不同的途径得出相同的结论,因此,国际法院拒绝意大利的申请,同时无须解答诉求中关于《国际法院规约》第 62 条的适用条件、效力和是否必须证明具有管辖联系的问题。意大利认为,倘若国际法院没有准允意大利介入诉讼,那么将几乎不可能实现特殊协议的价值,倘若国际法院愿意让意大利介入诉讼,那么将能更加全面地获知与案件相关的信息,能够为确定大陆架界限提供重要的参考。国际法院认为对意大利是否满足《国际法院规约》第 62 条的介入的判断应当建立在裁决可能对意大利的法律利益造成影响或侵害的基础上,而建立在如果介入将对国际法院有极大的益处的基础上。在裁决里可以尽量照顾到划界海域周边各国的法律利益,《国际法院规约》第 59 条为意大利的法律利益提供了充分的保障。它明确了国际法院的裁决效力的范围,当事国可以通过国际法院的判决对抗其他国家。国际法院同时注意到这一海域周边存在着其他具有类似的请求权的国家,其作出的裁决会顾及这些国家的权利与请求介入的资格。关于是否要求请求介入的第三国与案件原当事方存在管辖关联的问题,国际法院提到了 1981 年突尼斯诉阿拉伯利比亚人民社会主义民众国大陆架案的裁决中对《国际法院规约》第62条的历史发展的分析，对于本案无须考虑管辖关联问题。国际法院坚定地支持常设国际法院在1922年作出的判决内容，并认为对于管辖联系问题的答案不是从判例确定的规则中寻找，而是根据一个案件的特定案情寻找答案。最终国际法院反对意大利介入案件。该案在当提到纠纷的实质时，第三方意大利的地位得到极其重要的保护。国际法院有能力通过将裁决的范围限定在第三方意大利未提出主张的领域来完成裁判。[①] 但不可否认，国际法院的裁判在这方面存在实质性的困难。在某种程度上，国际法院在介入问题中采取的方法与对案件实质问题的裁夺的一致性确实存在问题。与此同时，不能基于两种不同的语境因而否定该案的重要性。一方面，给第三方为介入的道路上设置了一个强有力的障碍，允许对任何介入范围进行严格限制。另一方面，本案重申了一项原则，即第三方对领土的合法主张可以作为国际法院否定自身管辖权的理由，尽管相关判例留下了一些未解决的问题。第三方如何让自己的权利被广泛地得知，或创设自己的权利，在判例中可能无法找到令人满意的、具有指导意义的答案。而上述原则的范围，尤其是是否存在第三方对整个纠纷主题事项主张具有完全否定国际法院审理结果的效果，也是无从寻找令人满意的、可操作性强的规定。在涉及有争议的领土且任一当事方未能详细地展示有关主权问题的强有力的证据的大量案件中，可以发现支持后一推断的间接证据。即使如此，在缺乏第三方的前提下，无论占领或控制的客观标准是否无关紧要，当事

① Judgment of 21 March 1984 of Application by Italy for Permission to Intervene of Continental Shelf (Libyan Arab Jamahiriya/Malta), p. 26, para. 40.

方应表明自己已经比对方最大限度地完成了对争议领土的主权行为,且这种行为是持续合法的。在东格林岛法律地位案[①]中,常设国际法院支持丹麦一方的裁决被认为缺乏对第三方利益的考虑。常设国际法院强调,当不得不裁夺一项起诉方针对特定领土纠纷的主张时,任何法庭均必须考虑其他国家对该地域主张领土主权的程度。[②] 国际法院在对大陆架案的裁决中也引用了常设国际法院的观点。[③] 很可能确实存在第三方对同一领域主张主权的情况,那么鉴于起诉方丹麦提出的在该争议区域的主权行为的证据不具有周密性,常设国际法院将排除对该纠纷的管辖权。国际法院分庭在陆地、岛屿和海上边界争端案里指出,在大陆架案中,国际法院充分考虑第三方对争议区域进行主权主张的程度。在行使管辖权时,必须满足对争议岛屿作出的裁决决定仅为当事方之间的。这项裁决决定并不对其他任何第三方有效力,倘若其他第三方对某一特定的岛屿有主权主张,这一事实将能够排除国际法院分庭的管辖权,国际法院分庭认为自己没有义务行使管辖权去调查该海湾的每一个岛屿的法律情况。[④] 国际法院分庭拒绝了相关主张,拒绝的理由为在大陆架案判决中所指出的,"国际法院没有被赋予裁夺在牵涉第三国的划界中运用什么原则和规则,

---

① Legal Status of Eastern Greenland (Denmark v. Norway), 1933 P. C. I. J. (ser. A/B), No. 53 (Apr. 5).

② Judgment of 5 April 1933 of Legal Status of Eastern Greenland (Denmark v. Norway), 1933 P. C. I. J. (ser. A/B), No. 53 (Apr. 5), p. 28.

③ Judgment of 21 March 1984 of Application by Italy for Permission to Intervene of Continental Shelf (Libyan Arab Jamahiriya/Malta), p. 27, para. 43.

④ Judgment of 11 September 1992 of Land, Island and Maritime Frontier Dispute (El Salvador/Honduras: Nicaragua Intervening), p. 207, para. 326.

或是否当事方的主权主张比第三国的更占优势等事项的管辖权"[①]。国际法院分庭认为应当注意陆地划界与大陆架划界的区别。陆地边界的确定不取决于任一当事方与第三方的各自立场。与此相反,当考虑到第三方的立场,大陆架案中当事方之间的协议可能被视为与国际法中相关规则相冲突。随后,国际法院分庭又指出:"当第三国对相关区域的主张可能与公平原则等法定注意事项(legal considerations)相悖,并且这些法定注意事项是国际法院裁夺案件的基础,那么即使在当事方明确授权的前提下,国际法院也必须拒绝这类大陆架划界请求。"[②]

这一声明暗示了,就公平因素在大陆架划界中所扮演的重要角色而言,英国诉法国仲裁案(the Anglo-French arbitration)中,仲裁庭应当对爱尔兰可能主张权利区域的纠纷拒绝作出裁决,即使对爱尔兰能够成功主张且与当事方相互之间对抗的权利相关的请求,仲裁庭也应拒绝审理。考虑公平原则对裁决的重要意义,国际法院分庭采用的办法很难避免产生逻辑影响。该办法是指在先的国际争端解决机构应当更加谨慎地对待"爱尔兰因素"。有可能存在这样的情形,即当事方之间就纠纷达成的协议对第三方来说是合情合理的,但是这一用于大陆架划界的协议漠视了任何公平因素,而这些公平因素源于国际法院将来对任一当事方对抗第三方的主张作出的裁决。与之相反,也可能存在另一情形,即在陆地划界案中,对诉讼当事方之间纠纷的裁决是基于已经达成合意的地区作出的,而第三方主张这对自己的权

① Judgment of 3 June 1985 of Continental Shelf (Libyan Arab Jamahiriya/Malta), p. 17, para. 21.

② Judgment of 11 September 1992 of Land, Island and Maritime Frontier Dispute (El Salvador/Honduras: Nicaragua Intervening), p. 231, para. 366.

利造成侵犯。在针对陆地领土的裁决中，明显可以看出完全排除适用公平原则。[①] 总而言之，国际法院分庭更可取的做法为创设一项能被广泛适用的原则。建议将原则设置为：在诉讼当事方业已规定的参量（parameters）范围内，国际法院在出于善意的前提下对领土划界进行定夺。在充分考虑第三方对该领域可能具有的正当利益的前提下，国际法院有权利在参量范围内处理边界问题。诉讼当事方与国际法院都要意识到，最终的裁决不能侵犯第三方的利益。除非当事方之间对某一地区的协议从属于某一国际裁决，否则当事方将因漠视任何公平因素受到裁决的拘束，这些公平因素缘于未来的、无论是任一当事方与第三方之间的关于陆地还是海洋领土裁决。这一原则将对英国诉法国仲裁案作出解释，该仲裁案的结果没有被仲裁庭对不列颠与爱尔兰之间的大陆架划界可能作出的裁决影响。这一原则不能适用于可能牵涉当事方与第三方之间的至关重要的重叠主张的情形。重叠的范围意味着当事方在未充分关注第三方权利的基础上作出相互妥协的事项。

第三方权利的问题也在陆地、岛屿和海上边界争端案中被提出。1989 年 11 月 17 日尼加拉瓜递交介入请求，恳请以非当事国的身份加入该案，国际法院分庭在 1990 年 9 月 13 日宣布判决，允许尼加拉瓜在部分事项上，按照其介入的目的、介入的方式，在国际法院限定的范围内介入案件。尼加拉瓜在请求中说明介入的依据是《国际法院规约》第 36 条第 1 项与第 62 条。萨尔瓦多声称尼加拉瓜的申请在形式上不满足《国际法院规则》第 81 条第

① A. L. W. Munkman, Adjudication and Adjustment—International Judicial Decision and the Settlement of Territorial and Boundary Disputes, 46 Brit. Y. B. Int'l L. 1(1972 – 1973).

2 项的要求,提出申请不够及时,由于对案件的审理已经过去较久,现在出现的申请将会扰乱之前的审理,尼加拉瓜在请求介入之前没有与案件当事方进行磋商。国际法院分庭对此均未采纳。关于具有法律性质的利益问题,尼加拉瓜指出,通过特殊协议第 2 条可以看出,本案和货币黄金案一样,尼加拉瓜的法律性质的利益是争议的主题事项。因此,国际法院分庭回顾了货币黄金案,认为货币黄金案裁决中说的是虽然《国际法院规约》第 62 条可能隐含了国际法院可以拒绝法律性质的利益有可能受到干扰的国家介入诉讼的意思。货币黄金案中不涉及此部分,因为潜在的第三国阿尔巴尼亚没有要求介入,假设阿尔巴尼亚选择了介入,那么国际法院会怎样处理是未知的。国际法院分庭认为倘若尼加拉瓜的法律利益确实如其所述,那么应该允许尼加拉瓜介入,这是由于本案没有确立苛刻的标准。但是,此后会出现新的问题,即国际法院分庭在同意尼加拉瓜依据《国际法院规约》第 62 条介入之后能否在裁决中谈及如何处理尼加拉瓜的法律利益。因此,国际法院分庭首先要做的是查证尼加拉瓜的法律利益是否有可能被未来的裁定干扰,假设确定会受到干扰,国际法院分庭需要进一步查证尼加拉瓜法律利益涉及的事项是不是类似于阿尔巴尼亚那样的争议的主题。国际法院分庭指出《国际法院规约》第 62 条阐述的是在第三国的法律性质的利益可能被判决影响时应同意其介入案件,但是本案中的特别协议为国际法院指明需要对当事国之间的多个问题进行分析,这样国际法院分庭需要逐一分析对每个问题的裁决是否会干扰到尼加拉瓜的法律利益,这样方可综合确定允许尼加拉瓜介入是否超越了《国际法院规约》第 62 条限定的范围。假设尼加拉瓜被准允介入该案,那么只代表国际法院认为尼加拉瓜的法律利益确实可能被最终判决干扰,并不代表允许尼加拉瓜介入案件的其他问题,尼加拉瓜自己也同意这点。国际法院分庭明确界定尼加拉瓜介入案件的范围,需要查证案件涉及的岛屿的情况、海湾的地情地貌及附近水域可能执行的划界线。当事方没有达成合意的地方是特别协议的第 2 条第 2 款是否包含了上述讨论的问题,因此,国际法院分庭在审理过程中必须严格注意遵照特别协议第 2 条第 2 款的明显意思,不对当事方对该条的争议之处表现出自己的态度与倾向。国际法院分庭所要做的是依此解决尼加拉瓜寻求救济的问题,但是避免对特别协议的条款进行解释。国际法院分庭作出的意见指出,通过共同所有的内涵,可以肯定尼加拉瓜对海湾水域制度的管理方面具有法律利益。国际法院分庭倘若支持洪都拉斯的意见,那么有可能出现干扰尼加拉瓜法律利益的情形。萨尔瓦多要求与尼加拉瓜、洪都拉斯共同所有海湾水域管理权,洪都拉斯将利益一致作为全部论述的基础,基于此,尼加拉瓜所称的法律性质的利益会遭到裁决的影响是毋庸置疑的。尽管国际法院分庭对于尼加拉瓜在丰塞卡湾海域的法律利益或许会受到裁决的干扰予以肯定,但是不赞同尼加拉瓜描述的自己与货币黄金案中阿尔巴尼亚的法律利益具有相同意义的观点。所以国际法院分庭无须面对缺乏尼加拉瓜的同意能否管辖本案的问题,尽管尼加拉瓜在这一点上原本是符合介入案件的要求。国际法院分庭分析了尼加拉瓜证明其拥有法律利益的证据,提出不能因为尼加拉瓜所证明的国际法院分庭在审判中依赖的一般法律规则对其来说是法律利益不能就因此认为尼加拉瓜的介入申请是符合国际法的。也不能因为本案在明确萨尔瓦多与洪都拉斯之间的海洋划界问题前考察海湾地区其他沿海国的地情地貌就代表尼加拉瓜的法律利益或许会被影响。对于本案海湾出现的确定界线的问题,国际法院分庭面临的困扰为尼加拉瓜在介入声明中并未明确提出究竟在哪一海域会受到本案划界的影响,所以,国际法院分庭不敢肯定未来采用的,除了利益一致之外,确定海洋界线的国际法与作出的裁决是否会对尼加拉瓜的法律利益产生影响。因此,国际法院分庭指出尼加拉瓜为了满足《国际法院规约》第 62 条要求而证明拥有的法律性质的利益将会被国际法院分庭对丰塞卡湾当中共同所有的部分是否存在以及这些部分属于什么性质的裁决影响,但是尼加拉瓜从未提出该利益可能会受到海湾水域划界裁定的影响。这一判定方法同时也回答了之前所说的海洋岛屿纠纷裁决中可能存在的关系问题。[①] 国际法院分庭对丰塞卡海湾水域之外的情形进行了分析,以期判断此后关于此海域的裁决是否会影响尼加拉瓜的法律利益。洪都拉斯根据特殊协议提出当事国将对领海与专属经济区的确定边界线的权力交给国际法院,并请求国际法院分庭支持洪都拉斯主张的对丰塞卡湾之外的海域进行划界的主张。就特殊协议的内容,萨尔瓦多主张该协议根本没有将划界的权力提交给国际法院。当事国均指出国际法院分庭明确该海域之外的水域的分界线不可能给尼加拉瓜带来影响,且国际法院分庭支持各方对特殊协议第 2 条内涵的解读无关尼加拉瓜的法律性质的利益。国际法院分庭发现洪都拉斯提出确定海洋边界线的方案是为了不牵涉尼加拉瓜对丰塞卡湾之外海域的主张。国际法院分庭在特别诉讼过程中既要分析历史因素,又要从各方的辩论意见中寻求答案。介入申请国应当清晰地说明案件对本国法律利益造成了哪些方面的影

---

① The Order of Land, Island and Maritime Frontier Dispute (El Salvador/Honduras: Nicaragua Intervening), paras. 37, 52 – 80.

响,以及哪些海域划界关系到其法律利益。洪都拉斯运用图表的形式给出了自己的意见,尼加拉瓜可以借此阐述这一建议对于洪都拉斯线西部海域是怎样极大地影响了自己的法律利益。因此,国际法院分庭应仅同意尼加拉瓜在海湾连接线之内海域的划界问题。[①]《国际法院规则》第 81 条第 2 款(b)项指出,介入要具有明确的目的,尼加拉瓜在申请中指出自己的两个目的非常保守,一是穷尽所有法律途径捍卫尼加拉瓜在丰塞卡湾附近区域的合法权益;二是让国际法院了解尼加拉瓜主张的国际法权利的性质,确保作出的判决不会影响尼加拉瓜的法律利益。在国际法院分庭公开审理的过程中,尼加拉瓜的代理人表示听从分庭的安排,愿意介入分庭提出的其他程序中。萨尔瓦多声称尼加拉瓜的介入目的是不符合国际法规定的。尼加拉瓜介入目的(object of intervention)中的希望国际法院了解争议中事关尼加拉瓜的法律权利的部分,从外在形式上看是发挥第三方介入制度作用的合理目的。在介入请求中尼加拉瓜义正词严地运用了“侵犯”等措辞,这不会对国际法院分庭对介入目的的认定产生影响。国际法院分庭分析认为请求介入的第三国希望用尽一切能借助的法律方法去捍卫自己的国际法权利,那么肯定也会穷尽一切去寻求这样的方法,能借助的法律方法毫无疑问包括《国际法院规约》第 62 条,如此可知尼加拉瓜的介入目的不是不合适的。[②] 国际法院分庭注意到萨尔瓦多提出的尼加拉瓜需要给出与当事国具有有效的管辖联系的证据。尼加拉瓜的请求书中仅声明在《国际法院

---

① The Order of Land, Island and Maritime Frontier Dispute (El Salvador/Honduras: Nicaragua Intervening), paras. 80 - 84.

② The Order of Land, Island and Maritime Frontier Dispute (El Salvador/Honduras: Nicaragua Intervening), paras. 85 - 92.

规约》方面与当事国具有管辖联系,同时,尼加拉瓜指出《国际法院规约》第62条没有标明还需要介入国与当事国具有其他方面的管辖联系。国际法院分庭需要处理的问题是:倘若介入国向提起针对任一或所有当事国的诉讼,在证明具有管辖联系的问题上,是不是《国际法院规约》第62条强制要求的。根据《国际法院规约》第62条,国际法院基于第62条取得的权利的性质取决于第三国的介入目的。《国际法院规约》第62条设置的介入目的是保护当事国之外的第三国的法律利益,不让第三国的法律利益受到国际法院审判结果的干扰,而不是让第三国的介入形成一个崭新的争端,也不是让第三国的身份变成当事国,然后向国际法院提出自己的请求。设置第三方介入制度的目的并非取代诉讼,《国际法院规约》的缔约国身份不会使国际法院对某一具体案件当然具备管辖权,这其中非常关键的因素是当事国同意国际法院的管辖。倘若把第三国介入诉讼视为第三国有意将自己变成争端的当事国,这种解释将是对双方协议管辖原则的破坏。因此,国际法院强调,经过国际法院的允许而成为介入方的第三国不代表就是案件的当事国。第三国介入的请求是否获准,不取决于国际法院对介入请求国与当事国之间是否具备管辖联系的判断,而是取决于第三方介入制度的目的与性质。《国际法院规约》设立第三方介入制度是为了维护第三国的法律利益,在满足《国际法院规约》要求的情况下是否准许介入和第三国与当事国是否具有管辖联系无关。所以本案中尼加拉瓜没能有力地证明与萨尔瓦多、洪都拉斯具有管辖联系不足以妨碍国际法院分庭对介入的允许。①

① The Order of Land, Island and Maritime Frontier Dispute (El Salvador/Honduras: Nicaragua Intervening), paras. 93 – 101.

获允介入的第三国将取得一些国际裁决程序中的权利，本案是国际常设法院与国际法院的裁决活动中首例准允第三国依据《国际法院规约》第 62 条介入的案件，具有极其重要的历史地位与意义，国际法院对准允介入的尼加拉瓜能够获取的程序性方面的权利进行分析是非常必要的。介入案件的第三国并非案件的当事方，所以与当事国基于《国际法院规约》《国际法院规则》和国际裁决活动中的一般程序性规则承担的国际责任与享有的国际权利无关。尼加拉瓜介入案件审理之后，最基本的权利是对国际法院分庭陈述与自己相关的案情事实的权利，这一权利的国际法基础是《国际法院规则》第 85 条，该条赋予了介入国向国际法院提交书面陈述以及介入庭审的权利。尼加拉瓜的介入应当在什么范围之内，需要与整个案件的范围放在一起分析，这也代表着将尼加拉瓜陈述案情的权利局限在了这一范围当中。尼加拉瓜无权对国际法院分庭解释本案中涉及的 1986 年 5 月 24 日达成的特殊协议条款，原因在于尼加拉瓜不是特殊协议的拟定者与签字者，不能对他国达成的协议进行解释。尼加拉瓜明确声明不希望被迫加入陆地边界纠纷。国际法院分庭分析了尼加拉瓜在哪些方面具有法律性质的利益，在哪些方面不具有法律性质的利益，认为尼加拉瓜的权利应当被限制在其能证明确实具有法律性质的利益的范围内。[①] 国际法院分庭对受理案件的范围进行了讨论，但是这些讨论主要强调了国家责任事项。倘若这样做，可能忽视甚至漠视了基于涉及第三方领土权利的利益而应拒绝行使管辖权这一原则。通过对大陆架案与陆地、岛屿和海上边界争端

---

① The Order of Land, Island and Maritime Frontier Dispute (El Salvador/Honduras: Nicaragua Intervening), paras. 102 – 104.

案中国际法院分庭对案件实质问题的处理办法的分析可知,对上述情形不可能对上述情形进行那样解释。

第四节 涉及多边条约的争端

任何基于公约问题,对一项多边公约的其中两个成员方作出的裁决,很可能影响多边公约其他成员方的法律地位。当牵涉对公约内容的解释时,国际裁决将对所有各方产生影响。倘若结合《国际法院规约》第 63 条的规定,将很容易理解。然而,国际法院应当避免在缺乏相关第三方时对解释问题作出裁决似乎毫无理由。可能出现这样的情形,即条约中的其中一方向另一方提起争端,主张另一方与第三国的共同行为违反了条约的某一条款。倘若该第三国并非条约的成员方,那么它的相关行为不属于违反条约义务的行为,国际法院毫无疑问地能够对纠纷行使管辖权。倘若第三国也为条约的成员方,那么第三国的地位就不够清晰了。国际法院对此作出的裁决决定了第三国在条约下的义务,但是第三国具有作为第二被告的法律地位。在这样的情形下,判断国际法院是否不恰当地行使了管辖权取决于是否考虑了一个事实,即是否在事实上裁夺第三方的权利,或者是否强调了裁决仅对诉讼当事方有约束力。

一个有对比性的情形发生在尼加拉瓜诉美国军事与准军事行动案,被诉方美国于 1983 年和 1984 年在起诉方尼加拉瓜主权水域安放鱼雷,且造成了数次严重的航行事故。1984 年 4 月 9 日,尼加拉瓜向国际法院寻求救济,控告美国对尼加拉瓜主权的一系列侵犯行为,尼加拉瓜希望国际法院立即作出临时措施,确认美国的一系列军事和准军事活动违背国际法，命令美国停止侵害尼加拉瓜主权的活动并对已造成的恶劣后果进行赔偿。尼加拉瓜虽然指出萨尔瓦多、洪都拉斯与哥斯达黎加均参与了违法行为，但只对美国提起诉讼，美国认为自己是与其他三个国家共同进行集体自卫行动，对尼加拉瓜相当于武装攻击的颠覆性干涉进行反击，美国表示这三国是不可或缺的第三方，倘若这三国没有介入诉讼，那么国际法院将缺乏对案件的管辖权。1986 年，国际法院对该案的实质问题进行裁定，认为尼加拉瓜无须对经过尼加拉瓜领土将武器运送至萨尔瓦多反叛者手中一事承担责任。尽管国际法院的裁决以国际习惯法中的国家权利为中心，由于习惯法规则和《美国宪章》与《美国国家组织宪章》下的国家义务具有非常密切的平行关系，国际法院在相关声明中对这一问题进行了讨论。尽管三个声称遭受尼加拉瓜侵略的受害国并非程序的当事方，国际法院在裁夺是否曾经发生过一起针对这三国的武装冲突，以及这三国是否有资格进行自我防卫活动方面没有进行最轻微的限制。内格都拉 · 辛格法官在个人意见中指出：倘若现在就审议萨尔瓦多的声明，那么将直接引入本争议的实质问题，如果进行公开审判，就要对本争议的实质问题进行辩论。这个涉及实质问题的开庭与未来国际法院专门针对实质问题的开庭会引起国际社会的疑惑与不解，是没有足够依据支撑的，所以国际法院在时间上进行了安排。倘若国际法院审理案件的实质问题，萨尔瓦多要求在接下来的程序中介入进来。国际法院已经肯定了萨尔瓦多介入诉讼的权利，萨尔瓦多在国际法院享受到了公平对待，在下一轮的程序中将探讨介入申请是否被准许的问题。截至 2024 年 8 月 30 日，国际法院的法官以 14 票对 1 票否定了萨尔瓦多在当前程序中的可接受性。洛达、慕斯勒、阿格、罗伯特 · 詹宁斯与杜拉谢立艾均赞同国际法院的裁判，同时提出国际法院采取相反的做法才是更加合适的。贝嘉威法官提出国际法院宣布拒绝萨尔瓦多的介入申请，那么公开审理便毫无意义，因为一个争端解决机构不可以在拒绝介入请求的同时讨论是否对此公开审判。施韦贝尔法官反对国际法院作出的命令，国际法院裁定不公开审判不符合正当程序原则，在没有明确解决问题的方案之前，萨尔瓦多应当被准许介入，如果国际法院不公开审判该介入申请，那么在处理接下来的问题时都应朝着有助于萨尔瓦多介入案件的方向努力。施韦贝尔法官认为萨尔瓦多提出的申请是依据是《联合国宪章》《国际法院规约》等，尼加拉瓜表示同意萨尔瓦多的介入，但是根据《国际法院规则》第 84 条第 2 项，即国际法院只有在考虑案件当事国与介入申请国的主张后方可否定介入申请的可接受性，不同意国际法院公开审判该申请。施韦贝尔法官提出支持萨尔瓦多介入案件的诉讼程序，原因在于《国际法院规约》第 63 条指明，介入可能发生于确定管辖权问题的过程中，需要解释萨尔瓦多提出介入所依据的国际法，假设国际法院不仅仅可以否定萨尔瓦多的请求，那么同意国际法院管辖的声明的性质就是条约。①

东帝汶案是一个极其重要的案件，葡萄牙在 1985 年 9 月、1988 年 10 月与 1989 年 10 月、12 月先后表示抗议，声明自己是东帝汶的合法管理者，有联合国文件赋予的责任、权力与地位，澳大利亚擅自与印度尼西亚商讨东帝汶的相关事项，蔑视与侵犯了

① Dissenting opinion of Judge Schwebel, Judgment of Military and Paramilitary Activities in and against Nicaragua (Nicaragua v. United States of America) on 26 November 1984.

葡萄牙的权利。但是澳大利亚没有作出任何回复,这种漠视的态度促使葡萄牙在 1991 年 2 月 22 日将这一事项提交到国际法院,请求国际法院裁决东帝汶具有民族自决权,保持领土完整的权利与处理自然资源是其主权的组成部分,澳大利亚应当尊重葡萄牙行政权力人的身份。澳大利亚辩诉称如果国际法院同意葡萄牙的申请,那么就不得不在未得到第三国许可的前提下裁判第三国入侵与实际控制东帝汶的举措,以及之后就东帝汶相关的大陆架划界进行商讨的行动的性质,这违背了货币黄金案中确立的国家同意方可管辖原则。货币黄金案中认为如果第三国的法律利益成为判决的标的,那么未经该第三国同意,不能决定任何关于该第三国责任的事项。葡萄牙坚持解释这一申请仅仅针对的是澳大利亚与印度尼西亚擅自进行的商讨东帝汶海域的大陆架划界、签订共同开发合同、签署并开始履行条约的举动,和印度尼西亚的其他举措没有关系,申请的主体事项是澳大利亚的举动对东帝汶的民族自决权和葡萄牙的管理者身份构成侵害,性质上是违法行为。国际法院在 1995 年 6 月 30 日发布判决,提出在缺乏第三国同意的前提下国际法院不能管辖一个纠纷是《国际法院规约》确定的基本原则之一,这一基本原则在 1943 年的货币黄金案、1984 年的大陆架案、尼加拉瓜诉美国军事与准军事行动案中先后得到落实。该案的根本问题是代表东帝汶缔结条约的权利人是葡萄牙还是印度尼西亚。[①] 国际法院分析了葡萄牙的理由,结论是 1989 年印度尼西亚与澳大利亚缔结条约的合法性问题是认定澳大利亚行为性质的先决条件,印度尼西亚在入侵并实际掌控

---

① Judgement on Case concerning East Timor (Portugal v. Australia), I. C. J. Reports 1995, para. 27.

东帝汶的状态下是否具有代表东帝汶行使自然资源与领土划界权的权力是案件的主题事项,但是印度尼西亚未提出接受管辖,那么国际法院没有对案件的管辖权。[①] 葡萄牙请求国际法院作出的判决等同于声明印度尼西亚的入侵、实际控制、将东帝汶纳入自己领土、签署涉及东帝汶的条约等行为是违法的,印度尼西亚的权利和义务是本案需要解决的主题事项,如果做出这样的判决将违背《国际法院规约》中已经确立的国家同意才能管辖原则。最终以 14 票对 2 票形成了本案的判决,其中维拉曼瑞(weeramantry)法官与斯库比啫乌斯基(skubiszewski)法官提出了异议意见,还有 4 位法官发表了个人意见。维拉曼瑞法官的异议体现在对葡萄牙观点的反驳、东帝汶的民族自决权与自然资源的主权、第三方规则、澳大利亚的义务、优先权这几个方面,说明虽然印度尼西亚未介入,但是国际法院依然能够行使管辖权。维拉曼瑞法官指出葡萄牙的申请对象不是印度尼西亚,所指向的违法行为的做出者也不是印度尼西亚,国际法院的裁决确实会影响到印度尼西亚的某些利益,但是案件的所有内容的基础均为澳大利亚为履行国际义务,擅自与他国处理有争议的事项,因此,案件的真正主题事项不是印度尼西亚的行为。[②] 对国际法院管辖权问题的分析需要站在一个统观全局的角度,它不是孤立的,而是与众多因素交织在一起的。案件中的基本情况是东帝汶具有民族自决权,这一点澳大利亚毫无疑问需要承认;东帝汶还具有对其领土范围内的自

---

① Judgement on Case concerning East Timor (Portugal v. Australia), I. C. J. Reports 1995, para. 28.

② Eric Heinze, Malgosia Fitzmaurice Landmark Cases in Public International Law, Kluwer Law International Press, 1998, p. 515 – 516, Dissenting Opinion Of Judge Weeramantry, Part A, 1(i).

然资源的主权，由于地理因素，其中部分海洋资源属于东帝汶与澳大利亚两方共同享有，这些资源归属于东帝汶的起始时间是联合国承认东帝汶是非自治领土之时。澳大利亚一直表示认可东帝汶是非自治领土，截至 2024 年 8 月 30 日，联合国仍旧将东帝汶归在非自治领土名单中，东帝汶附近海域存在丰富的石油与天然气资源，这些资源是东帝汶人民的共同财产。葡萄牙已经撤离了东帝汶，尽管联合国还将葡萄牙作为东帝汶的行政管理人，且没有指定其他行政管理人。印度尼西亚在 1975 年 12 月 7 日大举入侵东帝汶并一直对其进行实际控制，联合国一直以来并未承认印度尼西亚对东帝汶的管理者身份，在入侵之后的 20 年中，联合国始终努力解决东帝汶问题。澳大利亚与印度尼西亚对东帝汶附近的海洋资源达成了协议。澳大利亚认同东帝汶属于印度尼西亚的领土板块，澳大利亚和印度尼西亚签署条约的行为漠视了联合国的规定。澳大利亚与印度尼西亚签署的条约基本期限是 40 年，之后可以再延长 20 年，条文中没有规定东帝汶能从海洋资源开发中取得哪些利益，东帝汶从未对该条约的内容以直接或间接的方式表示认同。澳大利亚与印度尼西亚之间的条约涉及的海洋资源是一次性、非可再生的，因此，东帝汶所享有的海洋资源总量范围将会永久性地缩小。澳大利亚和东帝汶没有达成海洋划界合意，在条约履行的 40 年或 60 年后，大量的海洋资源将会永久性地消失，在海洋资源被开采的过程中，葡萄牙因没有取得任何利益而希望联合国对此进行监督管理。这些是东帝汶的基本案情，维拉曼瑞法官结合案情探讨本案与货币黄金案的异同。澳大利亚作为联合国的成员，应当履行国际义务，尊重《联合国宪章》的规定，支持东帝汶的民族自决权与自然资源的主权，并保障东帝汶的相关权利的行使。联合国成员方国际行为的合法性问题将交由国际法院审查，澳大利亚的相关行为包括宣布承认本来属于非自治领土的东帝汶是印度尼西亚的领土，在与印度尼西亚签订条约时未得到东帝汶的授权与同意，才是该案的关键点，国际法院无须认定印度尼西亚行为的性质以及其与东帝汶的关系的实际状况，联合国的任何成员都应当尊重国际上的非自治领土，不以他国对非自治领土的控制合法与否为前提。货币黄金案的主题事项是第三国的财产与行为，东帝汶案与之不同，第三国的行为与应当履行的义务并非主题事项。货币黄金案中原告的申请从未针对第三国，该判例确定的规则是国际法院的裁决可能给第三国带来影响，且是裁决所要解决的主题事项，因此，国际法院不能在第三国没有同意的情况下接着审理案件。东帝汶案中，虽然第三国印度尼西亚的法律利益或许会受到裁决的影响，但这并不是判决的主题事项，所以货币黄金案确立的原则并不适用于东帝汶案。斯库比啫乌斯基法官提出了异议意见，他在关于不可或缺第三方规则方面，认为葡萄牙的诉讼方向非常正确，与货币黄金案中的第三方问题存在千丝万缕的联系，但是东帝汶案中原告的诉求并未指向没有介入诉讼的第三国，没有要求国际法院对第三国事项进行管辖，所以可以选择起诉澳大利亚是不错的。国际法院行使管辖权的案情是联合国对东帝汶的定位，《联合国宪章》将其定位为非自治领土，尽管事实上印度尼西亚实际控制着东帝汶。在联合国法律的约束下，国际法院又未有证据证明联合国超越职权范围作出这一决议，那么就要遵守联合国大会和联合国安理会的决议，在划分自治领土与非自治领土、委派对非自治领土的管理者时受到决议的约束。① 斯库比啫乌斯基法官

① Dissenting Opinion of Judge Skubiszewski, paras. 68, 70, 71.

认为印度尼西亚的权利并不是本案的正式的主题事项，东帝汶在现实中被印度尼西亚纳入自己的版图，印度尼西亚与澳大利亚的权利义务无交错依赖性，虽然二者有一些相同之处，但是与澳大利亚应当遵守的联合国规定的义务方面毫无联系。国际法院对此进行裁判时无须先对印度尼西亚的做法进行定性，国际法院可以在不考虑印度尼西亚做法的情况下对澳大利亚进行管辖。[①] 欧达法官在个人意见中表示虽然赞同国际法院的判决结果，但是不同意国际法院判决的理由，认为应当是源于葡萄牙不具有公认的介入诉讼身份。欧达法官详细分析了葡萄牙的申请，得出的结论是葡萄牙给争端下了一个不正确的定义。澳大利亚并没有侵犯东帝汶的民族自决权等权利，这一问题从各种角度来说都不构成争端，案件牵涉的只有葡萄牙以沿海国的身份提出的大陆架划界的主张。澳大利亚从未对东帝汶的人民权利与领土海底部分进行与以往不同的主张，没有声称要求与以往不同的任何海底区域。澳大利亚与东帝汶之间的大陆架有重叠部分，对此部分确实需要协商，澳大利亚的确也做到了谈判，所以本案的核心议题是澳大利亚应当与哪个国家谈判，是印度尼西亚，还是葡萄牙，这两个国家谁才是东帝汶真正的权利代表。通过对帝汶海区域的划界考察，是因为印度尼西亚在 1976 年以法律的形式将东帝汶纳入自己的版图而取得沿海国的地位，所以澳大利亚才选择与印度尼西亚进行磋商。如果在磋商举行之前，葡萄牙提出自己才是真正的权利者，那么葡萄牙必定与印度尼西亚在此权利上形成争端。假设当时葡萄牙具有代表东帝汶的沿海国的身份，那么所有在帝汶海海底的纠纷将变成葡萄牙和澳大利亚的争议焦点。如

---

① Dissenting Opinion of Judge Skubiszewski, para. 82.

果这种假设成立,那么澳大利亚与印度尼西亚先前签署的条约从一开始便无效力,这样一来货币黄金案中确立的规则和本案没有丝毫关系。欧达法官深入地了解了案件发生的历史,提出印度尼西亚在20世纪70年代擅自侵占东帝汶,之后又将东帝汶纳入自己的版图这一做法从未获得联合国的支持,但是同样不存在任何能够推定葡萄牙在同样的时间内受到管理东帝汶的委托的因素,国际社会一直以来不存在任何国家认可葡萄牙在东帝汶的身份和代替其行使权利的地位,所以葡萄牙在这一案件中不符合原告的条件。表面上看申请的提出是为了东帝汶的利益,但是没有任何证据显示了东帝汶人民的期盼,这些才是国际法院拒绝管辖的真正原因。[①] 沙哈布登法官在个人意见中提到国际法在发展的过程中出现了一些规则,这些规则改变着国际社会的秩序与框架组成,表现出国际法的发展趋势,但是一切都离不开国家同意国际法院方可管辖的限制,这一毫无疑问的国际法发展到今天,出现的问题是如果国际法院的裁决可能在法律情势上给第三方造成影响,那么国际法院是否还能继续审判。《国际法院规约》第59条规定国际法院的裁决结果的拘束力只限于案件的当事国,但是并未提到如果国际法院的裁决结果可能对第三方的法律利益造成干扰时应如何处理。与国内法院具有主动追加第三人介入诉讼的权利不同,国际法院不具有这项权利,这种法院主动介入的权利不一定能使当事方得到充分的救济,所以在对案件作出的裁决可能同时赋予第三方权利与义务的情况下,国际法院可以在未经第三国同意的前提下进行判决,然而,货币黄金案作出了相反

---

① Separate Opinion of Judge Oda(summary),"Case Summary of ICJ",www.icj-cij.org/decision/case concerning East Timor/ case summary.

的裁决。1970年2月5日国际法院对比利时诉西班牙巴塞罗那牵引公司案[①]的判决的第2段指出:“法律就是持续地平衡利益之间的冲突(law is constantly balancing conflicting interests)。”而在东帝汶案中,存在的冲突是葡萄牙希望国际法院公布的裁决结果很可能涉及印度尼西亚的利益,并且印度尼西亚未作出同意国际法院处理该问题的表示。出现这一问题的原因是随着国际社会的联系愈加紧密,国家与国家之间的纠纷往往牵涉其他国家,争端很少是纯粹双边性的。在以往的判例中曾经出现过类似的情形,例如在关于1970年国际法院报告的第248段中,国际法院就表示即使在全部当事国均表示同意接受国际法院管辖的条件下,也必须在全部当事国出庭的情况下方可作出裁判,这种结果是一种对国际法院履行职责的能力的严厉而无根据的限制。在第三方的利益可能受到判决影响时,国际法院若没有对案件进行管辖,则将无法给彼此冲突的利益寻找到一个平衡点。最合理的做法是先划定一个界限,让案件涉及的第三国受到的影响保持在国际法能够容忍的范围之内,国际法院在东帝汶案中划定的界限是未介入诉讼的第三国的合法利益既可能受到裁决影响,又属于裁决要解决的主题事项。[②] 国际法院中的法官对分界线有一些争议,怎样保证国际法院对分界线的一侧具有管辖权,对另一侧不具有管辖权,这个特定的条件设置在哪个位置,通常情况下认为国际法院在货币黄金案的判决结果中形成的规则即为这条分界线。尽管国际法学者对货币黄金案存在一定的争议与批判,但是

---

① Barcelona Traction, Light and Power Company, Limited (Belgium *v.* Spain).

② Separate Opinion of Judge Shahabudeen, paras. 1 – 4, www. icj-cij. org/decisions/ case concerning East Timor.

对案情的认定,案件确立的一些原则是支持的。[①] 1984 年的国际法院报告在关于尼加拉瓜诉美国军事与准军事行动案部分指出,货币黄金案中的判决前提与案情事实认定极有可能代表了对国际法院是否具有管辖权的限制范围。[②] 国际法院同时指出,货币黄金案中确立的原则是从未受到过挑战的,这一原则明确了国际法院在管辖事项上存在争议时需要征得当事方的自愿同意的要求,国际法更加看重的是案件的实质。[③] 葡萄牙提起申请的前提条件是自己能够代表东帝汶行使大陆架划界和开采海底资源的权利,澳大利亚表示拥有这些权利的是印度尼西亚,这是争议之一。国际法院如果想对澳大利亚和印度尼西亚之间缔结和履行条约的活动性质进行裁定,并决定它们是否承担某些国际责任,那么应当先处理条约的缔约者是否具有相应的权利这一问题。即如果裁决结果对葡萄牙是有利的,那么案件事实认定应该是印度尼西亚不具有缔约的权利;倘若国际法院不对印度尼西亚入侵东帝汶与实际控制东帝汶的行为进行国际法定性,那么就不可以裁决支持葡萄牙,如此裁决会出现未经印度尼西亚认可就让其承担国际法责任的结果,国际法院必然不能采取如此做法。冉杰瓦法官通过全面考察货币黄金案,发现其中的法理对国际法院的限制,货币黄金案裁决结果的客体是个体权利(subjective right),也就是未同意国际法院管辖,或者没有在审判时到场的国家的权利。对于货币黄金案中的规则对东帝汶案中"对一切的权利"是

① Separate Opinion of Judge Shahabudeen, para. 6, www. icj-cij. org/ decisions/ case concerning East Timor.

② I. C. J Reports 1984, p. 431, para. 88.

③ Separate Opinion of Judge Shahabudeen, para. 9, www. icj-cij. org/ decisions/ case concerning East Timor.

否同样适用，是强行法（jus cogens）转变成实在法（positive law）之后迫切需要解决的问题，国际习惯法已经不能包容客观法的规则，客观法引发的纠纷中出现了关于第三方法律利益的问题。[①]国际法院面临的难题是如何将印度尼西亚的行为与当事国之间的纠纷区分开来，这两者因为澳大利亚的一系列活动联系在一起。有法官在个别意见中提出了自己的独特观点，认为东帝汶案中的第三方不止一个，还有东帝汶人民，缺乏东帝汶人民的认可，国际法院同样不能进行管辖。葡萄牙在申请书中，以及在印度尼西亚与澳大利亚签署条约之前，均未提供证据表明自己已取得了东帝汶人民的认可，但是却一再强调条约侵犯了东帝汶人民的主权，要代表东帝汶人民讨回利益。[②] 国际法院的裁决没有涉及这一问题，这可能让国际社会认为东帝汶人民与东帝汶案关系不大，但是实际上东帝汶人民的民族自决权是贯穿全案始终的关键问题。这样分析不是说让国际法院同等地对待诉讼当事国与东帝汶的人民，因为国家的人民不能构成国际法院的适格主体，但是国际法院不能因此忽视了东帝汶人民的期待。[③] 葡萄牙有义务向国际法院证明其所提起的申请赢得了东帝汶人民的广泛支持，这是东帝汶案中一个极其关键的因素，以此证明是葡萄牙在东帝汶地区行使行政管理的职权，而非印度尼西亚。倘若不存在有利的证据，那么国际法院不可以完全认可已经20年没有对东帝汶实行有效控制的葡萄牙能够代表东帝汶广大人民的意愿。[④] 葡萄牙表示自己与东帝汶的人民代表进行了洽谈，就在国家之间的重

---

① Separate Opinion of Judge Ranjeva p. 3, para. 3, I. C. J. Reports 1995, p. 131.

② Separate Opinion of Judge Vereshchetin p. 1, para. 2, I. C. J. Reports 1995, p. 135.

③ Separate Opinion of Judge Vereshchetin p. 1, para. 3, I. C. J. Reports 1995, p. 135.

④ Separate Opinion of Judge Vereshchetin p. 1, para. 4, I. C. J. Reports 1995, p. 135.

要事项上作为东帝汶的利益代表人达成一致，对澳大利亚缺乏东帝汶人民代表同意而进行的一系列的活动提出异议。[①] 之后葡萄牙并未在任何环节提供给法院能够证明与东帝汶人民代表达成合意的证据。澳大利亚提出倘若没有和印度尼西亚共同开发帝汶海区域，那么东帝汶人民永远不可能从该海域获取这些经济利益。澳大利亚同样也没能明确地证明自己已经与东帝汶人民代表达成合意，所以其辩述缺乏说服力。事实上，国际法院因货币黄金案形成的规则停止了对东帝汶案的继续裁判，所以没有必要强调澳大利亚的责任问题。[②] 澳大利亚的责任是应当在签署条约之前与东帝汶人民代表进行沟通，葡萄牙的责任是在提起申请之前与东帝汶人民代表进行洽谈，因为所有代表的利益的归属方是东帝汶人民。[③] 在殖民地存在的时代，《联合国宪章》并未强调殖民地的管理者在面临关于殖民地的国际纠纷时具有事先与殖民地人民沟通的义务，但是不等于说《给予殖民地国家和人民独立宣言》公布之后不需要承担这样的责任。[④]

在东帝汶案中存在明显的区别。起诉方葡萄牙主张被诉方澳大利亚违反习惯法规则，而不是国际公约中的义务。从这一角度来说，介入应当被认为是牵涉不可或缺第三方规则。然而葡萄牙的起诉书中直指的目标是帝汶海条约，这一事实可以作为当前类推的依据，因此非常有必要区分尼加拉瓜诉美国军事与准军事行动案与东帝汶案。前一案件中，美国为军事与准军事活动中直接对抗尼加拉瓜的最重要的鼓动者，在后一案件中，起诉方选错

---

① Separate Opinion of Judge Vereshchetin p. 2, para. 2, I. C. J. Reports 1995, p. 136.
② Separate Opinion of Judge Vereshchetin p. 2, para. 3, I. C. J. Reports 1995, p. 136.
③ Separate Opinion of Judge Vereshchetin p. 3, para. 2, I. C. J. Reports 1995, p. 137.
④ Separate Opinion of Judge Vereshchetin p. 4, para. 4, I. C. J. Reports 1995, p. 138.

了对象,正确的被诉方应该为印度尼西亚,因为澳大利亚介入缔结的帝汶海条约的合法性不可能完全与印度尼西亚的行为的合法性区分开来。

第五节　涉及不可或缺第三方规则

一、国际实践中形成的不可或缺第三方规则

不可或缺第三方规则是一个从实践中形成的理论,又对实践发挥规制作用的原则。不可或缺第三方规则的实质为国际争端解决机构不能裁夺案件之外的第三方的利益。不可或缺第三方,不可或缺第三方规则两个词组在国际法院的判例中存在不同的表达方式,在尼加拉瓜诉美国军事与准军事行动案中,使用的是"indispensable parties rule"①,常设国际法院的拉森诉夏威夷王国案使用的是"a necessary party"②与"an absent third party"③。第三方介入制度中的第三方担忧的是国际争端解决机构的审理结果可能对其法律利益造成影响,而不可或缺第三方的法律利益是一个纠纷的主题事项,国际争端解决机构未来所作的裁决对不可或缺第三方具有拘束效力。探索不可或缺第三方规则产生的原因需要从同意原则谈起。同意原则意味着只有经过一方同意,国

---

① Judgment of 26 November 1984, Jurisdiction of the Court and Admissibility of the Application of Military and Paramilitary Activities in and against Nicaragua (Nicaragua v. United States of America), p. 43, para. 88.

② PCA Case No. 1999 - 01: Larsen v. Hawaiian Kingdom, Arbitral Award, p. 15, para. 11, 15 - 05 - 2014.

③ PCA Case No. 1999 - 01: Larsen v. Hawaiian Kingdom, Arbitral Award, p. 35, para. 11. 24, 15 - 05 - 2014.

际争端解决机构才能裁决与其相关的案件;倘若不同意,则国际争端解决机构不能裁决以其法律利益为纠纷主题事项的案件,那么这个阻碍国际争端解决机构行使管辖权的非当事方就为不可或缺第三方。

(一)不可或缺第三方规则的雏形

不可或缺第三方的缺失诉讼,直接导致国际法院的管辖权丧失,不可或缺第三方规则的雏形始于货币黄金案。1953 年 5 月 19 日提起介入申请的意大利诉法国、英国、美国货币黄金案,涉及的第三方是阿尔巴尼亚,涉及的第三方并未提出介入请求。案情是:阿尔巴尼亚国家银行将自己用来通货的一大笔黄金存贮于意大利罗马,德国在 1943 年运走了这笔黄金中的 2338 克贮存于柏林,战争结束后德国的盟国发现并贮存了这笔黄金。针对这笔发现于德国的黄金,1946 年 1 月 14 日公布的《德国赔偿协定》(Agreement on Reparation from Germany)要求整理收集所有的黄金,确立一项基金,分发给在 1938 年至 1946 年间遭受德国侵犯的国家,按照这些国家从战争中遭受的损失比例进行分配,这一事项由英国、美国、法国组成三国委员会落实。《德国赔偿协定》的签字国中包含阿尔巴尼亚,在《德国赔偿协定》公布之后的次年,意大利申请加入,这两个国家分别对原属于阿尔巴尼亚国家银行的黄金提出申请,引发了争议。三国委员会在 1950 年宣布没有处理这项争议的权利,于次年的 4 月 25 日三国协商决定向一个仲裁员寻求救济,申请的事项是这笔原属于阿尔巴尼亚国家银行的黄金的归属方是意大利还是阿尔巴尼亚,抑或均不是。三国达成了合意——《华盛顿声明》,即倘若仲裁员支持这笔黄金属于阿尔巴尼亚,那么将把这笔黄金转交到英国,因为在先前的科夫海峡案中阿尔巴尼亚尚未清偿判决指明的债务,但是如果存在阿尔巴尼亚在国际法院作出裁决后的90天内就转交给英国的做法表示异议,或者意大利也要求国际法院将这笔黄金用于阿尔巴尼亚赔偿给意大利造成的损失,转交给英国的做法无效。国际法院院长指定戈·梭赛胡迩为仲裁员,判决于1953年2月20日公布,《德国赔偿协定》的第三版块所指定的黄金应当归属于阿尔巴尼亚,阿尔巴尼亚国家银行设立的目的是实现自己国家的通货,在被运离罗马之前一直处于阿尔巴尼亚国家银行的掌控之中。《德国赔偿协定》规定的分配方案给阿尔巴尼亚的国家货币体系带来了至关重要的影响,诸如通过通货取得补偿的主体是否是黄金的所有权人,阿尔巴尼亚国家银行的实际控制者是谁等问题毫无意义。在这一国际仲裁中,阿尔巴尼亚并没有提出介入。意大利在1953年5月19日提起对英国、美国和法国的申请,认为国际仲裁中归属于阿尔巴尼亚的这笔黄金应当用来弥补没收该银行给意大利带来的损失,自己的要求比英国的抵偿要求具有优先性。意大利于1953年10月30日提交给国际法院一份初步问题文件,向国际法院提出其是否具备管辖案件的权利的问题。文件中提到由于案件涉及诉讼当事国之外的国家,意大利对国际法院的管辖权问题表示怀疑与担忧,但是为了避免黄金被转交到英国,不得不向国际法院提出申请。英国作出了积极的回应,提出意大利的怀疑与担忧等同于要求国际法院否定之前国际仲裁的决定,根据英国提出的反对观点,意大利的申请内容与《华盛顿声明》相矛盾,意大利的申请可以说是要求宣布之前的裁定书为一张废纸。1954年6月15日,国际法院公布了本案的判决结果,英国此前提出意大利没有同意接受管辖导致国际法院失去管辖权,国际法院没有采纳英国的说法。国际法院指明意大利期待的是国际法院首先确认是否具备管辖权的问题,由于货币黄金案的特殊性,《国际法院规约》的第 62 条没有说明要排除初步反对意见的申请,所以意大利的申请不是无效的,国际法院应当审查受理。之后,国际法院裁定对这一案件不具有管辖权,由于没有征得阿尔巴尼亚的同意,无权裁定意大利关于阿尔巴尼亚取得的赔款的主张是否合法。国际法院最终以 13 票对 1 票作出判决,因为意大利提出的第一个意见是第二个意见的前提,所以国际法院无法断定英国与意大利究竟谁具有优先权。倘若对意大利的请求进行定审查,那么就要先判定阿尔巴尼亚对意大利作出的行为是否是不当的,而阿尔巴尼亚并没有表示同意国际法院这样做,国际法院就缺乏这一管辖权。货币黄金案中的当事方自始至终均未对征得阿尔巴尼亚的同意表示异议,那么在阿尔巴尼亚没有赋予国际法院管辖权的前提下,国际法院不能裁定阿尔巴尼亚要承担的国际法责任,这源于国家同意原则。① 货币黄金案中涉及的黄金在没有被明确如何处分的情况下,继续放置在英国银行中。

国际法院对货币黄金案的判决,展现了案外第三方阿尔巴尼亚的未介入对管辖权的否定效力。国际法院在本案中采用的逻辑推理被之后的案件广泛援引,逐步形成了相对完善的不可或缺第三方规则。

(二)不可或缺第三方规则的发展

不可或缺第三方规则的形成并非一蹴而就,其更多的情形是被被诉方援引,以阻却国际争端解决机构的管辖权,当然也存在国际争端解决机构主动审查不可或缺第三方规则相关问题的情

① Judgment of 15 June 1954 Monetary Gold Removed from Rome in 1943 (Italy v. France, United Kingdom of Great Britain and Northern Ireland and United States of America), p. 17.

形。在数十年的发生演变历程中,不可或缺第三方规则有成功阻却管辖权的先例,也有未能阻却管辖权的案例,无论其发展历程如何曲折,都促使其逐步发展成为一项相对成熟,并被国际争端解决机构广泛关注的规则,其法律地位不容小觑。探究不可或缺第三方规则的曲折发展历程,有助于从国际裁决实践中更深入透彻地了解如何形成这一理论,而这一理论在相对成熟之后,又怎样被反过来运用于实践。

在国际裁决历史中存在两例成功的案件,分别是 1991 年 2 月 22 日提起诉讼申请的东帝汶案,2001 年 2 月 5 日作出判决的拉森诉夏威夷王国案,其中东帝汶案是涉及国际海洋争端的案件。

1991 年 2 月 22 日提起诉讼申请的东帝汶案,牵涉的第三方是东帝汶,相关的第三方没有提出介入的请求。东南亚勒瑟隼嗒群岛(Lesser Sunda Islands)的东部是东帝汶,三面临海,与东帝汶西侧相邻的区域是印度尼西亚的西帝汶,与南侧海岸遥遥相望的是澳大利亚,大约相隔 430 公里。公元 16 世纪初,帝汶岛遭到葡萄牙的入侵。1613 年,帝汶岛又遭到荷兰的入侵,荷兰实际控制了帝汶岛的西部。两股入侵势力于 1859 年 4 月 20 日签署了划界条约,定下了东帝汶与西帝汶的陆地分界线,葡萄牙将东帝汶视为自己的殖民地,荷兰继续占领和控制着西帝汶,西帝汶在 1954 年又转变为受印度尼西亚的统领。1960 年的第十五届联合国大会在 1542 号决议中规定,葡萄牙管理东帝汶和其附属地,这一区域属于非自治领土,当地的人民具有民族自决权。葡萄牙向联合国提交了备忘录,并在国内宪法中载入了联合国的上述决议。葡萄牙在 1975 年也确实做到了让东帝汶行使民族自决权。此时的东帝汶存在三类核心政治团体,分别是帝汶人民民主协会、东帝汶独立革命战线、民主联盟，这三个核心政治团体互不相让，于1975年8月开始内战，葡萄牙驻守当地的机构因而离开东帝汶，搬迁到阿陶罗岛。在激烈的内战中，东帝汶独立革命开始于1975年11月28日，东帝汶民主共和国宣布成立，随后印度尼西亚于12月7日攻入东帝汶，次日已搬迁到阿陶罗岛的葡萄牙驻当地机构再次撤离，印度尼西亚攻占了东帝汶。印度尼西亚在1976年以法律条文的形式明确声明东帝汶属于印度尼西亚领土的组成部分。就东帝汶问题，联合国安理会的两个决议，与联合国大会的18个决议中均指斥印度尼西亚的侵占行为，敦促印度尼西亚撤离帝汶(Portuguese Timor)。联合国大会决议中提到葡萄牙政府是东帝汶的行政权力人，应当孜孜不倦地寻找和平解决纠纷的途径。澳大利亚在1978年2月20日表示承认东帝汶是印度尼西亚不可分割的领土，并称只是承认东帝汶被纳入印度尼西亚板块的事实，而并非印度尼西亚武装攻击和占领东帝汶的举动。澳大利亚外交部部长于1978年12月15日事先声明未来将与印度尼西亚就帝汶海大陆架划界问题进行磋商，并宣布此次磋商代表澳大利亚在法律上承认东帝汶属于印度尼西亚。1979年2月，磋商正式开始，但是没有达成合意，因此，澳大利亚与印度尼西亚又探讨共同开发海底大陆架资源的临时安排，于1989年12月11日签署了条约，形成了由接近澳大利亚一侧的B区、中间的A区、临近东帝汶的C区组成的共同开发的区块。

葡萄牙先后4次表示表示抗议，并强调根据联合国文件，葡萄牙能够合法的行使管理职能，这也是葡萄牙的责任。而澳大利亚和印度尼西亚，擅自商谈东帝汶问题，显然侵犯了葡萄牙的国际法权利。

由于澳大利亚不予答复，葡萄牙最终选择诉至国际法院，请求国际法院确认东帝汶人民的民族自决权，并裁判澳大利亚尊重葡萄牙，因为葡萄牙对东帝汶具有行政权力。

澳大利亚辩称，国际法院对本案不具有管辖权。假设国际法院受理此案，那么，就违背了“1943 年货币黄金案”所确立的原则。

葡萄牙表示，起诉状指控的行为，仅仅是澳大利亚和印度尼西亚，就东帝汶大陆架问题，擅自决定划界方案、签署共同开发合同，并已经践行合同的行为。并不涉及印度尼西亚的其他行为。提起诉讼的目的，是让国际法院裁判澳大利亚的行为违反国际法，侵犯了东帝汶人民的民族自决权，并且侵犯了葡萄牙的行政管理权。

国际法院于 1995 年 6 月 30 日公布判决，其中提到国家同意原则。国际法院指出，《国际法院规约》规定了国际法院行使管辖权的依据，在某些情况下，如果缺乏第三方的同意，国际法院便不能行使管辖权。相关案例包括“1943 年货币黄金案”“利比亚国诉马耳他共和国大陆架案”“尼加拉瓜境内和针对尼加拉瓜的军事和准军事活动案”。在“东帝汶案”中，关键问题是，葡萄牙和印度尼西亚，哪一国有权代表东帝汶，缔结条约。①

对于葡萄牙的主张，国际法院指出，本案的先决问题是条约的合法性，主题事项为印度尼西亚是否有权代表东帝汶处置自然资源和海洋划界，毕竟印度尼西亚并未实际控制东帝汶。但是，印度尼西亚为表示同意国际法院管辖。因此，国际法院对本案无

① Judgment on Case Concerning East Timor (Portugal v. Australia), ICJ reports 1995, para. 27.

管辖权。[①]

葡萄牙的诉求,目的是获得一份国际法院的判决,以此证明印度尼西亚侵犯东帝汶,且代表东帝汶缔约的行为,违反国际法。国际法院不能在缺乏印度尼西亚同意接受管辖的前提下,做出如此裁判,那将违反国家同意原则。

国际法院的表决情况如下;14 票支持,2 票反对。反对的意见,详细记载于维拉曼瑞(weeramantry)法官与斯库比啫乌斯基(skubiszewski)法官,发表的异议意见。对于本案的其他事项,有 4 位法官发表了个人意见。

在国际法院的司法实践中,法官的异议意见,同样值得深思。

维拉曼瑞法官的异议意见,主要观点如下:尽管印度尼西亚没有介入本案,但是,国际法院对本案能够行使管辖权。本案中。提起诉讼者是葡萄牙,指控的对象,并非印度尼西亚,指控的违反国际法的行为,也并非印度尼西亚所做。国际法院如果做出裁判,可能对印度尼西亚的法律利益带来影响,但是,不能因此忽视了本案的真正问题,即葡萄牙指控澳大利亚的一系列行为,违反国际法。[②]

小田滋法官的个人意见中,虽然赞同国际法院的判决结果,但是不同意国际法院判决的理由。

2001 年 2 月 5 日作出判决的拉森诉夏威夷王国案是一例私人主体起诉国家的案件,具体案情为:起诉方拉森为夏威夷王国

---

① Judgment on Case Concerning East Timor (Portugal v. Australia), ICJ reports 1995, para. 28.

② Dissenting Opinion Of Judge Weeramantry, Part A, 1, (i), Eric Heinze, Malgosia Fitzmaurice Landmark Cases in Public International Law, p. 515 – 516, published by Kluwer Law International Press 1998.

的一名居民,美国采用美国地方自治的法律强制囚禁了拉森且导致拉森受到了一定程度的伤害。拉森正面临着基于同样原因的更长时间的监禁,为了避免进一步的监禁,且为了不受美国地方自治法律对自己的约束,拉森向常设仲裁法院提出申请。拉森提出夏威夷王国政府通过允许美国在夏威夷王国实施美国地方自治的法律,一直持续性地违反了国际礼让原则,夏威夷王国本身具有保护公民人身安全的义务,其违反了与美国在 1849 年达成的《商业与航行友好条约》,且违反了 1969 年《维也纳条约法公约》中的国际法原则。拉森向夏威夷王国政府提出了赔偿要求,因为夏威夷王国有义务与责任去保护自己国民的权利,即使是在战争和被没有占据的状态下。①

由于这起案件是私人主体起诉国家的案件,因此需要适用当时的《联合国国际贸易法委员会规则》(UNCITRAL Rules)。仲裁庭在程序性事项裁决(第 3 号)文件中提出了问题,依照仲裁协议第 6 条与《联合国国际贸易法委员会规则》第 15 条第(1)款,需要解决这些问题:首先,《联合国国际贸易法委员会规则》对一个非契约形式的纠纷的可适用性。其次,本案是不是一个双边的,应受到仲裁庭审判的纠纷。最后,美国是否为任何此类纠纷的不可或缺第三方。② 仲裁庭分析了本案可适用的规则是选择性规则还是《联合国国际贸易法委员会规则》。对于《联合国国际贸易法委员会规则》的可适用性问题,以被修改的仲裁协议代替《联合国国际贸易法委员会规则》作为常设仲裁法院的选择性

---

① PCA Case No. 1999 - 01: Larsen v. Hawaiian Kingdom, Arbitral Award of 15 May 2014, p. 36, para. 12. 2.

② PCA Case No. 1999 - 01: Larsen v. Hawaiian Kingdom, Arbitral Award of 15 May 2014, p. 15, para. 6. 3.

规则，此后，仲裁庭的组成与程序的推进都是基于《联合国国际贸易法委员会规则》。拉森与夏威夷王国之间的一个基本争议为当前原则中这些原则是不是可适用且有拘束力的。如果真的如此的话，只有国际法院或其他国际法庭能对国家之间的事务行使管辖权，在考虑怎样将这些原则适用于当前案件的具体情形中之前，有必要确认它们是否为可适用的。仲裁庭指出，值得注意的是货币黄金案判例中，国际法院提及的是“法律利益”而不是缺席国的“权利”。① 仲裁庭认定拉森作为夏威夷王国的居民，其权利被侵犯的原因为美国对夏威夷王国长久持续的占领。如果仲裁庭对一个非当事方的行为进行定性，那么将违反国际法的同意原则。② 仲裁庭指出拉森与夏威夷王国之间不存在纠纷③，实际上是本案当事方与美国之间的纠纷，仲裁庭还清楚地分析了是否能在不对美国的行为性质进行裁定的同时作出裁决。④ 货币黄金案中确立了一个原则，即一个国际法庭不能在案件的主题事项牵涉非当事方的权利或义务的前提下去裁决一个纠纷。⑤ 仲裁庭指出作为国际法庭管辖权基础的同意原则，与决定国内法院管辖权范围毫不相干。除此之外，国内法院一般情况下倾向于主动追加第三方为当事方，而国际法院恰巧缺乏这一权力。倘若仲裁庭对

---

① PCA Case No. 1999 - 01: Larsen v. Hawaiian Kingdom, Arbitral Award of 15 May 2014, p. 35, para. 11. 22.

② PCA Case No. 1999 - 01: Larsen v. Hawaiian Kingdom, Arbitral Award of 15 May 2014, p. 34, para. 11. 20.

③ PCA Case No. 1999 - 01: Larsen v. Hawaiian Kingdom, Arbitral Award of 15 May 2014, p. 42, para. 12. 19.

④ PCA Case No. 1999 - 01: Larsen v. Hawaiian Kingdom, Arbitral Award of 15 May 2014, p. 37, para. 12. 5.

⑤ PCA Case No. 1999 - 01: Larsen v. Hawaiian Kingdom, Arbitral Award of 15 May 2014, p. 29, para. 11. 8.

案件非当事方的行为的合法性或非法性进行认定,将违反同意原则。[①] 仲裁庭还指出一个更为基础的问题,原告拉森提出的被告夏威夷王国没有充分地保护其的主张是建立在假设前提的基础之上,这与美国法律和出现的其他国家的观点相冲突。夏威夷王国从未被合法地并入美国,始终是国际法上的一个独立的国家。由于美国的缺席,仲裁庭既不能裁决夏威夷王国不是美国的组成部分,又不能继续做出假设。仲裁庭选择这两种行为方式中的任何一种都将构成对国际法领域仲裁庭核心功能的原则的漠视。[②] 然而,当看到原告拉森对被告夏威夷王国提出的保护请求时,仲裁庭就必然且不可阻挡地被迫使返回考虑有关美国行为的主张。如果这是一个原告与被告之间的纠纷,那么它是关于是否被告已经履行双方都主张的、保护原告的义务,这并非转移注意力而是反对美国占领夏威夷王国的行为。[③] 詹姆斯·克如夫德在案件中发表了一些观点,即仲裁庭的职能为处理当事方之间的纠纷,而非进行抽象的裁决,倘若并不存在纠纷,那么仲裁庭不能进行进一步的裁决。[④] 拉森诉夏威夷王国案是不可或缺第三方规则在仲裁程序中适用的第一例案件,且是在当事方为混合主体的案件中的首次采用。

在国际法院的裁决判例中,曾经出现过一些被诉方试图以存

---

① PCA Case No. 1999 - 01: Larsen v. Hawaiian Kingdom, Arbitral Award of 15 May 2014, p. 33 - 34, para. 11. 20.

② PCA Case No. 1999 - 01: Larsen v. Hawaiian Kingdom, Arbitral Award of 15 May 2014, p. 41 - 42, para. 12. 18.

③ PCA Case No. 1999 - 01: Larsen v. Hawaiian Kingdom, Arbitral Award of 15 May 2014, p. 40, para. 12. 14.

④ Larsen v. Hawaiian Kingdom, UNCLOS Annex Ⅶ Tribunal, Award, 2001, p. 566 - 587.

在不可或缺第三方为由否定国际法院管辖权的案件，以及国际法院主动提出关于不可或缺第三方的论断，但是最终国际法院否定了被诉方的主张或者主动认为这一假设不成立，不可或缺第三方规则没有起到阻却管辖权的效果。相关案件分别是1986年7月28日提起诉讼申请的尼加拉瓜诉洪都拉斯边界和跨边界武装行动案，以及1989年5月19日提起诉讼申请的瑙鲁诉澳大利亚瑙鲁境内的一些磷酸盐地案。

1986年7月28日提起诉讼申请的尼加拉瓜诉洪都拉斯边界和跨边界武装行动案。施韦贝尔法官提出了个人意见，表示不认可国际法院在尼加拉瓜诉其他三个国家的三个案件中对申请书性质的认定。1984年尼加拉瓜曾经表示仅对美国的违反国际法的活动提起诉讼，不会对其他国家进行控诉，但是事实上尼加拉瓜还对萨尔瓦多、洪都拉斯、哥斯达黎加的行为向国际法院提起诉讼。美国表示这三国是不可或缺的第三方，倘若这三国没有介入诉讼，那么国际法院将缺乏对案件的管辖权。国际法院否定了美国的说法，同时没有准许萨尔瓦多的介入申请。另外两国并没有提出介入诉讼的申请，国际法院对萨尔瓦多的态度并未让他们看到介入的希望。因为哥斯达黎加与洪都拉斯都同意国际法院的强制管辖，所以尼加拉瓜本可以同时起诉这两个国家，但是事实上其并未选择这种方式。在1986年6月27日国际法院公布的裁决提醒了尼加拉瓜，其对另外两国具有足够的权利，因此，尼加拉瓜指出了裁决中认定的事项。国际法院随后没有肯定洪都拉斯的辩驳意见，且提出因为不同案件中的当事方不同，所以不能完全采纳判例中所认定的事实内容，对于每个案件的事实均应依据一般的证据证明方法进行采信。施韦贝尔法官指出如果采纳1982年6月27日裁决中确定的事实，将和本案的事实相悖，会导致错误的结果，之前国际法院推导出的一些结论存在谬误。

1989年5月19日提起诉讼申请的瑙鲁诉澳大利亚瑙鲁境内的一些磷酸盐地案，涉及的第三方是新西兰与联合王国，涉及的第三方没有申请介入。澳大利亚提出新西兰、联合王国都没有介入诉讼，国际法院调查了委托统治与托管制度，根据协定的内容，这三个国家共同作为管理当局，这个机构（管理当局）和三个国家一样拥有国际法意义上的人格，以1919年、1923年、1947年和1965年协议为前提，澳大利亚发挥了非常重要的作用。国际法院认为澳大利亚对这一事项的主张分为两个部分。首先澳大利亚提出瑙鲁的起诉是建立在澳大利亚的身份基础之上，澳大利亚是管理当局的成员之一，具有相应的国际责任，但是这一机构的三个组成国家是一个整体，瑙鲁不能仅仅对澳大利亚单方面提起诉讼。国际法院提出，虽然仅对管理当局中的部分国家提起诉讼，但是没有任何证据表明应因此否定对诉讼的管辖权。根据三国达成的托管协议，每个国家都要承担这一身份带来的义务，托管协议并未阻止国际法院受理仅对其中一国提起的诉讼。其次，澳大利亚指出管理当局是由三个国家共同组成的，国际法院就托管协议引发的诉讼而对澳大利亚作出的判决将对新西兰与联合王国都有约束力，这样将违背国际法中的基本规则——国家同意原则，国际法院需要慎重考虑是否可以忽略另外两个国家的意见而单独审理瑙鲁的请求。国际法院回顾了判例，包括货币黄金案、尼加拉瓜诉美国军事与准军事行动案，陆地、岛屿和海上边界争端案，得出了结论：大部分情况下，国家内部的法院有权主动追加涉及案件的第三方进入诉讼，这样可以最大限度地使所有案件牵涉方出席法庭辩论，但是国际社会中的法院没有被赋予如此的权力,国际法院行使管辖权,是建立在国家主动同意被管辖的前提下,国际法院无权强制性地要求一个国家出庭接受审判,更无权强制一个国家介入诉讼中去。《国际法院规约》第62条赋予了非案件当事国自愿介入诉讼的权利,即使第三方国家没有表示接受管辖,依旧不影响国际法院对案件进行审理,只是国际法院不能将有可能影响第三方法律利益的事项作为案件需要解决的主题。在满足上述要求的情况下,国际法院作出的裁决对第三方没有约束的效果,这源于《国际法院规约》第59条的规定。国际法院认为该案中管理当局中澳大利亚之外的另两个国家的法律利益并非争议的主题事项,虽然国际法院的裁判可能会影响新西兰与联合王国的法律地位,国际法院可以避开这点选择对瑙鲁单独针对澳大利亚的请求进行裁判,所以国际法院不认同澳大利亚的反对意见,将继续履行管辖职责。沙合普金法官支持国际法院的做法,认为这三个国家在托管协议方面的义务是共同义务,具有连带性质,所以任何一国都可以被单独推上国际法庭,虽然此后国际法院作出的推理和判决结果可能涉及另外两个国家,但是这些部分形成的先例仅能在未来瑙鲁起诉这两个国家时发挥作用。推理的过程并非意味着对新西兰与联合国王的义务进行认定,更不意味着国际法院未经两国同意便擅自进行管辖。罗伯特·詹宁斯提出了反对意见,他否定了国际法院拒绝澳大利亚的初步反对意见的做法,联合王国、新西兰不是本案的当事方。英王于1920年下达了对瑙鲁的委托统治命令,1947年公布的托管协议确认了新西兰、联合王国、澳大利亚共同管理瑙鲁。英国磷酸盐专员的成员包括联合王国与新西兰,这三个国家均是《堪培拉协定》的缔约方,所以三个国家与关于瑙鲁的管理问题密切相关的,无论任一方进入国际法院的审判,其他各方的法律利益都会成为争议所要处理的主题。阿格法官对此没有投支持票,他提出国际联盟与联合国先后都将瑙鲁委托给三个国家组成的管理当局进行管理,但是瑙鲁仅仅提起对澳大利亚的诉讼,那么国际法院应当支持澳大利亚的初步反对意见。瑙鲁的做法给国际法院带来了挑战,国际法院需要避免对新西兰与联合王国的责任进行定夺,应单独确定澳大利亚对瑙鲁应当承担的责任。特别要注意对澳大利亚的判决不能影响其他两个国家的权利和义务。鉴于三国是瑙鲁的联合管理当局,如果国际法院对澳大利亚应当承担的义务进行界定,那么剩余的份额必然代表着归于另外两个国家。假设一个极端情形,即国际法院裁决由澳大利亚担负所有的义务,那么另外两个国家的法律地位同样也会受到影响,不论在哪种情形下,国际法院都剥夺了被管辖的当事国同意的权利。施韦贝尔法官不赞同否定澳大利亚的反对意见,他提出一个假设:如果数个违反国际法的国家仅有一个被推上国际法院的被告席,国际法院对这个国家的审判将影响未被诉讼的国家的责任问题,那么国际法院是否还要继续审理案件?无法在私法中寻找这一问题的答案,因为国内法院的管辖权具有强制性,而国际法院的管辖权以国家同意为前提。在货币黄金案中,处理阿尔巴尼亚的义务问题是国际法院继续审理当事方之间矛盾的前提条件,但是在这一案件中,新西兰与联合王国认为国际法院判定它们的职责并非解决瑙鲁诉求的先决条件。国际法院在判断这两个案件的区别时,不需要考虑未介入案件国家的责任问题是否是该案争议解决的先决条件,而需要考虑对案件当事方的法律权利的确定是否也界定了未介入案件的国家的法律权利。国际法院采用在尼加拉瓜和针对尼加拉瓜的军事与准军事行动案的判例内容的做法不够恰当,因为这一判例本身存在问题。虽然尼加拉瓜肯定洪都拉斯、哥斯达黎加与萨尔瓦多均是所诉活动的主要实施者，但是却仅仅将美国推上国际法院被告席，美国同时也声称和另外几个国家共同进行了这起集体自卫活动。国际法院在1986年对案件的实质问题进行审理，判决尼加拉瓜不对武器经由尼加拉瓜境内运送至萨尔瓦多的事情承担责任。将这一判决与1984年判决进行比较，反而更易引起误会，即1986年的判决确定的事实情况是1984年裁决的前提条件。倘若1984年国际法院对萨尔瓦多与美国的案情认定是准确的，那么《国际法院规约》第59条事实上没有给予这三个国家有效的保护，倘若在国际法院1986年裁决的要求下，美国结束了对萨尔瓦多的支持，那么《国际法院规约》第59条也未对萨尔瓦多的利益提供保护，萨尔瓦多政府很可能已经丧失统治地位。尼加拉瓜坚持声明从未给予萨尔瓦多的叛乱者支持，然而通过尼加拉瓜政府与苏联政府的公开发言等发现其曾经给予萨尔瓦多的叛乱者极大的帮助，这些事实反映出《国际法院规约》第59条没有起到应有的作用。国际法院在1986年作出的裁决动摇了1984年判决的先例的根基。比照货币黄金案，1984年美国提出的所有参与自卫活动的国家的安全利益完全可以被认定为争议的主题。陆地、岛屿和海上边界争端案的最终裁决与瑙鲁诉澳大利亚案也存在矛盾。从瑙鲁诉澳大利亚案中的基本背景可以认定，瑙鲁被三个国家组成的当局管理，澳大利亚的行为是三个国家统一行动的共同代表，新西兰、澳大利亚与联合王国组成的联合管理当局又叫作伙伴国政府。关于统治与托管的文件的转接主体是国联、联合国与联合管理当局。英国磷酸盐专员代表联合管理管理当局开展磷酸盐事务活动。瑙鲁一直主张澳大利亚、新西兰与联合王国都有义务修复磷酸盐地，即使仅对澳大利亚提出了申请，也要求另外两国也履行相应的义务。倘若如瑙鲁所言,国际法院在判决中界定了澳大利亚的义务范围,那么同时也会使另外两国的义务得到明确,所以国际法院不应受理这起案件。

通常情况下,不可或缺第三方规则是被诉方用来反对国际争端解决机构管辖权的一项法律武器,有时国际争端解决机构也会主动进行分析。国际仲裁法院也曾遇到过原告主动在诉状中承认缺少不可或缺第三方,却又自相矛盾地主张不妨碍临时仲裁庭管辖案件。

二、不可或缺第三方规则蕴含的国际法原理

(一)国家同意原则

管辖权(jurisdicton)是国际争端解决机构裁夺案件的基础,也是国际争端解决机构审理与形成有拘束效果的裁决的必备条件(conditio sine qua non)。常设国际法院与国际法院都指出管辖权来源于当事国的合意。常设国际法院在希腊诉英国的马儒玛提斯特许权案①中表示只有英国同意才能使常设国际法院对案件具有管辖权。② 之后又在德国诉波兰的楚如工厂案③中再次作出类似的描述。国际法院在尼加拉瓜诉洪都拉斯国境武装冲突案④中表示,国际法院的裁判管辖权受到众多因素的限制,国家同意方可赋予国际法院管辖权,这种征询国家同意的做法的意图为证实一国有把案件交给国际法院处理的意愿。⑤ 同意原则作为一项基本原则适用于各类国际争端。国家表示同意的方式有很

---

① PCIJ, A02, Mavrommatis Palestine Concessions.

② PCIJ Series A, No. 2, p. 16.

③ PCIJ, A09, Factory at Chorzów.

④ Border and Transborder Armed Actions (Nicaragua v. Honduras).

⑤ ICJ Reports 1988, p. 76, para. 16.

多种,比如接受某一条约的选择性条款,缔结条约或协议等。目前没有形成一般性强制管辖权,因而同意原则的裁决功能不容小觑。阿拉日兹法官持反对的观点,主张无须关注原告与被告对国际法院的管辖同意与否,所有类型的国家均可能站在国际法院的被告席上,这与一国同意国际法院管辖,或同意《国际法院规约》第36条第2项无关。① 阿拉日兹法官的观点与国际法的所处阶段与发展趋势不一致。

罗森指出,同意原则是国家主权概念的衍生物,这反映出国际法的历史沿革与未来发展方向。② 常设国际法院指出同意原则的母体为国家独立原则。③ 但国际法仍然能够以缔结条约的方式确立一般性强制管辖权。《常设国际法院规约(草案)》第34条确定了强制管辖权制度适用于法律争端。拟定《常设国际法院规约》是通过缔结义务性裁判的协议的方式。④ 许多代表在1945年举行的旧金山会议中主张确立一般性强制管辖权,但是囿于一些大国的反对,最终未能落实。

无须将当事国表达同意的的形式限定为书面,只要能够表达允许国际争端解决机构管辖,采用任何方式均可。英国在英伊石油公司案⑤中指出,伊朗采取的实际行动意味着其接受国际法院的管辖。国际法院认为伊朗的防御性行为是由国际法院反对其先决性抗辩导致的,不能反映伊朗同意的主观意愿。⑥ 爱琴海大

① Opinion Dessidente de M. Alvarez, ICJ Reports 1952, p. 132 – 133.

② Rosenne, Law and Pratice, Vol. Ⅰ, p. 313.

③ PCIJ Series B, No. 5, p. 27.

④ Documents of the League of Nations, p. 20.

⑤ Anglo-Iranian Oil Co. (United Kingdom v. Iran).

⑥ ICJ Reports 1952, p. 113 – 114.

陆架案的首要矛盾是当事方于 1975 年对外发布的共同声明能否等同于共同接受国际法院的管辖。[①] 这一声明的内容证明当事方政府认同国际法院处理爱琴海大陆架纠纷的事实确实存在。原告希腊主张这代表着双方具有接受国际法院处理爱琴海大陆架纠纷的合意,被告土耳其坚决否认这一观点。国际法院认为一项外在表现形式为联合声明的文件存在赋予国际法院管辖权的可能性。[②]

同意原则反映了国内民事诉讼程序与国际争端解决程序的根本性区别。国内民事诉讼程序的启动根据是一般性强制管辖权,国际争端解决程序的启动源于国际法主体的同意。国际法这一基本原则对所有案件进行了筛选,直接影响了国际争端解决机构处理案件的数目。国际法院成立 40 周年的纪念法庭中,辛戈院长表示同意原则与向国际法院寻求救济的意识较弱共同影响了国际法院的裁决进程。[③] 同意原则是历史传承与沿革的一项基本原则,必然存在其产生与适用的合理性,因此,不应当过分对其适当性展开争论,而应当去挖掘国际社会寻求国际法院救济的意识较弱的本质原因。[④]

(二)职权原则

职权原则(the principle of competence)的基本内涵为超越职权作出的裁决无效。所有的裁决制度在一些基本原则方面存在共同之处,例如国际法院在缺乏管辖权的情况下不能对一项争端

---

① Aegean Sea Continental Shelf (Greece v. Turkey).

② ICJ Reports 1978, p. 38 – 44, paras. 94 – 108.

③ ICJ Yearbook 1985 – 1986, p. 176.

④ R. P. Anand, Role of International Adjudication, in Gross ed., Future of the ICJ, Vol. Ⅰ, p. 1 – 21.

作出裁定。国际法院超越职权进行审理并发布裁决的行为可能会被归为无效,国际法院或法庭将管辖权视为基础性事项。[①] 在1831年的东北边界线仲裁(Northeastern Boundary Arbitration)案中,被诉方美国以仲裁程序超越条约为由不承认裁决的效力。最后,当事方以妥协的方式在1842年签署了《华盛顿条约》。[②] Umpire案的相关案件中,首席仲裁员对先决问题的裁夺牵涉到实质问题,这超出了创设求偿委员会相关公约赋予其的职权范围,在受到格拉瑞达方面的指责后,仲裁裁决被撤销并重新进行裁夺。[③] 在1910年的奥里诺科轮船公司案(the orinoco steamship company case)案中,当事方主张仲裁裁决为常设仲裁法院超越职权作出的,这一主张成功地推翻了常设仲裁法院裁决的效力。一系列已决案例确定了仲裁员不可超越职权裁决原则,简称职权原则。这一原则表明国际争端解决机构在没有得到当事方等授权的情况下发布的裁定不具有法律效力,漠视已经存在的法律原则、管辖权权力来源的规定等的国际裁决也是无效的。在不可或缺第三方没有授权国际争端解决机构裁夺其法律利益且一般国际法原则中的同意原则也禁止在缺少一方同意的情况下裁夺其法律利益的前提下,倘若国际争端解决机构执意裁夺,那么将违背职权原则。

(三)裁决对第三方无损益原则

管辖权的国家同意原则与第三方利益有着密不可分的联系,可以说不可或缺第三方规则是同意原则的衍生物。当国际

---

① PCIJ:Mavrommatis Palestine Concession Case(Jd.)(1924),D. O. By Moore, A. 2,p. 57 –60.

② 1 Int. Arb.,p. 85 –161.

③ 2 Int. Arb.,p. 1396 –1420. See also infra,p. 291 et seq.

争端解决机构处理的主题事项为第三方利益时，倘若缺乏第三国的同意，则国际争端解决机构的管辖权就会丧失。此外，一句古老的法律谚语“关于当事方之间的裁决不能使非当事方获益或受损”（*Res inter alios judicata aliis neque nocet neque prodest*）[①]，暗含了判例的拘束力范围，也限制了国际争端解决机构的管辖权。

货币黄金案[②]中起诉方意大利以英国、美国和法国在1951年达成的华盛顿协定之附属声明为基础，向国际法院寻求救济。由于纠纷的主题事项涉及第三国阿尔巴尼亚，因此，起诉方意大利向国际法院提出首先解决管辖权问题。国际法院认为起诉方意大利的申请目的实际为让第三国阿尔巴尼亚对受其没有遵守国际法的行为影响的受害方进行赔偿，倘若国际法院裁决了这些问题，则意味着处理了一项起诉方与第三方之间的纠纷，但是第三方并未对国际法院的管辖表示认同，并且起诉方与被诉方均未提出第三方采用了表示认同的任何行为的观点，倘若国际法院对该案进行审理，则不符合《国际法院规约》中同意原则这一基本国际法原则。国际法院指出第三国阿尔巴尼亚的法律利益不单单可能受到未来审理结果的影响，更重要的是会成为本案审理的主题内容。[③] 国际法院的审理结果不因《国际法院规约》中第三国请求介入的类型和裁定的效力规则而发生变动。

1984年8月15日提起介入申请的尼加拉瓜诉美国军事与准

---

① Digest 42,1,63;44,2,1;Justinian Code 7,56,2;7,60.

② 1953 Monetary Gold Removed from Rome in 1943 (Italy v. France, United Kingdom of Great Britain and Northern Ireland and United States of America).

③ ICJ Reports 1954, p. 32.

军事行动案[1],萨尔瓦多向国际法院提交了一份介入声明,声明基于的是《国际法院规约》第63条,国际法院认为萨尔瓦多不符合介入的条件,因此予以驳回。被诉方美国提出纠纷牵涉到一些中美洲国家的集体自卫权等权利,洪都拉斯等国家是纠纷不可或缺第三方。在缺乏这些不可或缺第三方同意的前提下,国际法院的管辖权必须止步。国际法院否认了《国际法院规约》中包含不可或缺第三方规则。货币黄金案中,第三国的权利是纠纷的主题事项,因此,国际法院就此失去了对该案的管辖权。但是本案中被诉方美国指出的国家都未达到货币黄金案里第三国的地位。[2]

国家同意原则有助于阻止他方私自请求国际争端解决机构处理第三方法律利益的行为。不可或缺第三方规则形成于国际法院的裁决实践,它对管辖权的限制极其微妙。不可或缺第三方规则给国际争端解决机构的管辖权设置的限制已经远远超过了第三方的法律利益,可能受到的未来审理结果带来的影响,而是第三方的国际法权利构成纠纷的主题。

瑙鲁诉澳大利亚瑙鲁境内的一些磷酸盐地案[3]涉及的第三方是新西兰与联合王国,涉及的第三方没有申请介入。被诉方澳大利亚提出新西兰、联合王国都没有介入诉讼,倘若国际法院对瑙鲁的请求进行裁决,则代表着对除被诉国之外的两个国家的利益进行裁决,如果两个国家没有事先表明接受管辖,那么国际法院将违背一项国际法救基本原则。国际法院调查了委托统治与托

---

① Military and Paramilitary Activities in and against Nicaragua (Nicaragua v. United States of America).

② ICJ Reports 1984, p. 430 – 431, paras. 86 – 88.

③ ICJ, 1989 Certain Phosphate Lands in Nauru (Nauru v. Australia).

管制度,根据协定的内容,这三个国家共同作为管理当局,这个机构和三个国家一样拥有国际法意义上的人格,以1919年、1923年、1947年和1965年协议为前提,澳大利亚发挥了非常重要的作用。国际法院认为对被诉方作出的审理结果存在对第三国造成影响的可能,但是这些第三国有异于货币黄金案中的第三国的地位。本案中国家法院对被诉方责任的确定与第三国不具有严密的逻辑联系。① 国际法院在本案中的论述代表其不认可第三国构成不可或缺第三方,联合王国与新西兰的责任并非纠纷的主题事项。罗伯特·詹宁斯法官、斯韦贝法官、阿格法官对国际法院的审理结果并不赞同,他们指出国际法院对第三国责任的裁夺是必不可少的,因此,国际法院缺乏对案件的管辖权。②

东帝汶案③涉及的第三方是东帝汶,相关的第三方没有提出介入的请求。起诉方葡萄牙指出被诉方与印度尼西亚签署的协定侵犯了起诉方与东帝汶民族自决权。虽然当事国均对选择条款发表了承诺,但国际法院基于不可或缺第三方规则驳回了该案。国际法院认为起诉方的诉讼请求意味着希望国际法院确认印度尼西亚的入侵行为有悖国际法,这直接导致印度尼西亚的缔约行为同样也非国际法所能容忍的认定结果。起诉方的期待使国际法院将案外第三国的权利义务作为纠纷的主题事项,这会导致与同意原则的矛盾与冲突。④

---

① ICJ Reports 1992, p. 261 – 262, para. 55.

② Dissenting Opinion of President Sir Robert Jennings, ICJ Reports 1992, p. 301 – 302; Dissenting Opinion of Judge Schwebel, ibid., p. 331、342; Opinion Dissidente de M. Ago, ibid., p. 326 – 328.

③ East Timor (Portugal v. Australia).

④ ICJ Reorts 1995, p. 104 – 105, para. 34.

郑斌将缺乏管辖权(lack of competence)作为修改或废除国际争端解决机构判决的七个缘由之一。[①]

三、不可或缺第三方规则的制度体系

(一)启动主体

货币黄金案是起诉方主动质疑国际法院的管辖权。东帝汶案是被诉方主动提出不可或缺第三方规则作为阻止国际法院进一步审理案件的缘由。拉森诉夏威夷王国案的当事方均未提出,仲裁庭主动援引并进行论述。尼加拉瓜诉洪都拉斯边界和跨边界武装行动案中,被诉方美国提出还存在不可或缺第三方。瑙鲁诉澳大利亚瑙鲁境内的一些磷酸盐地案中,被诉方澳大利亚没有提出不可或缺第三方规则,而是提出倘若国际法院作出审理结果,那么对新西兰与联合王国都有约束力,这样将违背国际法中的基本规则——国家同意原则。

本书认为,不可或缺第三方规则是国际法中的一项基础性规则,其启动主体可以是当事方、国际争端解决机构,抑或是不可或缺第三方自身,甚至国际争端解决机构承认的其他主体。不可或缺第三方规则通常适用于《联合国海洋法公约》中列明的争端解决机构与常设仲裁法院审理案件的过程中。不可或缺第三方规则与管辖权存在密不可分的联系,国际法院有义务进行管辖权核实,这一行为是一种自发行动(acting proprio motu)。[②] 国际法院有权利自由、充分地采用所有证据来判断这一问题,即管辖权问题。[③] 不可或缺第三方规则是国际争端机构应当主动查明的事

---

① 参见郑斌:《国际法院与法庭适用的一般法律原则》,韩秀丽、蔡从燕译,法律出版社2012年版,第371~388页。

② Individual Opinion of President McNair, ICJ Reports 1952, p. 116.

③ ICJ Reports 1988, p. 95, para. 65.

项,这是法院知法(jura novit curia)原则的要求。对于一项法律问题,即使纠纷的当事方没有指明,常设国际法院也有义务主动审查。[①] 常设国际法院具有查明并适用国际法律的职责,这一职责不因纠纷当事方的意见而被限制。[②]

(二)时间因素

不可或缺第三方规则涉及的时间因素主要包括该规则被提起的时间与纠纷被裁决的时间。

货币黄金案中,起诉方意大利于1953年10月30日提交给国际法院一份初步问题文件,向国际法院提出其是否具备管辖案件的权利的问题。文件中提到由于案件涉及诉讼当事国之外的国家,意大利对国际法院的管辖权问题表示怀疑与担忧,但是为了避免黄金被转交到英国,不得不向国际法院提出申请。国际法院提出《国际法院规约》第62条没有否定起诉方进行初步反对的权利,起诉方的请求具有可受理性。货币黄金案中的特殊之处在于原告在起诉的同时,又质疑国际法院的管辖权。这是因为意大利是在被告三个国家达成合意并发布声明的情况下,虽然对国际法院的管辖权带有怀疑,但迫于形势不得不选择向国际法院寻求救济。[③] 货币黄金案中国际法院对原告提出的管辖权质疑问题的审理是在案件实体问题审理阶段进行的。

1991年2月22日提起诉讼申请的东帝汶案中,被告方澳大利亚在书面程序阶段提出不可或缺第三方问题,其辩诉称如果国际法院同意葡萄牙的申请,那么就不得不在未得到第三国许可的

① PCIJ: International Commission of the River Oder Case(1929), A. 23, p. 18 – 19.

② PCIJ: The Lotus(1927), A. 10.

③ Monetary Gold Case, Judgement of 15 June 1954, p. 28 – 29.

前提下,裁判第三国入侵与实际控制东帝汶的举措,以及之后就东帝汶相关的大陆架划界进行商讨的行动的性质,这违背了货币黄金案中确立的国家同意方可管辖原则。[①] 国际法院在实体问题审理阶段对此作出裁定,在 1995 年 6 月 30 日发布的判决中提出,案件的根本问题是代表东帝汶缔结条约的权利人是葡萄牙抑或印度尼西亚。[②]

1986 年 7 月 28 日提起诉讼申请的尼加拉瓜诉洪都拉斯边界和跨边界武装行动案。美国在书面程序阶段表示萨尔瓦多、洪都拉斯、哥斯达黎加这三国是不可或缺的第三方,倘若这三国没有介入诉讼,那么国际法院将缺乏对案件的管辖权。国际法院在对附带程序介入的裁决阶段否定了美国的说法,同时没有准许萨尔瓦多的介入申请。

1989 年 5 月 19 日提起诉讼申请的瑙鲁诉澳大利亚瑙鲁境内的一些磷酸盐地案,涉及的第三方是新西兰与联合王国,涉及的第三方没有申请介入。澳大利亚在初步反对附带程序中提出新西兰、联合王国都没有介入诉讼。[③] 国际法院在对初步反对的判决中指出,该案中,管理当局中除了澳大利亚之外的两个国家的法律利益并非争议的主题事项,虽然国际法院的裁判可能干扰到新西兰与联合王国的法律地位,但是国际法院可以避开这点,选择从瑙鲁单独针对澳大利亚的请求进行裁判,所以国际法院不认

---

① Judgement on Case Concerning East Timor (Portugal v. Australia), p. 99, para. 20.

② Judgement on Case Concerning East Timor (Portugal v. Australia), I. C. J. Reports 1995, para. 27.

③ Certain Phosphate Lands in Nauru (Nauru v. Australia), Preliminary Objections of the Government of Autralia of December 1990, p. 132, para. 322.

同澳大利亚的反对意见,将继续履行管辖职责。①

在常设仲裁法院审理的拉森诉夏威夷王国案中,原告与被告均未提出美国是案件的不可或缺第三方的问题,仲裁庭在实体审理阶段主动提出不可或缺第三方规则,并援引货币黄金案、东帝汶案等国际法院的判例进行对比分析。由此可见,不可或缺第三方规则是国际法院或法庭应当主动审查的一个关于管辖权的基础性事项,与当事方是否提出无关。

不可或缺第三方规则是一项基于国际法院实践产生的理论,它又反过来主宰与限制着国际争端解决机构管辖权的行使。不可或缺第三方规则作为国际法的一般性规则,它可能会撼动国际争端解决机构管辖权的根基,它与任何国际法基本原则和一般性规则一样,时刻规制着国际争端解决机构的行为。郑斌将缺乏管辖权作为修改或废除国际争端解决机构判决的七个缘由之一。②克罗格(Kellog)法官表示,管辖权问题可以于诉讼的任何阶段指出,指出这一问题的主体不限于当事方,还可以像东卡雷利案(Eastern Carelia)中的做法,即法院主动提出。③ 管辖权问题是一个案件的先决性问题,就如非正当性的程序不可能带来裁决结果的正义,不可或缺第三方规则切实保障着国际裁决的公平与正义。因此,本书的观点根据不可或缺第三方规则,起诉方向国际法院提出请求的时间只有起点限制,没有终点限制。

---

① Certain Phosphate Lands in Nauru (Nauru v. Australia), Preliminary Objections of Judgment of 26 June 1992, p. 11.

② 参见郑斌:《国际法院与法庭适用的一般法律原则》,韩秀丽、蔡从燕译,法律出版社2012年版,第371~388页。

③ PCIJ: A,. 24, p. 43. id. : Minority Schools in Upper Silesia Case (1928), D. O., by Huber, A. 15, p. 53-54.

(三)构成要件

不可或缺第三方规则是一项在国际实践中形成的理论,虽然已经得到较为广泛的引用,但是其在构成要件等方面还存在模糊之处,这也给国际争端解决机构对其的认定带来一些困难和阻碍,因此明确不可或缺第三方规则的构成要件无论是在促进其理论发展上,还是在促使国际实践的标准统一上都具有不可估量的意义。本书通过仔细研究,尝试性地提出不可或缺第三方的基本构成要件为:第三方未接受管辖,第三方利益构成裁决主题,确定第三方权利义务为裁夺争端的前提,裁夺涉及对第三方行为的定性。

第三方未接受管辖意味着没有赋予国际争端解决机构管辖权,这体现在涉及不可或缺第三方规则的案件中。国际法院在喀麦隆诉尼日利亚的陆地和海洋疆界案中指出,无论是《国际法院规约》《国际法院规则》,还是纠纷各方之间已存在的有效协议等都不存在,国际法院因此缺乏管辖基础。[①] 在"1943 年货币黄金案"中,国际法院认为,如果接受澳大利亚的请求,那么,先决问题是确认阿尔巴尼亚行为的正当性。但是,阿尔巴尼亚并未同意国际法院行使管辖权,因此,国际法院对本案不具有管辖权。对于阿尔巴尼亚未接受国际法院管辖的情况,争端当事方均未表示异议。那么,国际法院必须遵守国际法中的国家同意原则,不能对阿尔巴尼亚的国家责任作出裁判。

在"东帝汶案"中,国际法院同样提及国家同意原则,具体如下:葡萄牙的诉求,实际是希望国际法院做出的判决,能够证明印

---

① Order of 21 October 1999 of Land and Maritime Boundary between Cameroon and Nigeria (Cameroon v. Nigeria: Equatorial Guinea Intervening), p. 7.

度尼西亚侵犯并兼并东帝汶的行为违反国际法，印度尼西亚无权代表东帝汶签署条约。但是，国际法院必须遵守国家同意原则。仲裁庭在拉森诉夏威夷王国案里清楚地分析了是否能在不对美国的行为性质进行裁定的同时作出裁决。[①] 仲裁庭指出，货币黄金案中确立了一个原则，即一个国际法庭不能在案件的主题事项牵涉非当事方的权利或义务的前提下去裁决一个纠纷。[②] 仲裁庭指出作为国际法庭管辖权基础的同意原则，与决定国内法院管辖权范围毫不相干。除此之外，国内法院在一般情况下倾向于主动追加第三方为当事方，而国际法院恰巧缺乏这一权力。倘若仲裁庭对案件的核心事项，即非当事方的行为的合法性或非法性进行认定，那么将违反同意原则。[③] 缺乏第三方的同意，意味着第三方没有赋予国际争端解决机构管辖权。

第三方利益构成裁决主题是国际裁决中认定不可或缺第三方时采用的标志性证据。国际法院在瑙鲁诉澳大利亚瑙鲁境内的一些磷酸盐地案中指出，该案中，管理当局中除了澳大利亚之外的两个国家的法律利益并非争议的主题事项，虽然国际法院的裁判可能影响到新西兰与联合王国的法律地位，但国际法院可以避开这点选择从瑙鲁单独针对澳大利亚的请求进行裁判。罗伯特·詹宁斯法官指出，新西兰与联合王国的利益构成对瑙鲁申请书实质问题裁决的主题事项，也就是说，新西兰与联合王国是该

---

① PCA Case No. 1999 – 01: Larsen v. Hawaiian Kingdom, Arbitral Award of 15 May 2014, p. 37, para. 12. 5.

② PCA Case No. 1999 – 01: Larsen v. Hawaiian Kingdom, Arbitral Award of 15 May 2014, p. 29, para. 11. 8.

③ PCA Case No. 1999 – 01: Larsen v. Hawaiian Kingdom, Arbitral Award of 15 May 2014, p. 33 – 34, para. 11. 20.

案的不可或缺第三方,国际法院的做法违背管辖权的行使基于国家同意这一基本原则。

确定第三方利益为裁夺争端的前提,意味着第三方权利义务的认定是解决纠纷的先决条件。[①] 罗伯特·詹宁斯法官分析指出,货币黄金案对出庭的双方之间的矛盾进行裁决的时间方面和逻辑方面的先决条件均包括如何对缺席的阿尔巴尼亚的责任问题进行裁定。但该案中却没有采用这一观点。国际法院最终认定确定新西兰与联合王国的责任并非确定澳大利亚责任的前提条件,在这点上,法院区别对待决定性效力是毫无说服力的,起到决定性意义的是,是否能够同时有效确定出席方的法律权利。施韦贝尔法官在瑙鲁诉澳大利亚瑙鲁境内的一些磷酸盐地案中阐述道,在货币黄金案中,处理阿尔巴尼亚的义务问题是国际法院审理当事方之间矛盾的前提条件,但是案件中新西兰与联合王国同意国际法院判定它们的职责并非解决瑙鲁诉求的先决条件。

裁夺涉及对第三方行为的定性是判断不可或缺第三方身份的一项重要标准。国际法院在货币黄金案中指出,倘若对意大利的请求进行定审查,那么就要先判定阿尔巴尼亚对意大利作出的行为是否是不当的,而阿尔巴尼亚并没有表示同意国际法院这样做,国际法院就缺乏这一管辖权。仲裁庭在拉森诉夏威夷王国案中认定拉森作为夏威夷王国的居民,其权利被侵犯的原因为美国对夏威夷王国长久持续的占领。如果仲裁庭对一个非当事方的行为进行定性,那么将违反国际法的同意原则。[②]

---

① Judgement on Case Concerning East Timor (Portugal v. Australia), I. C. J. Reports 1995, para. 28.

② PCA Case No. 1999 - 01: Larsen v. Hawaiian Kingdom, Arbitral Award of 15 May 2014, p. 34, para. 11. 20.

通过对国际实践进行分析,大致可以认定为涉及不可或缺第三方需要同时具备两个条件:(1)必须有确定的第三国的法律权利和法律义务,并为认定案情的先决条件;(2)争端当中的法律决定与第三国行为的合法性相关。

(四)考量变化

瑙鲁诉澳大利亚瑙鲁境内的一些磷酸盐地案是一个值得注意的案件,基于新西兰与联合王国并非案件当事方事实的初步反对以9票对4票被驳回。国际法院也是以9票对4票确定了对瑙鲁请求的管辖权与请求的可受理性。在国际法院的实践中,更多的是一致同意如何裁决,或者12票对1票、14票对2票等优势偏重明显的意见,由此可见,法官对瑙鲁境内的一些磷酸盐地案的争议相对较小。国际法院在本案中展现出一种比较自信的态度,从避开裁决另外两国的利益出发,仅裁夺瑙鲁对澳大利亚的请求,可见国际法院认为是能将三个国家的利益明确地划分开,并能有效避开对另外两国利益的预判,所以另外两国并非不可或缺第三方。该案中起诉方瑙鲁的请求主要可以概括为被告方澳大利亚违反国际法,因此要承担相应的责任。因此,国际法院的首要裁决对象为被告方行为的性质。而在东帝汶案中,国际法院采取的是与之前瑙鲁境内的一些磷酸盐地案中法官的异议意见中的方法,转变了对不可或缺第三方的考量角度。

四、不可或缺第三方规则的国际法功能

不可或缺第三方规则的主要国际法功能为审查检验管辖权是否确切存在,锁定国际裁决不可逾越的边界,对于已经作出裁决的案件,一旦发现违背了不可或缺第三方规则,那么将颠覆国际裁决的效力。

(一)检验管辖权的"试金石"

不可或缺第三方规则是国际争端解决机构主动检验管辖权的"试金石",国际争端解决机构需要在推理过程中论证这一内容,以证明对纠纷的管辖权不会受到不可或缺第三方规则的制约。国际法院分庭曾经指出,"即使尼加拉瓜的利益并非等同于货币黄金案中阿尔巴尼亚的利益,即正好作为裁决的主题,但对货币黄金案的遵循决定了国际法院分庭是否有权作出裁决,本案中没有出现缺乏尼加拉瓜介入的情形,尼加拉瓜明显做到了介入"①。国际法院裁定对这一案件不具有管辖权,由于没有征得阿尔巴尼亚的认可,无权裁定意大利对关于阿尔巴尼亚取得的赔款的主张是否合法。倘若对澳大利亚的请求进行定审查,那么就要先判定阿尔巴尼亚对意大利作出的行为是否是不当的,而阿尔巴尼亚并没有表示同意国际法院这样做,国际法院就缺乏这一管辖权。当然也需要关注法官中的一些不同的观点,例如,维拉曼瑞法官对审理结果提出了异议,他指出货币黄金案里的主题事项是第三国的财产与行为,东帝汶案与之不同,第三国的行为与应当履行的义务并非主题事项。货币黄金案中原告的申请从未针对第三国,该判例确定的规则是国际法院的裁决可能给第三国带来影响,且是裁决所要解决的主题事项,因此,国际法院不能在第三国没有同意的前提下接着审理案件。渥瑞旭砗霆法官提出东帝汶案中的第三方不止一个,还有东帝汶人民,缺乏东帝汶人民的认可,国际法院同样不能管理案件。国际法院的裁决没有涉及

① Judgment of 18 December 2003 of Application for Revision of the Judgment of 11 September 1992 in the Case concerning the Land, Island and Maritime Frontier Dispute (El Salvador/Honduras: Nicaragua Intervening) (El Salvador v. Honduras), p. 122, para. 73.

这一问题，这可能让国际社会认为东帝汶人民与东帝汶案关系不大，但是实际上东帝汶人民的民族自决权是贯穿全案始终的关键问题。这样分析不是说让国际法院同等地对待诉讼当事国与东帝汶的人民，因为国家的人民不能构成国际法院的适格主体，但是国际法院不能因此忽视了东帝汶人民的期待。①

拉森诉夏威夷王国案中，仲裁庭在程序性事项裁决（第3号）文件中提出了问题，依照仲裁协议第6条与《联合国国际贸易法委员会规则》第15条第1款，需要解决这些问题，如美国是否为任何此类纠纷的不可或缺第三方。② 仲裁庭指出，值得注意的是货币黄金案判例中，国际法院提及的是"法律利益"而不是缺席国的"权利"。③

美国在尼加拉瓜诉洪都拉斯边界和跨边界武装行动案中表示萨尔瓦多、洪都拉斯、哥斯达黎加均为不可或缺第三方，倘若这三国没有介入诉讼，那么国际法院将缺乏对案件的管辖权。国际法院否定了美国的说法，同时没有准许萨尔瓦多的介入申请。另外两国并没有提出介入诉讼的申请。

瑙鲁诉澳大利亚瑙鲁境内的一些磷酸盐地案中澳大利亚提出不可或缺第三方新西兰、联合王国都没有介入诉讼。国际法院的推理分析表露出这两国不是不可或缺第三方，而是普通的有权请求介入的第三方。国际法院无权强制性地要求一个国家出庭接受审判，更无权强制一个国家介入诉讼中。《国际法院规约》第62条赋予了非案件当事国自愿介入诉讼的权利，即使第三方

---

① Separate Opinion of Judge Vereshchetin p. 1, para. 3, I. C. J. Reports 1995, p. 135.

② PCA Case No. 1999 - 01: Larsen v. Hawaiian Kingdom, Arbitral Award of 15 May 2014, p. 15, para. 6. 3.

③ PCA Case No. 1999 - 01: Larsen v. Hawaiian Kingdom, Arbitral Award of 15 May 2014, p. 35, para. 11. 22.

国家没有表示接受管辖,依旧不影响国际法院对案件进行审理。国际法院采取的做法为避免将可能遭受影响的第三方法律利益的事项作为案件需要解决的主题。而罗伯特·詹宁斯法官不赞同国际法院的做法。

从这些案件中可以看出,无论当事方或第三方是否提出,国际争端解决机构都将不可或缺第三方规则作为一项共同法运用于对管辖权的裁夺当中,而这些案件中法官的异议意见也都是在论证是否存在不可或缺第三方,因为缺乏不可或缺第三方的介入将否定国际争端解决机构的管辖权。

(二)锁定国际裁决的边界

当国际争端解决机构发现纠纷确实存在不可或缺第三方,但其利益并非必要的裁决对象,那么国际争端解决机构为了进一步解决纠纷,往往不会否定对纠纷的管辖权,而是尽量避开对不可或缺第三方的利益进行裁夺,因此可以说,不可或缺第三方规则具有锁定国际裁决边界线的效果。

在大陆架案中,国际法院否定了第三方意大利的介入请求。与此同时,在该案中,当提到纠纷的实质时,第三方意大利的地位被给予重要保护。国际法院有能力通过将裁决的范围限定在第三方意大利未提出主张的领域来完成裁判。[①] 国际法院在瑙鲁境内的一些磷酸盐地案里指出,当前案件中,新西兰与联合王国的利益并非瑙鲁提请裁夺的纠纷的实质问题的主题,尽管裁决牵涉存在的,或者被认为是澳大利亚的同意责任,可能也会对其他两国的法律处境造成影响,但是那种法律处境并非必须被作为裁决

---

① Judgment of 21 March 1984 of Application by Italy for Permission to Intervene of Continental Shelf (Libyan Arab Jamahiriya/Malta), p. 26, para. 40.

的一项基础，由此，国际法院一致赞同行使对该纠纷的管辖权。[①] 国际法院在喀麦隆诉尼日利亚的陆地和海洋疆界案中指出，当事方之间的海域界线必然能够继续延伸至当事方和第三方主张的重叠区域，因此，国际法院对该纠纷的裁夺将牵涉案外的第三方。国际法院在裁夺起诉方的实质问题时，存在某一可能性，即某些第三国缺席，导致不能继续审理案件。

所以国际法院对被诉方第八项初步反对意见中的一些事项给予肯定，并且需要观察第三方在此后是否请求介入纠纷的审理。而第三方赤道几内亚表示无意被卷入纠纷作为当事方。[②] 在这样的情形下，无论是《国际法院规约》，还是《国际法院规则》或纠纷各方之间已存在的有效协议等都不存在，国际法院因此缺乏管辖基础。[③] 争端涉及对数个划界条约的解释与适用问题，与之相关的是边界线上的 17 个坐标点，国际法院依次进行审查，明确边界线的位置。其中，关于坐标点 G 点，国际法院指出，当事方没有对 G 点以外的海洋划分达成合意，但并非代表当事方在这些区域存在纠纷。贺晋斯法官对国际法院的论证表示支持，并提出了论据，即起诉方在请求书中指明了目的为防止该区域的海洋定界发生纠纷，同时无论在书面程序还是在口头答辩中，当事方都未就 G 点以外区域存在纠纷举出有力证据。[④] 国际法院在避

---

① Judgment of 26 June 1992 of Case concerning Certain Phosphate Lands in Nauru (Nauru v. Australia) (Preliminary Objection), p. 14, para. 6.

② Order of 21 October 1999 of Land and Maritime Boundary between Cameroon and Nigeria (Cameroon v. Nigeria: Equatorial Guinea Intervening), p. 5 – 6.

③ Order of 21 October 1999 of Land and Maritime Boundary between Cameroon and Nigeria (Cameroon v. Nigeria: Equatorial Guinea Intervening), p. 7.

④ Judgment of 11 June 1998 of Preliminary Objections of Land and Maritime Boundary between Cameroon and Nigeria (Cameroon v. Nigeria: Equatorial Guinea Intervening), Separate Opinion of Judge Higgins, p. 75 – 76.

开第三方利益的前提下对该案进行了裁夺。因此,当一项纠纷牵涉不可或缺第三方,而该第三方又无意介入时,国际争端解决机构为了行使管辖权将有意避开牵涉不可或缺第三方的事项,继续裁夺案件。这样不可或缺第三方规则在锁定国际裁决的边界范围方面发挥了不可小觑的作用。

(三)颠覆国际裁决的效力

不可或缺第三方规则蕴含着一些国际法原理,当国际争端解决机构违反了不可或缺第三方规则时,其裁决将失去效力,更不具有终局性。

不可或缺第三方没有介入意愿意味着没有赋予国际争端解决机构管辖权,倘若国际争端解决机构仍旧裁夺了第三方的利益,那么该裁决将违背国际法的基础性原则,裁决不可能具有国际法效力。

第六节 国际礼让原则

国际礼让(propriety)原则是解决管辖权竞合的基本法律原则之一,它广泛地存在于不同领域。礼让原则主要源于普通法系国家的国内冲突法规范①,尽管不同国际争端解决机构的管辖权来源于不同的国际法,但都属于共同的法律体系。国际争端解决机构在必要时需要相互示以尊重,同时,也需要在某种程度上相互遵从。在管辖权重叠领域中,礼让原则起到限制管辖权行使与

① Hilton v. Guyot 159 US 113,163 -4 (1895); The "Abidin Daver".

限制采取域外救济的作用，这被认为是合理的效果[①]，因为能够大大降低国际争端解决机构管辖权冲突的概率。[②] 与此同时，国际组织也通过直接或间接的方式使用礼让原则，尽管有时仅为考虑与鼓励采用这一原则。国际机构有时将遵从原则置入国际协定。[③] 礼让原则减少了管辖权冲突带来的影响，有利于国际争端解决机构的协调，有助于维护稳定的国际法秩序。国际海洋法法庭的崔伟斯(Treves)法官论述了将礼让原则应用于管辖权重叠领域的可能性[④]，但是目前国际条约法与习惯法尚未有力地支持礼让原则。采用礼让原则意味着一个国际争端解决机构在面对同一已被诉至另一国际法庭且未结案的纠纷时，为了维护国际法律秩序的稳定性，暂且决定中止程序，但这并不等同于不再对纠纷行使管辖权。[⑤] 而对于一个能够行使自由裁量管辖权(discretionary jurisdiction)的国际争端解决机构，不仅可以基于礼让原则推迟行使管辖权，还能够拒绝行使管辖权。[⑥] 对于涉及介入事项的案件，无论程序进行到哪一阶段，都可能囿于礼让原则的限制，使介入这一附带程序受到限制。

介入是《国际法院规约》与《国际海洋法法庭规约》中明确的

---

① Brussels Convention, Art. 22.

② Laker Airways Ltd. v. Sabena 731 F. 2d 909, 934 (1984); Amchem Products Inc. v. British Columbia (Workers' Compensation Board), 102 DLR (4th) 96, 125 (Supreme Court of Canada, 1933). 这些案件中裁决机构没有作出反诉禁令。

③ Agreement on Implementation of Article Ⅵ of the General Agreement on Tariffs and Trade, 15 Apr. 1994, Art. 17 (6)(i).

④ Mox Plant, 41 ILM, p. 431.

⑤ 参见 Southern Pacific, 3 ICSID Rep, p. 129。转引自[以]尤瓦·沙泥:《国际法院与法庭的竞合管辖权》，韩秀丽译，法律出版社 2012 年版，第 336 ~ 337 页。

⑥ [以]尤瓦·沙尼:《国际法院与法庭的竞合管辖权》，韩秀丽译，法律出版社 2012 年版，第 339 页。

一项重要的附带程序,其对国际裁决程序具有至关重要的影响。但是介入并非能够非常容易且广泛地被应用到所有程序当中,国际争端解决机构在准许第三方的介入请求前,只有在谨慎地审查对介入的限制因素的基础上,方可确定是否同意第三方的介入请求。除了限制性因素外,不同语境下的第三方还受到是否为相应的国际条约的成员方的限制。事实上,随着国际法的发展,介入的限制性因素将越来越多,已形成标准化、清晰化的裁夺标准。

第五章　国际争端预防与解决中第三方介入的反思与中国方案

第一节　国际争端预防与解决中第三方介入问题反思

国际海洋争端极易牵涉案外的第三方，回顾此前的判例，以提出介入请求时间的先后顺序为基准，每十年为一个梯次，依次出现了下列案件：1980～1990 年梯次为突尼斯诉利比亚大陆架案，大陆架案，陆地、岛屿和海上边界争端案。1990～2000 年梯次为喀麦隆诉尼日利亚的陆地和海洋疆界案。2000～2010 年梯次为印度尼西亚诉马来西亚对利吉坦岛和锡帕丹岛的主权案，尼加拉瓜诉哥伦比亚领土与海洋争端案。2010 年至今，南大洋捕鲸案。这 7 个案例对当今国际海洋争端解决中的第三方介入问题具有至关重要的意义,这些案例的表象与逻辑推理,指引了国际法学界发现第三方介入制度的发展趋势,这也为中国如何抉择提供可靠、有力的经验依据。

一、基于表象的反思

(一)第三方介入现实应用普遍化

截至2024年8月30日,国际海洋争端中第三方请求介入的现象日益增多,这对第三方介入制度本身来说,不可否认的是一件大有裨益之事。国际法院最初对介入的态度是较为保守的,几乎很难认可第三方的介入请求,而作为第三方介入制度发展历程中的一个重要的"分水岭",一例国际海洋争端中的介入案,即陆地、岛屿和海上边界争端案,具有至关重要的里程碑意义。国际海洋争端中的第三方介入案件,容易产生循环往复性,即一国曾经将他国告上国际法院,之后又作为被诉国进入国际法庭,有时又主动请求成为另一例海洋纠纷中的介入者。例如在前一起大陆架案中,利比亚为被诉国,马耳他为请求介入的第三方,而在时间相隔不久的另一起大陆架案中,利比亚又成为起诉方,马耳他变成被诉方。在陆地、岛屿和海上边界争端案中,洪都拉斯作为被诉国,尼加拉瓜为请求介入的第三方,而到了之后的尼加拉瓜诉哥伦比亚领土与海洋争端案中,尼加拉瓜变成了起诉方,洪都拉斯变为主动请求介入的第三国。由此可见,一方面由于地理因素,某一争议海域的周边国家可能容易循环性地利用国际海洋争端解决机制;另一方面那些曾经请求介入被拒绝的国家为了保护自己的领土主权,会另行起诉。在这些原因的驱使下,国际海洋争端中的第三方主动请求介入的情形层出不穷,介入将呈现一种普遍化的发展趋势。截至2024年8月30日,国际法院是解决国际海洋争端的相对比较成熟的裁决机构,而鉴于《联合国海洋法公约》附件六中也存在类似的第三方介入制度，尽管现在由于尚处于相对比较“年轻”的状态尚未在第三方介入制度的案件中出现过，但完全可以大胆地预测，未来不久，必将在国际海洋法法庭中出现第三方请求介入的情形，因为这已经成为国际海洋争端中的一大趋势。

截至 2024 年 8 月 30 日，国际海洋争端中的介入实践仅存在于国际法院中，国际法院经过近四十年的努力，促使第三方介入制度不断发展完善，毋庸置疑，国际法院对国际海洋秩序的规制发挥着不可取代的作用。国际法院在实践中对第三方介入制度进行了更详细的阐释。第三方介入制度是诉讼程序中的附带程序，它是将《国际法院规约》《国际法院规则》等实体法落实到国际裁决当中的媒介。尽管第三方介入制度在《国际法院规约》与《国际法院规则》中占据的篇幅不多，但是现实意义却非常重大，国际法院对第三方介入的裁夺，赋予了第三方介入制度表述文字生命力。第三方介入制度在 20 世纪中叶便出现过，并且取得了国际法院的许可，但当时涉及的并非国际海洋争端案件。直到 1981 年，马耳他主动请求介入的行为给国际法院的国际海洋争端掀开了崭新的一页。第三方介入制度在国际法院占据的份额较少，这与其文本本身存在争议，且《国际法院规约》起草者希望通过实践去解决“法律空白”等具有密切的关系。而第三方的大胆尝试，促使国际法院不得不正面应对第三方介入制度中存在的种种难题。国际法院对“法律空白”运用各类常用的解释方法予以阐释，逐步形成相对清晰的裁夺标准框架体系，巩固了第三方介入制度的法理基础。随着涉及介入的国际海洋争端案件不断增加，涌现出了一些新的问题，诸如首例得到国际法院认可的陆地、岛屿和海上边界争端案，第三方尼加拉瓜希望通过非当事国身份介入。而在尼加拉瓜诉哥伦比亚领土与海洋争端案中，与哥伦比亚不同的是，另一个第三方洪都拉斯在书面内容中表示希望能以当事国的身份介入程序，且表示假如国际法院不予准许，那么还希望能以非当事国身份介入案件。[①] 第三方对介入身份的不同主张迫使国际法院对此问题进行了明确，这也反过来促进了第三方介入制度的基础理论的深化与突破。国际法院是联合国的裁决机关。尽管《国际法院规约》明确了国际法院的审理结果的效力仅及于当事方，但是事实远非如此。暂且不论国际法院对国际法问题的权威地位[②]，国际裁决本身是一个共同法体系，与国际海洋争端密切相关的第三方介入制度截至 2024 年 8 月 30 日明确的文本存在于《国际法院规约》《国际法院规则》《国际海洋法法庭规约》《国际海洋法法庭规则》中，且裁决实践仅存在于国际法院中。首先，《国际海洋法法庭规约》与《国际海洋法法庭规则》的起草者对先前的国际法院体系中的第三方介入制度文本进行反复推敲琢磨，在尊重的态度下将后者条文的部分内容进行移植。其实不同国际法律文本的起草者都有与现有体制保持高度一致的初衷，以保证新的法律文本与实践顺理成章地与原有的接轨，使国际争端解决机构法官能够驾轻就熟地运用。因此，《联合国海洋法公约》中的第三方介入制度与国际法院体系的第三方介入制度存在高度的契合并不值得讶异。其次，国际法是一个更加注重判例法的法律体系，国际争端解决机构的裁夺者在面对争端时，几乎都会从判例中寻找答案，裁夺者非常希望知道当前争端

---

① Application by Honduras for Permission to Intervene.

② Chiara Giorgetti, The Rules, Practice and Jurisprudence of International Courts and Tribunals, Martinus Nijhoff Publishers, 2012, p. 35.

是否已经被在先的国际裁决阐释过。虽然《国际法院规约》第 59 条等国际法文本没有遵循先例,但是一旦先例中的裁夺者的逻辑推理具有极其强大的说服力,那么很可能会被之后的国际裁决沿用。[①] 国际法院至今的裁决活动几乎一直遵循先例,这是因为先例是国际裁决经验的积淀,更多地反映了一种良法,遵循先例可以保证国际法体系的稳定性,印证了有序裁决(orderly administration of justice)的核心本质。国际争端解决机构在对某一"法律空白"进行解释时,往往会参考其他国际争端解决机构的做法,因此,对于文本存在差异的类似制度很可能取得相近且完全一致的解释。国际裁决程序的渊源之一为国际习惯法,当第三方介入制度在国际法院发展得较为成熟之后,此后的国际海洋法法庭几乎保持一致的做法。不同国际争端解决机构的法官具有流动性,同时出现在各大国际海洋争端中。国际律师团队也具有相对的稳定性,因此,未来国际海洋法法庭对海洋争端中介入问题的态度不会发生较大改变。

基于上述种种原因,国际海洋争端中,国际法院对介入的判决产生的效力并非仅及于当事方。国际法院在国家的管辖豁免案里通过许可第三方介入很好地解决了一项问题,产生的重要影响则是突破了管辖权的范围。[②] 作为联合国的裁决机构,国际法院对介入的态度,将影响整个涉及介入问题的领域。国际法院的

---

① Sir Elihu Lauterpacht, The Development of the Law of International Organisations by the Decision of International Tribunals (1976) 152 Recueil des cours 377, 396 – 402.

② Charney, The Impact on the International Legal System of the Growth of International Courts and Tribunals, p. 705.

裁决曾经受到众多国际争端解决机构的援引。[①] 国际法院对介入问题的处理,不但促进了自身的发展,而且带动了整个涉及介入问题的国际裁决体系的发展。[②] 介入实践彰显了国家同意原则、程序公正原则、职权原则等奠定国际法基础的基本原则的价值。国际海洋争端中,第三方无论选择当事国身份,还是非当事国身份,都表达了一种主动的意愿,国际法院对第三方的认可践行了同意原则。在国际法庭中,第三方取得的权利与遵守的义务无一不与国际主权原则相一致。在一系列介入实践中,逐渐总结归纳出许多限制介入的情形,其中,衍生发展出的不可或缺第三方规则,表现出对未介入的第三国的尊重。第三方介入制度与程序公正原则相辅相成,国际法院的重要功能是对国际各方利益进行平衡,每一个国家的利益都不能未经允许被裁夺,不可被其他裁决的效力影响。第三国有充分介入程序的权利,也有选择不介入的权利。第三方提出介入请求与否更多是一种政治考量。在一些情形下,国际争端解决机构会主动地通知自己认为有权介入的第三方,例如,在罗科比空难事件引发的对 1971 年《制止危害民用航空安全的非法行为的公约》的解释与适用案中,书记官主动告知了该公约的其他成员方。[③] 第三方在认为对维护自己主权更有利时,会主动地要求介入,希望引起国际法院对自己利益的考量。

第三方介入制度有利于预防与提前化解国际海洋争端。第

① Murphy, Amplifying the World Court's Jurisdiction through Counter-Claims and Third-Party Intervention, p. 29.

② Rosenne, Intervention in the International Court of Justice, p. viii.

③ 参见邵沙平主编:《国际法院新近案例研究(1990 – 2003)》,商务印书馆 2006 年版,第 174 页。

三方选择以非当事方的身份介入,并取得国际法院同意后,第三方与当事方之间会进行更密切的信息、资料与意见交换。在这一互动中第三方能了解到更加翔实的信息,由此有可能将之前带有推测成分对影响的阐释,修改成为具体的、具有扎实的现实依据的法律请求。[①] 在这样前提下的第三方通常无意与当事方产生实质意义的纠纷,第三方只是希望能够有机会详细地讲明事实并阐述自己的观点,降低国际裁决对自己利益的影响。国际争端解决机构在赋予其这项权利之后,有助于减轻第三方对受到未来裁决不利影响的焦虑,同时有助于提前预防与化解第三方与当事方之间可能发生的纠纷。倘若第三方选择以当事国的身份介入,那么通常将表达独立的主张,国际争端解决机构需要慎重地考虑案情事实与第三方的主张,以处理一项相对复杂的法律纠纷。国际纠纷的通常处理办法是运用政治或外交方法,在国际法日益发展的今天,也有很多国家愿意选择法律方法。常设国际法院对法律纠纷的界定为:"当事方关于事实或适用法律方面存在异议,并表达出相互冲突的,代表不同法律利益的法律意见。"[②]当第三方对当事方之间的纠纷实质问题存在异议,且满足介入的相关要求,在介入请求被获准后,第三方即借助介入的方式,将一项纠纷诉诸国际裁决程序。第三方介入的前提为同意国际争端解决机构的管辖,或具备与当事方之间的相应的管辖基础。在这样的情形下介入的第三方能够保障国际裁决的稳定性,并有助于国际裁决产生长久的法律效力。无论第三方选择何种身份及介入请求是否

---

① 参见邵沙平主编:《国际法院新近案例研究(1990 - 2003)》,商务印书馆2006年版,第562页。

② Sven M. G. Koopmans, Diplomatic Dispute Settlement: The Use of Inter-State Conciliation, T. M. C Asser Press, 2008, p. 12.

得到肯定,但凡有请求介入的行动,都会有助于与当事方之间的信息交流。诸如大陆架案里马耳他的请求没有得到支持,之后其与先前的被诉方达成特殊协议,将类似的纠纷的管辖权赋予了国际法院。国际裁决对纠纷的处理具有有限性。虽然国际裁决对一项国际纠纷作出了明确的解答,但是不代表当事方能够很好地自愿接受并履行相应的义务,其更加重要的作用为逐渐化解敌对的当事方之间的矛盾,通过努力疏导促使双方回到谈判桌前,运用政治、外交等和平途径解决当前已经出现的和潜在的危机。

(二)第三方介入裁判程序深入化

第三方在提出介入请求之后,倘若没有征得国际争端解决机构的认可,则不会取得相关的实质问题审理阶段的权利。第三方需要在主要程序进入对实质问题的审理之前做出诸如递交申请等行为。倘若当事方对收到的第三方申请书持有不同意见,则可以通过各种形式表示不同意这一请求。在这样的情况下,国际法院通常会让第三方进一步回复当事方的反对意见。对于介入请求的裁夺,国际法院是非常谨慎的,在当事方不支持的情况下,国际法院将展开对介入请求的口述程序,第三方能够在法庭上与当事方当面充分地辩论,通过口述程序再次争取介入的机会。在已决案件中,诸如马耳他、意大利、哥斯达黎加等便是这种情况。

倘若第三方征得国际争端解决机构的同意,那么第三方便成功成为介入方并有法律资格进入纠纷的实体阶段。在实体阶段的口述程序中,不同案件中的第三方诸如希腊、尼加拉瓜、赤道几内亚等均行使了阐述观点的权利。

第三方介入的初衷为避免法律利益受到未来裁决的影响,这几乎可以用来概括所有请求介入的第三方的外在目的。无论第三方的申请是否获得许可,国际争端解决机构在倾听第三方的介入请求后,必然会带着避免裁决第三方利益的考虑来作出审理结果,这在案件中得到了充分的体现。第三方意大利的申请被拒,国际法院在作出审理结果时仍然比对、确认了意大利举证的一些事实,避开对意大利造成影响的内容,并明确指出意大利确实就纠纷牵涉的相关区域主张过权利,因此,国际法院会绕开这些部分,仅对不牵涉意大利的权利主张部分进行裁夺。① 由于首次实现了《国际法院规约》第 62 条的适用,陆地、岛屿和海上边界争端案成为国际法院中适用第三方介入规则的"分水岭",被诉方洪都拉斯无论是在第三方提出介入请求阶段,还是实体审理阶段,始终不同意第三方的介入。它指出第三方尼加拉瓜对本案没有介入的权利。第三方尼加拉瓜指出,被诉方洪都拉斯对涉及的海湾之外的水域不具有权利,且声称自己已经努力做到在国际法院分庭确定的区域内行使权利。② 国际法院分庭指出自己没有必要查明第三方是不是在被准允的领域中行事,或哪些行为在多大程度上突破了该领域,需要做的仅是考虑第三方对案件涉及的海湾内部水域的法律地位。③ 国际法院分庭事实上以《国际法院规约》第 38 条为基础,顾及了尼加拉瓜先前在中美洲法院进行的诉讼的结果。④

---

① Continental Shelf (Libyan Arab Jamahiriya/ Malta), Judgment, ICJ Reports, 1985, p. 24 – 28, paras. 20 – 23.

② Land, Island and Maritime Frontier Dispute (El Salvador/ Honduras: Nicaragua Intervening), Judgment, ICJ Reports, 1992, p. 581, para. 370.

③ Land, Island and Maritime Frontier Dispute (El Salvador/ Honduras: Nicaragua Intervening), Judgment, ICJ Reports, 1992, p. 581 – 582, para. 371.

④ Land, Island and Maritime Frontier Dispute (El Salvador/ Honduras: Nicaragua Intervening), Judgment, ICJ Reports, 1992, p. 601, para. 403.

国际法院通常情况下会在《国际法院规约》第59条的基础上，小心细致地审视第三方的介入请求和获许之后阐述的意见。国际法院会考虑可能作出的裁决是否超越管辖权限，避免错误地影响到第三方的利益。国际法院在进行裁决时考虑已经被准许介入的第三方的意见是不可否定的，但是对于已经拒绝其介入请求的第三方的意见是否还要考虑呢？曾有国际法学者否定国际法院在第三方为意大利的大陆架案中的做法。国际法院分庭解释说，第三方意大利的申请内容不是否定其介入的缘由。[①] 对此表示反对的国际法学者认为，国际法院在事实上已经否定了第三方介入的申请，但是在进行裁决时却依据第三方请求中的内容，表面上是防止裁夺第三方利益，实际上这种裁决的说服力很弱。第三方首次提出的介入请求中的信息，在遭受当事方否定的情况下，极有可能在国际法院的口述程序中再次出示。倘若国际法院不以介入是否获许进行区分，一概考虑第三方的利益，则对介入的裁夺似乎显得多余。[②] 国际法院指出第三方没有必要在一开始就穷尽各种方法去证明其具有法律利益。[③] 但之后又改变了这一态度，转为要求第三方详细、充分地进行举证，清晰地阐述可能受到未来审理结果的哪些影响。[④] 倘若第三方完成了这些事项，国际法院就一定会同意其介入吗？答案是否定的。边界与海洋争端案里的第三方指出，对其来说，完成国际法院上述要求的唯一

① Land, Island and Maritime Frontier Dispute (El Salvador/ Honduras), Application by Nicaragua for Permission to Intervene, Judgment, ICJ Reports, 1990, p. 130, para. 89.

② Bonafé, Interests of a Legal Nature Justifying Intervention before the ICJ, p. 747 – 748.

③ Land, Island and Maritime Frontier Dispute (El Salvador/ Honduras), Application by Nicaragua for Permission to Intervene, Judgment, ICJ Reports, 1990, p. 130, para. 89.

④ Land, and Maritime Boundary between Cameroon and Nigeria, Application by Equatorial Guinea for Permission Intervene, Order, ICJ Reports, 1999, p. 598, para. 60.

证据为国际法院不可能同意其介入。[①] 介入的价值在于国际法院会充分地考虑与保护第三方的利益,具体来说,在哪一时间范围内采取哪一途径,基于哪些理论或事实给予第三方怎样的保护。对任一方较好的保护方式是给予其阐述意见与为自己辩驳的机会。倘若缺乏这些机会,起草者设置第三方介入制度的初衷便难以实现。国际法院仅听取当事方的观点是不可能形成适当的审理结果,而介入程序如果中途而止,那么其法律效果又怎能实现?[②]

国际法院需要慎重考虑运用怎样的逻辑推理去论证保护第三方的利益。国际法院在大陆架案中达到了保护未许可介入的第三方的利益的效果,但是采用的方式备受指责。该案是第二例适用《国际法院规约》第 62 条的案件,同时也是一起国际海洋争端,由于当时国际法院对介入的适用还不够成熟,出现一些引发争议的做法无可厚非,甚至有助于国际法院此后注意转变逻辑推理方法。国际法院对第三方的利益进行良好的保护是正确的出发点,但是如何兼顾第三方于各个阶段阐述的意见与被限定的介入的范围等方面,是亟待探究的问题。

（三）第三方介入裁判态度缓和化

较早时期国际法院对第三方介入制度的适用比较生疏,导致设置第三方介入制度的初衷没有被实现,同时,还被称作是国际法院面临的棘手的难题。第三方介入制度的许多方面受到法律文本不够清晰的制约。第三方介入制度涉及的案件数量较少,其

---

① Territorial and Maritime Dispute (Nicaragua v. Colombia), Application by Costa Rica for Permission to Intervene, Judgment, Declaration of Judge Ad Hoc Gaja, ICJ Reports, 2011, p. 73, para. 4.

② Mcginley, Intervention in the International Court: The Libya/ Malta Continental Shelf Case, p. 692.

中关于适用的重重阻碍未能通过这些有限的已决案件克服。[①] 国际法院需要明确解释第三方介入制度中一些“法律空白”，国际法院在早期时没有对法律利益作出清晰的评判标准，且没有厘清第三方是否需要与当事方存在管辖关联。对于管辖关联的争论主要有两类，其一为支持《国际法院规约》第62条的介入需要此项管辖关联，其二为否定《国际法院规约》第62条的介入需要此项管辖关联。因为法律文本中没有这一内容，国际法院不能私自拟定。[②] 单说《国际法院规约》第62条的介入，法律文本指明的必备的要素几乎均存在异议，国际法院使用时倍感棘手。第三方尼加拉瓜的获准介入对第三方介入制度的发展来说，是一道重要的“分水岭”，国际法院分庭在此次敞开《国际法院规约》第62条的大门之后，对第三方的介入的限制有所减少。[③] 国际法院分庭为第三方介入制度拉开了崭新的帷幕，体现了第三方介入制度的功能。[④] 在尼加拉瓜的请求被准允之前，国际法院仅有一例允许介入的案件，即古巴基于《国际法院规约》第63条介入的哥伦比亚诉秘鲁阿雅·得柆托未庇护权案。第三方介入制度自常设国际法院时期便已经存在，无论是哪一类介入，被真正适用的时间都比较晚。在这之前，国际法学界或有介入意图的第三方，更多

---

① 参见[日]杉原高嶺:《国际司法裁判制度》,易平等译,中国政法大学出版社2007年版,第253页。

② Sovereignty over Pulau Ligitan and Pulan Sipadan (Indonesial/ Malaysia), Application by Philippines for Permission to Intervene, Judgment, Separate Opinion of Judge Weeramantry, ICJ Reports, 2001, p. 633, para. 9.

③ Pierre Sands & Pierre Klein, Bowett's of International Institutions, 5th edition, Sweet and Maxwell, 2001, p. 360.

④ De Hoogh, Intervention under Article 62 of the Statute and the Quest for Incidental Jurisdiction without the Consent of the Principle Parties, p. 46.

的是从那些被否定的案件中推断出何种情形下介入请求不能得到国际法院的认可。在实践中,反面的对立面并非一定是正面,仍旧很难推知国际法院真正认可具备哪些条件的介入。而陆地、岛屿和海上边界争端案与哥伦比亚诉秘鲁阿雅·得桠托耒庇护权案分别给予了第三方适用两类介入的希望,也从正面的角度明确了相关问题,同时向世界展现了两类介入在诉讼程序中的完整的贯穿应用。这两例案件将第三方介入制度成功融入诉讼程序中,同时产生了与其他制度的关联。

上述两例成功介入的案件掀开了第三方介入制度崭新的篇章,国际法院并未因此而降低对介入基本要件的审查门槛,对诸如法律利益等事项的采信一如既往的苛刻。晚近的国家的管辖豁免案将介入建立在管辖豁免等基础法理之上,受到了国际法领域的广泛好评,同时引发了国际社会对介入未来发展的探讨。

(四)第三方介入裁判标准清晰化

尽管第三方介入制度存在于国际法院体系与国际海洋法法庭体系中,但是其真正的适用仅存在于国际法院。由于介入的法律文本措辞不够详细,因此,在适用的过程中出现了许多争议。国际法院的法官面对重重阻碍,在一轮又一轮的讨论中逐渐明确了一些事项。有时,一些曾经作为异议意见或个人意见的法官观点在后续案件裁判中得到国际法院的肯定,转而成为国际法院的适用办法。国际法院法官将介入裁判的标准逐步清晰化,这些意见是第三方介入制度的历史上一笔宝贵的财富,引导第三方介入制度向更加严谨、敞亮的方向发展。

囿于介入在《国际法院规约》中的内容不甚清晰,针对这种“法律空白”,不得不依赖于国际法院的法官来逐步明晰。介入的一些事项一直没有明确化,有很大原因在于法官的意见很难达成统一。例如法官经裁判明确第三方对纠纷实质具有法律利益之后,就国际争端解决机构应当如何裁判介入目的等问题很难达成一致。因为介入目的与法律利益息息相关,国际法院在相当长的一段时间没有找到妥善的处理方法。这一重要环节出现问题,会同时引发一系列的其他问题,国际法院的法官尝试将多角度作为切入点。部分法官在介入的相关案件中或多次表示异议,或表达个人观点。在这种激烈争论的局面中,第三方介入制度的裁夺标准逐步清晰化。

翻阅国际法院数十年来有关介入的案件,一些屡次提出异议意见或个别意见的法官易于给我们留下深刻的印象。正是这些法官孜孜不倦的努力,让国际法院逐步改变了对一些问题的裁夺方法,也恰恰证实了真理有时候是掌握在少数人的手里。对于第三方选择的介入身份的问题,国际法院在早期没有明确的回复。对此,欧达法官在 20 世纪 70 年代的两起核试验案中做出了较多的阐述。其指出对于第三方不具有管辖依据,国际法院不能当然地认定第三方不能以非当事国形式介入。① 之后,其又在第三方为意大利的大陆架案中提出这一观点。国际法院分庭在作为第三方介入制度的“分水岭”的陆地、岛屿和海上边界争端案中开始适用这一观点。该案中的另外两名法官在早前案件中同样不赞同第三方必须与纠纷当事方具有管辖权方面的关联。法官的反对观点非常值得探讨与研究,这些观点极其可能起到扭转局面的作用。此后,国际法院对其分庭的逻辑推理与审理结果进行了

① Continental Shelf (Tunisia/ Libyan Arab Jamahiriya), Application by Malta for Permission to Intervene, Judgment, Separate Opinion of Judge Oda, ICJ Reports, 1981, p. 30, para. 15.

肯定。国际法院法官的异议意见与独立意见彰显了法官的智慧，就案论案并广泛地联系已决案件，是判决必不可少的重要部分。法官们敏锐的洞察力与才思有时预示着某一制度将发生重大变革，这是证明国际法是良法的理由之一。[①] 法官们的争辩赋予了第三方介入制度生命力，只有第三方看到第三方介入制度适用的希望时，才会有信心积极尝试。如此进入一个主体互动的良性循环。

（五）第三方介入限制因素丰富化

随着第三方主动提出介入请求的案件的增多，国际法院在处理介入问题的过程中形成了一套限制介入的模板体系，其中深含的国际法原理并不深奥，更多地为一般性的国际法原则。这些因素背后蕴含的国际法原理具有相通性。对第三方介入具有限制效果的因素主要包括不存在争端、引入新的争端、涉及主张领土主权的争端、涉及由条约引发的争端、涉及不可或缺第三方规则和涉及裁决礼让等。这些因素既可能限制第三方的成功介入，又可能限制第三方被准允介入的范围。从总体上来说，介入的限制因素逐渐丰富化，形成比较成熟的体系。

"不存在争端"对介入的限制指的是，倘若国际争端解决机构认为起诉方提出的请求并不构成争端，或者在审理的过程中争端消失，那么依附于争端主程序的附带程序必然停止。依1974年核试验案判决第63段请求审查情势案中，国际法院认定不构成纠纷，因此附带程序也随之被拒。虽然常设仲裁法院仲裁庭在拉森诉夏威夷王国案中论证了不可或缺第三方规则，又指出拉森

① Jonathan I. Charney, The Impact on the International Legal System of the Growth of International Courts and Tribunals, International Law and Politics, Vol. 31, p. 705(1999).

与夏威夷王国之间不存在纠纷①,实际上是本案当事方与美国之间的纠纷。仲裁庭还清楚地分析了是否能在不对美国的行为性质进行裁定的同时作出裁决。② 一项纠纷在诉诸国际裁决之后,由于当事方之间或达成合意,或一方妥协,或侵害行为停止等因素导致纠纷消失,那么相关的介入也随之无效。

"引入新的争端"对介入请求的限制原理为:一项争端中禁止任何一方引入另一争端。国际争端解决机构对于"引入新的争端"的判断非常严格,这体现在关于介入请求的方方面面,尤其体现在对第三方介入目的的审查上。第三方为马耳他的大陆架案,第三方为意大利的大陆架案,陆地、岛屿和海上边界争端案中均反映了这一现象。

涉及"主张领土主权的争端"因素对介入的限制体现为:没有任何已决案例显示诉讼当事方尝试诉诸国际争端解决机构的是一项涉及第三方直接主张领土主权的区域的纠纷。

裁判管辖权是国际争端解决机构裁夺案件的基础,也是决定国际争端解决机构审理与形成有拘束效果的裁决的必备条件。常设国际法院与国际法院都指出管辖权源于当事国的合意。国家表示同意的方式有很多种,比如接受某一条约的选择性条款,缔结条约或协议等。职权原则的基本内涵为超越职权作出的裁决无效。不可或缺第三方规则的主要国际法功能为审查检验管辖权是否确切存在,锁定国际裁决不可逾越的边界,对于已经作出裁决的案件,一旦发现违背了不可或缺第三方规则,那么将颠

---

① PCA Case No. 1999 – 01: Larsen v. Hawaiian Kingdom, Arbitral Award of 15 May 2014, p. 42, para. 12. 19.

② PCA Case No. 1999 – 01: Larsen v. Hawaiian Kingdom, Arbitral Award of 15 May 2014, p. 37, para. 12. 5.

覆国际裁决的效力。

国际争端解决机构在准许第三方的介入请求前,只有在谨慎地审查对介入的限制因素的基础上,方可确定是否同意第三方的介入请求。随着第三方介入制度在各个国际争端解决机构中发展,介入的限制性因素将更加丰富,形成标准化、清晰化的限制体系。

(六)第三方介入管辖范围扩大化

国际法院已经从理论上支持了以当事国身份介入的形式,那么如果该第三方先前并非《国际法院规约》的成员国,仅在当时取得了当事方的同意,并得到了国际法院的认可,则会间接地使国际法院的管辖权扩大。对于存在类似制度的国际海洋法法庭来说,也存在类似的问题。

上面提到的这类第三方取得临时同意而授予国际法院的管辖权叫作迟延同意管辖权(forum prorogatum)。迟延同意管辖权的内涵为:一起纠纷被诉至裁决机构之后,被诉方先前并未同意该裁决机构的管辖,仅在本案中单独表示同意,因而使裁决机构有管辖资格。国际法上的管辖权基础是同意原则,通常情况下为先前已经表示同意,而迟延同意管辖权同样也践行了同意原则,只不过在时间上比通常情况下稍微晚了一些,一般是在被诉之后才临时作出同意的表示,带有一些不确定性。涉及迟延同意管辖权的纠纷比较鲜见,例如吉布提诉法国案[1]。迟延同意管辖权的出现扩充了国际法院的案源,对于国际纠纷的解决来说,不失为一种积极有益的办法。

从理论层面上来说,当第三方先前并非《国际法院规约》的

① Certain Questions of Mutual Assistance in Criminal Matters (Djibouti v. France).

成员国,仅临时性地得到了当事方的同意,同时又得到了国际法院的认可,这便赋予了国际法院迟延同意管辖权。此时,作为附带程序的介入与迟延同意管辖权产生了联系。国际法学者曾经注意到这一问题,莫非指出,"国际争端解决机构的管辖权依赖于同意原则,表达同意的方式不限于先前的协议与迟延的同意"①。德·霍格指出,"提出介入请求的第三方,当事方能以缺乏管辖关联为由否定其介入,规避迟延同意管辖权现象"②。

选择以当事国身份介入的第三方先前并非《国际法院规约》的成员国,若临时得到了当事方的同意,并得到了国际法院的认可,那么未来的裁决对该第三方具有拘束效力。这是一种基于迟延管辖权的介入而将两种不同类别的事务融合到一起的混合物。介入是一种附带程序,属于程序的范畴,选择当事方身份的第三方在得到允许后将与当事方一同出现在接下来的各项程序中、诉讼中,因此,纠纷涉及的国家数量较多,可能存在一方对抗多方的情形。第三方启动介入程序并不代表一定能使国际法院取得管辖权,国际法院还需要裁夺是否具备其他构成要件。迟延同意管辖权是国际法院管辖权的一种,诉讼中的形式基本仍为一方对一方的平衡形式,被诉方的同意等同于国际法院拥有了管辖权。临时得到当事方同意并以当事方身份介入的第三方之所以能够成功介入,是因为国际法院被授予一种类似迟延管辖权的权力,这一过程间接地使得国际法院管辖权扩张,扩大了审理结果的拘束范围,使其拘束力覆盖至非《国际法院规约》成员的第三方。最终权利与

① Murphy, Amplifying the World Court's Jurisdiction through Counter-Claims and Third-Party Intervention, p. 27.

② De Hoogh, Intervention under Article 62 of the Statute and the Quest for Incidental Jurisdiction without the Consent of the Principle Parties, p. 20.

义务的承受者数量增加,有助于扩大国际法院裁决的影响力。这类第三方介入有别于《国际法院规则》第47条的合并诉讼。虽然两种情况下程序中涉及的国家数量都较多,但是国际法院同意这类第三方介入是出于第三方介入制度设置的初衷,即保护第三方的法律利益,而进行合并诉讼是出于节约诉讼成本的目的。

本部分论述的这类第三方目前仅存在理论上的可能性,探讨这一形式有助于应对未来可能出现的情况。但是事实上,在面临这样的情形时,第三方可能更愿意以各种形式表示同意管辖,然后提起诉讼。

二、基于推理的反思

在对第三方介入制度的研究过程中,通过反思与琢磨认为强制仲裁程序中不能出现第三方介入,介入裁决机构的管辖权具有自我修复性。

(一)第三方介入止步于强制仲裁程序

介入属于强制仲裁程序中的"法律空白",为了探究强制仲裁程序中是否容许第三方介入制度存在,从现有的第三方介入制度的文本语境、产生历史,强制仲裁的内在特性与国家间仲裁实践等方面逐一进行分析。

从国家间仲裁实践来看,在仲裁规则被初步设定后,仲裁庭又将其中的介入内容否定并排除,这体现在几内亚诉几内亚比绍的海洋划界仲裁案,加拿大诉法国圣特劳伦斯海湾的角隅填密仲裁案等案件中。[①] 国际仲裁中涉及第三方介入的判例屈指可数,

---

① The Guinea/ Guinea-Bissau Maritime Boundary Delimitation Arbitration (1985) (19 RIAA 147); The Filleting within the Gulf of St. Lawrence (Canada/ France) Arbitration (1986) (19 RIAA 225).

例如委内瑞拉优先债权案[1]。这是一项第三方请求介入国家之间的一般仲裁实践,而非请求介入国家之间的强制仲裁实践。以多种角度作为切入点,均能得出强制仲裁程序中禁止第三方介入的结论。

(二)第三方介入管辖权的自我修复性

第三方介入问题的表象中呈现出一种特别的状态,一方面介入的限制因素丰富化,另一方面介入裁决机构管辖权扩大化。日益完善的对介入的限制体系意味着会将一些不适当的介入请求否定掉,避免滥用介入权利的情况,间接地限制国际争端解决机构无故扩张管辖权。与此同时,国际法院已经承认了第三方选择以当事方身份的介入,这类可能赋予国际法院迟延管辖权的情形,间接地使得国际法院的管辖权扩张。由此可见,在第三方介入制度中,国际法院的管辖权呈现对立的两种态势,管辖权无限扩张是一种可能导致灾难的现象,那么介入的限制因素体系的完善将是这一场潜在灾难的挽救者。随着第三方介入制度的发展,两种力量相互制约,展现出国际法院的管辖权的自我修复性。

对于管辖权扩张的现象,需要国际社会制定相应的规则予以不断制约,这是一种对管辖权扩张进行修复的外在力量。反观历史上的国际裁决,几乎所有的被诉方都会主动提出国际争端解决机构缺乏管辖权或该纠纷不具有可受理性,这一现象逐渐呈现被诉方非常重视行使否定国际争端解决机构管辖权的权利的特征,在货币黄金案中,甚至出现起诉方意大利在起诉的同时还提出了对国际法院管辖权的质疑。国际争端解决机构均有扩张管辖权

① PCA Case No. 1903－01：Preferential Treatment of Claims of Blockading Powers against Venezuela (Germany, Great Britain and Italy v. Venezuela).

的发展趋势,这可能预示着一场重大的灾难。因此,国际社会有必要强调被诉方行使否定管辖权或可受理性的义务,这是阻止国际争端解决机构管辖权扩张的一种外在力量。第三方介入制度中的管辖权的限制因素的不断增多,体系的逐步完善,取决于国际法院内在的力量。这犹如人体本身对外侵的病毒具有自身的免疫力,在没有药物等外在治疗的情况下,依然会自我努力恢复原状,保障机体呈现健康的状态。而如何促使机体主动产生这样的免疫力是保证机体健康的重要问题,相对而言,如何促使国际法院等国际争端解决机构主动产生对管辖权扩张的约束力也是值得国际法学界深思的问题。

第二节 国际争端预防与解决中第三方介入之中国方案

一、现实应用价值

管辖权是国际争端解决机构存在的基础,被诉方往往穷尽各种方式否定国际争端解决机构的管辖权。对第三方介入的限制因素日益丰富,基本上可以利用这些因素阻却国际争端解决机构的管辖权。争端的法律概念在东帝汶案等一系列案件中得到法官们的论证。

对于“不存在争端”这一限制因素,被诉方可以指出起诉方的申请不构成一项国际法意义上的争端,因而国际争端解决机构不具有管辖权。对于“引入新的争端”这一限制因素,更多的是在起诉方举证过程中,提出的证据可能引入另一纠纷时,被诉方往往要求国际争端解决机构拒绝采信,此举基本上只能否定国际争端解决机构对介入的第三方的管辖权。如果“涉及由条约引发的争端”这一限制因素,被诉方可以援引并提出自己没有同意国际争端解决机构的管辖,因而否定其管辖权。如果“涉及不可或缺第三方规则”这一限制因素,是被诉方可以广泛采用的否定国际争端解决机构管辖权的法律工具。如果“涉及裁决礼让”这一限制因素,被诉方可能指出另一国际争端解决机构已经在先处理类似的纠纷,且未结案,为了维护国际法律秩序的稳定性,暂且决定中止程序,但这并不等同于不再对纠纷行使管辖权。如果该国际争端解决机构是一个能够行使自由裁量管辖权的机构,那么不仅可以基于礼让原则推迟行使管辖权,还能够拒绝行使管辖权。日益形成体系的对介入的限制因素对调整、规范与引导第三方介入制度的良好发展具有保驾护航的作用。

二、应用可能性

中国在国际争端中是否具备援引介入的可能,取决于内在需求与外部环境,需要从中国对国际法院和国际海洋法法庭的态度、中国在国际法院和国际海洋法法庭的法官、中国在国际法院和国际海洋法法庭涉及的相关实践等方面分析。中国作为常设国际法院与国际法院的创始方必然与其具备紧密的历史联系,在常设国际法院担任过法官的中国籍人员有王宠惠、郑天赐,在国际法院担任过法官的中国籍人员有徐谟、顾维钧、倪征燠、史久镛、薛捍勤等。他们为常设国际法院或国际法院的发展贡献了杰出的力量,更加强了中国与常设国际法院和国际法院的关系。国联时期中国在常设国际法院存在一次实践,即终止中比之间于1865年11月2日签署的条约案。国际法院时期,1948年的在联合国服务过程中遭受伤害的赔偿咨询意见案[1]中，中国在1949年递交了相关书面意见。[2] 中国在2008年提起的一项咨询意见案[3]中，积极介入了书面程序与口述程序等。中国第一次出现在国际法院审理程序的举动代表了中国有主动介入的积极性，中国作为安理会的五大常任理事国之一的身份促使中国与国际法院产生更加密切的互动。全国人大常委会于1996年5月15日作出了批准《联合国海洋法公约》的决定，其中包含相关声明事项。中国于2006年8月25日对《联合国海洋法公约》第298条作出例外性质的声明。国际海洋法法庭中，中国也介入过一起咨询案[4]，并发表了书面陈述。在国际海洋法法庭担任过法官的赵理海、许光建、高之国、段洁龙等，为国际海洋法法庭的发展贡献了重要的力量，加强了中国与国际海洋法法庭的联系，同时也进一步提升了中国在国际海洋法法庭的地位。在这样的背景下，中国具备介入相关诉讼的基础。

（一）中国对国际法院和国际海洋法法庭的态度

中国对国际法院的态度是随着历史的发展不断变化的。国联时期，中国作为常设国际法院的创始成员，对《常设国际法院规约》的强制管辖权表示附条件接受。所附条件包括对等性

---

① Reparation for Injuries Suffered in the Service of the United Nations (Request for Advisory Opinion).

② Letter from the Chinese Ambassador to the Registrar of the International Court of Justice, 26th January, 1949, Reparation for Injuries Suffered in the Service of the United Nations, Written Statements, p. 13 – 14.

③ Accordance with International Law of the Unilateral Declaration of Independence in respect of Kosovo (Request for Advisory Opinion).

④ Case No. 21, Request for An Advisory Opinion Submitted by the Sub-Regional Fisheries Commission (SRFC) (Request for Advisory Opinion Submitted to the Tribunal).

(reciprocity),该声明的每一期的时间长度为5年。[①] 国际联盟时期中国在常设国际法院存在一次实践,即终止中比之间于1865年11月2日签署的条约案,案件的事实经过为:中国与比利时在1865年11月2日曾经签署了一项条约,1927年4月18日南京国民政府成立之后发出废除不平等条约的公告,比利时曾经在1836年和清朝政府签署过《通商条约》,其将中国诉至常设国际法院,主张该条约的效力不应当终止。中国一方面选择不出庭,另一方面向常设国际法院交送了中国终止中国与比利时之间的条约的声明。在常设国际法院审理过程中,当事方之间达成新约的合意,因而常设国际法院提前终止了案件。[②] 囿于"二战"的持续进行,中国在1927年之后未继续为附条件接受强制管辖权进行续期,而常设国际法院也于1946年走到终点,取而代之的是国际法院。当时的南京国民政府是联合国的创始成员,同样也为国际法院的创设者。其于1946年10月26日送交给联合国一份关于《国际法院规约》第36条第2项和第3项的声明。该声明表达的主要意思为:中国附条件接受国际法院的强制管辖权,所附条件指与对等地对待那些接受相同义务的国家,在具备这样的条件下方可承认强制管辖权。该声明的效力期间为5年,到期后自动续延,国际法院在《国际法院规约》终止效力之前6个月发出终止通知时,该声明失效。[③] 联合国在1971年举行的会议上公布了

---

① Second Annual Report of the Permanent Court of International Justice (June 15th, 1925 June 15th, 1926), Publications of the PICJ, Series E. No. 2, A. W. Sijthoffs Publishing Company, p. 78.

② Demmciation of the Treaty of 2 November 1865 between China and Belgium, 1927 PCIJ Series A, No. 8.

③ Status of Multilateral Conventions in respect of which the Secretary-General Acts as Depositary, ST/LEG/3, REV., United Nations, 1959, p. 1 – 11.

第2958号决议,该决议对中华人民共和国的合法席位进行了恢复与肯定。中国在次年向联合国秘书长提交声明,表达了不承认之前的国民政府作出的关于《国际法院规约》第36条第2项和第3项的声明的态度。中国在相对较长的时间内始终没有接受国际法院的强制管辖权。在签署的一些国际公约里,中国以作出保留的方式回避国际法院的管辖。[①] 直到近30年来,中国对待国际法院的态度有所转变。中国不再始终采取对一切条约中事关国际法院作为纠纷裁决机构的条款进行保留的做法,对其中部分有关环境、生态方面的条约不再采用保留的做法,与之相关的有《联合国气候变化框架公约》[②]《禁止化学武器公约》[③]等。中国于1989年介入了关于增强国际法院作用的会议[④],于2005年6月7日公布了关于联合国改革问题的立场文件。尽管中国对国际法院的任意性强制管辖权与特别协定进行了排除,但是在一些条约中不排斥相关争端解决的条款。国际法院时期,中国在2008年提起的一项咨询意见案[⑤]中,积极介入了书面程序与口述程序等。

总的来说,中国当前对待国际法院与国际海洋法法庭的态度都是积极肯定的,中国在具备充分条件时采用介入是可行的,不论追溯历史,还是立足现实,都具有介入诉讼程序的良好而坚实的基

---

① 参见王铁崖主编:《国际法》,法律出版社1995年版,第446页。

② 英文名称为United Nations Framework Convention on Climate Change,UNFCCC或FCCC。

③ 全称为《关于禁止发展、生产、储存和使用化学武器及销毁此种武器的公约》(Convention on the Prohibition of the Development, Production, Stockpiling and Use of Chemical Weapons and on Their Destruction)。

④ 参见管建军:《国际法院的“复兴”与我国之应对》,载《法学》1996年第4期。

⑤ Accordance with International Law of the Unilateral Declaration of Independence in respect of Kosovo (Request for Advisory Opinion).

础。相信中国在不远的将来能运用介入维护自己的法律利益。

(二)中国在国际法院和国际海洋法法庭的法官

国联时期,中华民国外交部部长王宠惠在1921年被选任为常设国际法院的法官,随后郑天赐于1939年被选任为常设国际法院法官。国际法院时期,徐谟是首位在国际法院以法官身份任职的中国人。由于1957年徐谟去世,顾维钧接替了国际法官的职位,并从1964年至1967年被选任为国际法院副院长。[①] 顾维钧曾经参与编写《联合国宪章》的活动,并代表中国签字,同时,还担任中国驻联合国代表。从1967年至1985年,国际法院的法官中没有中国籍人员。[②] 1985年,国际法院重新出现中国籍法官的身影,倪征燠代表中国行使国际裁决职责。1994年,史久镛被选任为国际法院法官,2003年至2006年又被选任为国际法院院长。薛捍勤于2010年被选任为国际法院法官。中国籍法官为常设国际法院与国际法院的发展做出了重要贡献。担任过常设国际法院或国际法院副院长或院长的中国籍法官,圆满完成了领导国际法院开展各项裁决活动的任务。中国籍的法官作出的独立意见或异议意见,很好地推动了国际法院的法制进程。

在国际海洋法法庭担任过法官的赵理海、许光建、高之国、段洁龙等,为国际海洋法法庭的发展贡献了重要的力量,加强了中国与国际海洋法法庭的联系,同时也进一步提升了中国在国际海洋法法庭的地位。赵理海于1996年8月被选任为国际海洋法法庭法官,成为国际海洋法法庭历史上第一批法官。其于同年的

---

① 参见饶戈平主编:《国际法》,北京大学出版社1999年版,第456页。

② 参见赵海峰:《中国与国际司法机构关系的演进》,载《法学评论》2008年第6期。

10月18日宣誓并正式就职。2001年9月17日,许光建在国际海洋法法庭宣誓就职,期满时间为2002年9月30日,其在2002年成功连任。高之国于2008年1月30日被选任为国际海洋法法庭法官,之后于2011年6月15日在《联合国海洋法公约》缔约国会议中以高票成功连任,连任的期限为9年。2020年8月24日,段洁龙当选国际海洋法法庭法官,10月1日起履职。

国际争端解决机构中的中国籍法官身体力行地推动了国际法治的发展,凸显了中国对国际法治的重大作用。中国籍法官在国际裁决活动中接触到更多的全世界各国的法官,在这一过程中熟知了其他法官惯用的逻辑推理方法与国际争端解决机构的常用推理过程,这些是帮助中国了解国际争端解决机构的关键途径。中国籍法官在国际裁决运行中起到关键的作用,他们身体力行地拉近了中国与国际争端解决机构的联系,也为中国融入国际裁决程序奠定了良好基础。

(三)中国在国际法院和国际海洋法法庭的实践

国际法院时期,1948年的在联合国服务过程中遭受伤害的赔偿咨询意见案①中,中国在1949年递交了相关书面意见②。在2008年提起的一项咨询意见案③中,中国积极介入了书面程序与口述程序等。

2008年的咨询意见案值得进一步分析与研究。具体案情

① Reparation for Injuries Suffered in the Service of the United Nations (Request for Advisory Opinion).

② Letter from the Chinese Ambassador to the Registrar of the International Court of Justice, 26th January, 1949, Reparation for Injuries Suffered in the Service of the United Nations, Written Statements, p. 13 – 14.

③ Accordance with International Law of the Unilateral Declaration of Independence in respect of Kosovo (Request for Advisory Opinion).

为:2008年,科索沃希望得到联合国的所有成员的承认。美国、日本等国家表示承认,俄罗斯、罗马尼亚等国家拒绝承认。随后联合国大会决定将此项问题提交给国际法院。国际法院在2008年10月17日公布了一项命令,要求联合国相关各方将信息资料递交给国际法院,同时就其他各方递交的信息资料进行书面陈述。① 中国参与该咨询意见案,并递交给国际法院相关书面陈述。当时作为中国外交部法律顾问的薛捍勤等6位中方代表出席了口述程序。中国在书面陈述以及口述程序中主要表达了这些内容,即本案解决的国际法基础为联合国安理会的第1244号决议。国家主权原则彰显了国际法基本原则的地位与作用,同时体现在中国主张的和平共处五项原则中。民族自决权的基本含义与适用领域需要明确,自决权与分离权二者完全是不同的概念。② 薛捍勤代表中国在口述程序中阐述了意见,驳斥了美国等国提出的相关的联合国决议与尊重主权和领土完整原则无关的观点,同时还驳斥了德国等国提出的相关的联合国决议中的政治进程现在已经终止等观点,指出科索沃没有遵守联合国的相关决议,违背了一般国际法原则。中国同时还指出国际法拒绝向单方表示分离的"国家"提供保护,60多个国家作出承认的事实不能作为支持科索沃独立的依据,国际法院裁夺科索沃行为的依据应当为其本身的性质,中国主张相关各方通过和

---

① Accordance with International Law of the Unilateral Declaration of Independence by the Provisional Institutions od Self-Government of Kosovo, Order, ICJ Reports, 2008, p. 410.

② Written Statement of China to the International Court of Justice on the Issue of Kosovo, April 16th 2009.

平的方式解决纠纷。①

国际海洋法法庭中，中国也介入过一起咨询案②，并发表了书面陈述。案件的基本情况为：佛得角、几内亚等七国通过签署协议创设了分区域渔业委员会，此后该委员会在 1993 年签署了一项公约③，2012 年对该公约做以修改。分区域渔业委员会在 2013 年就该公约第 33 条请求国际海洋法法庭作出咨询意见。中国在书面程序中提交了相关意见。中国通过分析常设国际法院与国际法院的咨询管辖权（advisory competence）查明某一国际性法院具备咨询管辖权依赖的基础④，中国多角度地分析了国际海洋法法庭全庭的咨询能力，采用的切入点包括海底争端分庭的咨询管辖权，《联合国海洋法公约》第 288 条第 2 项不能作为咨询管辖权的来源，《联合国海洋法公约》附件六不能推断出具备咨询管辖权，国际性法院或法庭具有固有权利的相关学说，通过对《联合国海洋法公约》的修改扩大咨询管辖权范围，对本案如何是正确行使管辖权的做法等。尽管许多国家都明确反对国际海洋法法庭全庭行使咨询管辖权，但是国际海洋法法庭依然第一次真正明确了全庭具备咨询管辖权的“法律空白”。

尽管中国在国际法院或国际海洋法法庭介入的主要为咨询类案件，但是这代表了中国对国际裁决程序的积极主动融入的态

---

① Public Sitting on the Accordance with International Law of the Unilateral Declaration of Independence by the Provisional Institutions of Self-Government of Kosovo, CR 2009/29, 7th December 2009, p. 28 – 37.

② Case No. 21, Request for An Advisory Opinion Submitted by the Sub-Regional Fisheries Commission (SRFC) (Request for Advisory Opinion Submitted to the Tribunal).

③ 《关于在分区域渔业委员会成员国管辖海域内最低限度利用和开发渔业资源的决定公约》。

④ Written Statement of the People's Republic of China.

度。在直接介入的案件中，中国将会更多地了解到其他国家在国际裁决程序中的观点与对某一问题的逻辑论证与中国的异同。通过直接的互动交流更充分地运用国际裁决程序。在国际争端解决机构发布审理结果之后，中国可以一方面充分地回顾案件庭审过程中的详细片段、场景，另一方面通过文件资料的对比，分析国际争端解决机构对待某一问题的裁夺的标准与对相关证据的采纳程度等，这些活动有助于中国积累广泛的经验，在必要时，为利用国际裁决程序维护国家利益打下坚实的基础。

三、中国应取之策

《国际法院规约》从签订至今已经走过了大半个世纪，《联合国海洋法公约》从生效至今也已经走过了三十多年，可以说无论是国际法院还是国际海洋法法庭，都已经相对成熟。中国作为联合国五大常任理事国之一，应当在新时代背景下逐步改变策略，将被动变主动，尽早开始谋划，防患于未然，巧妙利用国际法为开展的行动进行翔实的国际法论证，加大对国际法人才的培养，积极应对纷繁复杂的国际争端。

（一）争取主动地位

当前中国的科技与经济实力正在稳步增强，国际地位显著提高。中国在联合国安理会中的地位决定了中国对维持与调整国际秩序的重要性。国际法院是联合国极其关键的裁决机构，至今在国际法领域占据权威地位，可以说，很难有其他的国际机构能够取代国际法院的权威地位。国际海洋法法庭与国际法院相比，是一个略显“年轻”的国际争端解决机构，它与《联合国海洋法公约》具有极其紧密的联系，对国际海洋争端逐渐发挥更加重要的作用。值得肯定的是，中国通过积极参与国际法院和国际海洋法法庭的法官、副院长、院长等的选举，在签署条约时有选择地接受某些解决纠纷的途径等举措,逐渐加强了与国际法院和国际海洋法法庭的联系。随着国际法治进程逐渐加快,国际争端解决机构已经基本改变了受制于少数大国的态势,更多地反映国际法的固有价值,在调整与规范国际法律环境方面发挥着重要作用。在第三方介入制度的发展历程中,陆地、岛屿和海上边界争端案发挥了举足轻重的作用,这也让国际法院的形象得到进一步提升,赢得了国际社会的广泛肯定。

中国在国际法治中如何争取主动地位,是亟待考虑的问题。一方面,中国应当积极向国际法院和国际海洋法法庭等国际争端解决机构靠拢,在政策、法律与外交上采取积极的行动。另一方面,中国要理性地对待国际法领域出现的不公正现象,不能受制于被少数大国操纵的以法律作为工具以压制中国的裁决,积极努力维护国家权益。通过中国介入的国际法院与国际海洋法法庭的咨询案可以发现,各国对同一现象的理解与观点存在明显区别。国际法是一种博弈的法,如何解释与论证是中国探索的关键。中国还需进一步观察与分析其他已经走入法庭的国家的做法,加强对国际争端解决机构体制的了解。

(二)夯实理论基础

中国对国际争端解决机构程序的研究不够充分深入,中国学者更多是对某一类案件或某一项问题进行探讨,较为缺乏类似于一些国际法学者对国际争端解决机构体系的全面研讨。介入是国际法院与国际海洋法法庭中的一项附带程序,这一程序与国际争端解决机构的管辖权紧密相关,介入的实际作用发生在实体问题审理阶段。介入在常设国际法院和国际法院中得到传承,其中一大显著特点是主要出现在国际海洋争端中,并且容易出现循环往复的现象,即一个国家在前一案件中作为请求介入方,在后一案件中转变成起诉方或被诉方,或者反之。一些国家多次出现在各类介入案中,出现较为频繁的有尼加拉瓜[①]、澳大利亚[②]、新西兰[③]。国际法的发展是一个相对漫长的过程,尤其是一些"法律空白"问题,甚至需要数十载的争辩才能形成定论。第三方介入制度中的一些相对模糊的措辞,诸如管辖联系、法律利益等给适用者们带来重重困难。国际法院或国际海洋法法庭的程序更接近于英美法系的模式。中国需要加强谋划,充分了解当前国际争端解决机构的模式,并就模式的发展争取话语权,为介入国际裁决程序打好坚实的理论基础。

运用国际法的关键在于解释与论证,这就需要追溯国际法的起源。那些对国际法体系的形成起到关键促进作用的公约、条约是值得深入研究的对象。中国学者还需进一步认真研读、分析具有重要影响力的中外国际法推动著作,参与理论发展夯实理论根基。一些域外大国在介入国际裁决实践中的表现,展现出其对国际法的良好的驾驭。面对格鲁吉亚的起诉,俄罗斯呈递给国际法院一份初步反对意见,其中主要归为四个方面,这份初步反对意见在篇幅上有 250 页,覆盖了程序问题与实体问题,其中运用国际法对纠纷中涉及的问题的翔实论证,展现了俄罗斯对国际裁决程序的充分研究与长期准备,这对扭转被诉的不利局面起着决定性的作用。面对澳大利亚的起诉,日本积极地呈递了辩诉状与对

① 尼加拉瓜在尼加拉瓜诉美国军事与准军事行动案中为起诉方,在陆地、岛屿和海上边界争端案中为请求介入方,在尼加拉瓜诉哥伦比亚领土与海洋争端案中为起诉方。

② 澳大利亚在核试验案中为起诉方,在南大洋捕鲸案中为起诉方,在依国际法院 1974 年核试验案判决第 63 段请求审查情势案中为请求介入方。

③ 新西兰在核试验案中为起诉方,在南大洋捕鲸案中为请求介入方,在依国际法院 1974 年核试验案判决第 63 段请求审查情势案中为起诉方。

第三方新西兰介入申请的书面意见。日本一方面与起诉方澳大利亚进行激烈的书面与口头言辞争辩,另一方面积极支持案外第三方新西兰的介入。日本对国际裁决程序的熟练运用程度值得肯定。中国还需为介入各类国际裁决程序打下坚实的理论基础,就中国在国际法领域的发展从长计议。

(三)巧用介入规则

纵观国际法的历史,可以发现国际法是国家或国际组织等维护自身权益的法律工具。那么如何运用第三方介入制度维护中国的权益是一个值得深思的问题。对介入的运用可以划分为两类,一类是在中国作为当事方的案件中,倘若出现第三方请求介入,那么中国是否表示同意;另一类是中国利用第三方介入制度,主动提起请求。前文的分析已经得出强制仲裁程序中禁止第三方介入的结论,因此,倘若中国再次进入强制仲裁程序,而某些第三方提出介入请求,中国应当从多个角度进行论述,阻止第三方介入。对于在国际法院或国际海洋法法庭中,中国作为当事方的案件,面对第三方请求介入时,应当斟酌该第三方可能呈递的书面资料等对中国的立场是否具有辅助性的意义。而更为重要的情形是,在国际法院或国际海洋法法庭的诉讼程序中,中国是否可以通过请求介入,维护国家权益。

在第三方为非条约成员方的前提下,延迟同意管辖权给予了该第三方介入国际裁决程序的可能,这也为中国作为第三方介入国际法院或国际海洋法法庭的案件带来了更大的可能性。第三方在未提出介入请求或已经提出但未得到国际争端解决机构答复前,能否取得相关资料的答案是肯定的,但是需要满足的首要条件为第三方主动地向国际争端解决机构递交申请,这一行为代表着查阅相关资料的程序的启动。在陆地、岛屿和海上边界争端案里，国际法院在裁夺介入请求之前，同意第三方尼加拉瓜取得相关书面资料，此后，尼加拉瓜于关于介入问题的口述程序里大量引用取得的资料中的内容，这些广泛的运用提高了第三方介入诉讼的可能性，能让第三方在国际争端解决机构关于介入事项的定夺中更加游刃有余地提出支持自己的观点。在已决介入案件中，仅有4例中的第三方[①]在介入请求被裁夺前，取得了当事方的相关资料，除了希腊没有提出相关请求之外，其他各案的第三方均没有实现这一愿望。但是在相关资料被公布后，也存在第三方无意请求介入的情形。[②] 第三方可能将此权利作为一种法律工具，意图不在于为请求介入做准备，而在于从相关资料中获取诸如科研、技术等其他的信息，从中取得其他利益。[③] 第三方在被准允介入之前便取得相关资料，对节约国际裁决成本具有良好的效果，国际法院的这一举措极其可能得到国际社会的广泛支持。

（四）谨慎取舍定夺

无论是基于《国际法院规约》第62条或第63条，还是基于《国际海洋法法庭规约》第31条或第32条，中国都有可能选择请求介入诉讼程序。对于《国际法院规约》第62条和《国际海洋法法庭规约》第31条的介入，结合具体情况，中国可以采取非当事方的身份；此举更容易得到国际争端解决机构的认可。中国应当根据具体需要理性选择介入的案件，对于事关中国领土主权等核心利益的案件，更要慎之又慎。

---

① 依据案件时间先后顺序，分别为斐济、尼加拉瓜、赤道几内亚、洪都拉斯与哥斯达黎加。

② United States Diplomatic and Consular Staff in Tehran (United States of America v. Islamic Republic of Iran), Judgment, ICJ Reports, 1980, p. 3.

③ Chinkin, Third Parties in International Law, p. 188.

对于《国际法院规约》第 63 条或《国际海洋法法庭规约》第 32 条的介入,中国由于在一些条约中没有对国际法院或国际海洋法法庭进行保留,如果面临与这些条约相关的纠纷,无论是在介入与否的选择上,还是在介入身份的选择上,中国在取舍定夺时都要慎之又慎,适时、适机而定,一切依国家核心利益至上为出发点。

(五)重视人才储备

国际法是一个庞大的知识体系,一个国家要想熟练地驾驭国际法,需要大量优秀的国际法人才,然而人才队伍的壮大本身需要较长时间的积累。在需要主动起诉时,国家可以随时有理有据地翔实论证,捍卫国际权益。在被动应诉时,又可以随时从容地表达逻辑缜密、理论坚实的反驳意见,扭转被诉的不利局面。中国应当大量培养优秀的国际法人才,为应对可能的国际争端提供智力支持。

国际法人才需要具备法律与英语、法语等其他外语的综合性知识,因此,中国需要加强对这方面人才的培养与储备。对于国际法庭中诉讼技能的培养,离不开各类模拟实践,我国高校应当定期举行模拟法庭,参照国际法院、国际海洋法法庭、仲裁庭等的程序开展活动。在书写各类法律书状方面,需要全国各类法学院广泛开展相关课程,锻炼学生在国际法方面的书状书写的能力。由于各类国际争端解决机构中,当事方很多观点的传达或举证都离不开书状,因此,书状中的内容编写的逻辑顺序、采用的推理论证方法,都对最终结果起着关键作用。国际法人才的培养并非一朝一夕能完成的,国际法人才队伍也是捍卫着国家核心利益的重要力量。此外,中国应当为高校教师、学生,各类研究机构,律师团体提供更多到国际争端解决机构实习与工作的机会,以便将来更好地为国家服务，让更多的中国法学学子能够观摩到一些国家熟练驾驭诉讼或仲裁程序的庭审，学习经验，提高知识水平。相信中国会有越来越多优秀的国际法人才以卓越的知识与技能为捍卫国家利益贡献自己的力量。

结　语

第三方介入制度明确地存在于《国际法院规约》和《国际海洋法法庭规约》中，而介入实践截至 2024 年 8 月 30 日仅存在于国际法院。关于《国际法院规约》第 62 条的介入实践共有 8 例，其中 6 例涉及国际海洋问题，这 6 例案件中有 2 例中的第三方介入请求获得国际法院认可。除了常设国际法院时期存在一起成功介入的波兰介入案，关于《国际法院规约》第 63 条的介入实践共有 4 例，其中有 1 例涉及国际海洋问题，且第三方新西兰的请求获准。因此，总的来说介入贯穿于 7 例国际海洋争端中。

在国际法院涉及第三方介入制度的国际海洋纠纷的所有判例中，国际法院在早期几乎全部拒绝了第三方的介入申请，直到陆地、岛屿和海上边界争端案，尼加拉瓜依据《国际法院规约》第 62 条,申请以非当事国身份介入,在 1990 年 2 月 28 日获得国际法院的允许。该案是一个涉及国际海洋争端的案件。这一历史性的转折并非偶然,而是源于国际法院针对第三方介入制度进行的新的法理解释。之后,国际法院又相继在 1999 年 10 月 21 日对赤道几内亚申请介入喀麦隆诉尼日利亚的陆地和海洋疆界案,2013 年 2 月 6 日对新西兰申请介入澳大利亚诉日本南大洋捕鲸案作出允许介入的命令。这 3 例成功介入的案件对随后的国际海洋纠纷产生了深远的影响,从正面向国际社会展现了第三方介入制度的功能与价值。

第三方介入制度的每一步发展都步履维艰,这体现在国联时期 1 例关于《常设国际法院规约》第 63 条的介入案,国际法院时期的 8 例关于《国际法院规约》第 62 条的介入案和 4 例关于《国际法院规约》第 63 条的介入案中。第三方介入制度发展过程中每前进一小步都具有非同小可的意义。韦幕布勒敦案揭示了第三方可以在对介入请求裁夺的口述程序中修改介入依据,事实上等同于修改了介入请求。核试验案的进展过程中,被诉方法国终止了核试验活动,起诉方澳大利亚与新西兰的目的达到了,因此,国际法院解释说斐济的介入申请归于无效。法官们针对是否要求介入与国际法院的管辖权存在联系这一问题各抒己见。一些法官认为只有介入与国际法院的管辖具有联系才能获得允许。奥耶玛法官提出斐济与起诉方法国不具备引起国际法院管辖的对等条件。① 吉姆奈·德·阿察噶法官指出《国际法院规约》第 62 条不应当受到任择性条款的限制,仍旧应当以强制管辖为前

---

① Nuclear Test (New Zealand v. France), Application by Fiji for Permission to Intervene, Order, Declaration of Judge Onyeama, ICJ Reports, 1974, p. 536 – 537.

提进行解释，这样才是合情合理的。如果在任择性条款的前提下对《国际法院规约》第 62 条进行解释，那么就会与一些国际法基本规则产生矛盾。倘若一个国家不接受他国的起诉，则这个国家也就不能为了维护自己权益主动起诉或者介入其他国家之间的诉讼。[①] 大陆架案中，国际法院认为马耳他的介入申请只会让当事国对争端感到更加模糊，所以不符合《国际法院规约》第 62 条的规定。在是否具备管辖联系方面，国际法院指出在以上否定马耳他的请求的前提下，无须再论证马耳他的介入申请与突尼斯和利比亚之间具有管辖联系是缺一不可的要素，国际法院基于这些原因没有批准马耳他的请求。尼加拉瓜诉美国军事与准军事行动案中，国际法院认为第三方介入的目的内容比较多，包括管辖权事项、国际法院对案件主题事项的审理，且第三方提出对介入案件主题事项程序的权利暂时先予保留，根据第三方的这些目的，国际法院拒绝第三方介入当前阶段。[②] 国际法院反对第三方在管辖权审理阶段介入的原因相对比较模糊，倘若第三方的请求与先决性抗辩、案件的主题事项均存在关联，那么国际法院拒绝第三方介入管辖权审理阶段的法律原因又是什么，国际法院未清晰地表达这一逻辑推理思路，仅通过实际裁决行动表明不赞成第三方介入管辖权审理阶段。陆地、岛屿和海上边界争端案中，国际法院分庭分析了《国际法院规约》第 62 条是否强制性要求具有管辖联系这一问题，并认为《国际法院规约》设立第三方介入制度是为了维护第三国的法律利益，在满足《国际法院规约》的要

① Nuclear Test (New Zealand v. France), Application by Fiji for Permission to Intervene, Order, Declaration of Judge Jiménez De Aréchaga, ICJ Reports, 1974, p. 537 – 538.

② ICJ Reports 1984, p. 215 – 216.

求时是否准许介入和第三国与当事国是否具有管辖联系无关。所以本案中尼加拉瓜没能有力地证明与萨尔瓦多、洪都拉斯具有管辖联系不足以妨碍国际法院分庭对介入的允许。[①] 同时,国际法院对介入问题的管辖权并非来自当事国的授权,而是来自《国际法院规约》的授权。在这样的情况下,尽管可能出现当事国的一方或双方不支持第三国介入的情形,国际法院仍然能够同意第三国介入到诉讼中来。此外,明确了禁止由于第三国的介入形成一个崭新的争端。该案还践行了赋予被准允介入的第三方一些程序性方面的权利。喀麦隆诉尼日利亚陆地和海洋疆界案中,国际法院分庭认为,请求介入的第三国申请的目的如果是让国际法院获悉自己对争端具有法律性质的利益,那么这个目的是符合第三方介入制度的功能的。[②] 判断第三国请求介入是否满足《国际法院规约》的要求时不需要考虑请求介入的第三国与当事国是否具有管辖关联,这是从第三方介入制度的性质与目的推导出的结论。[③] 印度尼西亚诉马来西亚对利吉坦岛与锡帕丹岛的主权案中,国际法院分析了第三方菲律宾提出请求的适时性问题,并论证了法律利益相关事项。本案中菲律宾的法律利益和当事国主张的标的物没有关系,有关系的是:菲律宾和印度尼西亚或马来西亚的其他争议中涉及的与本案所指的同一条约、协议等进行推理与判决时产生的法律利益。国际法院认为菲律宾追求的并非

---

① The Order of Land, Island and Maritime Frontier Dispute (El Salvador/Honduras: Nicaragua Intervening), paras. 93 – 101.

② Border and Transborder Armed Actions (Nicaragua v. Honduras), The Precedent Set of the International Court of Justice in 1990, p. 130, para. 90.

③ Border and Transborder Armed Actions (Nicaragua v. Honduras), The Precedent Set of the International Court of Justice in 1990, p. 135, para. 100.

与本案标的物相关的法律利益,因此,菲律宾有义务去有力地证明其主张的这类法律利益。法官们对此意见不一,进行了激烈的讨论。对菲律宾的主张表示反对的法官的意见主要为:《国际法院规约》第 62 条所说的判决不应该是宽泛意义上的判决,宽泛意义上的判决将涉及判决的推导部分、对某一问题的解释,国际法院对各方的回复意见等。这样将造成在先的判例的推理内容、对某一事项的解释等影响到之后争端中各方对权利的主张,国际法院在这种无形的约束下会更加谨慎地对案件中的某一法律文书、条约、协定等进行解释。尼加拉瓜诉哥伦比亚领土与海洋争端案中,国际法院对第三方介入提出了四个必备条件的要求,明确了作为当事方的介入国的地位以及应与相关的当事国存在管辖权的基础的要求,但是这一管辖权的基础不是作为非当事方介入诉讼的条件。还提出第三方的介入不能引入一个新的案件。南大洋捕鲸案中,贺杉氏·欧瓦达法官在其异议意见里对国际法院如何保证当事国之间的地位平等问题提出了自己的看法,国际法院应当通过详细听取当事国的诉求分析其在诉讼中追求的效果,努力构建当事方的平等地位,这样能够使国际法院判决中的逻辑推理更加准确。[①]

介入的实践过程中也逐渐形成了一套限制性体系,当具备这些要素的条件下,第三方或者不能介入,或者在介入的范围方面受到限制。这些因素包括不存在争端、引入新的争端、涉及主张领土主权的争端、涉及由条约引发的争端、涉及不可或缺第三方

---

① Reports of Judgements, Advisory Opinions and Orders, Whaling in the Antarctic (Australia v. Japan), Declaration of Intervention of New Zealand, Order of 6 February 2013, p. 10.

规则和涉及裁决礼让等。从涉及介入的国际海洋纠纷案件来看，可以发现介入呈现的发展趋势，即介入应用普遍化、介入博弈深入化、介入裁夺态度缓和化、介入裁夺标准清晰化、介入限制因素丰富化、介入裁决机构管辖权扩大化。而通过对这些表象背后隐藏的问题进一步探究，发现介入止步于强制仲裁程序，介入裁决机构管辖权具有自我修复性。

对于国际海洋争端来说，极易涉及第三方问题，而相关第三方的介入将有助于裁决的稳定性与终局性。这在喀麦隆诉尼日利亚陆地和海洋疆界案中得到国际法院的印证。国际法院对第三方介入的情形加以假设，例如，赤道几内亚介入纠纷，国际法院的最终审理结果对相关海域的主要各方来说能够达到终局的意义与稳定的效果。① 第三方介入制度体现了程序参与原则，第三方所持的立场可以为中立的，一方面为了保护自己的法律利益免于被影响，另一方面用主动行为践行了公允价值，呈递给国际争端解决机构大量相关信息资料。第三方的介入有助于使国际争端解决机构的审理结果更具有科学性与公正性。第三方通过行使介入的权利，促使国际争端解决机构的相关文件资料公开化，受到更大范围的国际社会的监督，有助于国际裁决程序的透明化。第三方介入制度本身存在一些缺陷，例如措辞模糊，在一些事项上存在“法律空白”等。对这些问题的裁夺赋予了国际争端解决机构更多的自由裁量权，法官的主观意志给第三方介入制度功能的施展带来了一定的影响，因此，亟待形成一套标准的、可操作性强的规则指导实践。这一套标准化规则的确立，将有助于国

① Order of 21 October 1999 of Land and Maritime Boundary between Cameroon and Nigeria（Cameroon v. Nigeria：Equatorial Guinea Intervening），p. 7.

际社会对介入做出预先的判断,形成对介入的确信。介入程序是对诉讼主程序的补充,具有较强的程序性价值。第三方介入制度的设置展现了国际社会对国家间利益平衡的关注,也体现了国家权利义务的对等性。而对于非条约的成员方的介入,将有助于国际争端解决机构从更加公正的角度审夺对相关条约的解释事项,避免受到当事方论证的影响而没有切实依据条约的宗旨,以至减损了条约价值。虽然第三方介入制度是国际法院诉讼程序中的一个附带程序,但是它所体现出的国际法的公正、平等和法治的意义非同小可。第三方介入制度的发展和演变极大地推进了国际裁决程序的完善,推动了国际争端和平解决的进程。在当今世界各国日益注重捍卫自己海洋权益的时代背景下,第三方介入制度将会在国际裁决实践中取得更快的发展。

主要参考文献

一、中文著作

[1]张海文、张新军主编:《领土与海洋争端国际案例评析(1994 - 2019)》,知识产权出版社2023年版。

[2]金永明:《中国海洋法理论研究》,上海社会科学院出版社2023年版。

[3]朱文奇主编:《国际法与国际争端解决》,中国人民大学出版社2023年版。

[4]杨泽伟:《国际法》,高等教育出版社2022年版。

[5]金永明:《新中国的海洋政策与法律制度》,知识产权出版社2020年版。

[6]黄惠康:《中国特色大国外交与国际法》,法律出版社2019年版。

[7]杨泽伟主编:《中国国家权益维护的

国际法问题研究》,法律出版社 2019 年版。

[8]贾宇、高之国主编:《海洋国策研究文集》,海洋出版社 2017 年版。

[9]张海文、黄影主编:《世界海洋法译丛——海洋法争端解决国际案例汇编》,青岛出版社 2017 年版。

[10]毛俊响、王历编著:《国际法典型案例评析》,中南大学出版社 2016 年版。

[11]孔令杰编著:《领土争端成案研究》,社会科学文献出版社 2016 年版。

[12]全永波编著:《海洋法》,海洋出版社 2016 年版。

[13]韩燕煦:《条约解释的要素与结构》,北京大学出版社 2015 年版。

[14]饶戈平编著:《国际组织与国际法实施机制的发展》,北京大学出版社 2013 年版。

[15]秦一禾:《论国际法院任择强制管辖权》,法律出版社 2012 年版。

二、中文期刊

[1]何志鹏:《作为法治话语的多边主义》,载《国际法研究》2024 年第 1 期。

[2]黄瑶、徐琬晴:《全球海洋法治视角下"海洋命运共同体"理念的落实》,载《太平洋学报》2023 年第 10 期。

[3]张华:《中国当代国际秩序观的法理基础》,载《法商研究》2023 年第 6 期。

[4]虞楚箫:《论〈联合国海洋法公约〉中的参考规则》,载《政法论丛》2023 年第 5 期。

[5]罗国强:《公平的法治学之维》,载《社会科学研究》2023

年第 4 期。

[6]江河:《联合国专门机构争端解决机制的司法化》,载《当代法学》2023 年第 2 期。

[7]高健军:《国家间争端法律解决中的滥用程序抗辩》,载《环球法律评论》2023 年第 1 期。

[8]刘衡:《中国关于国际海洋争端解决的政策与实践》,载《国际法研究》2022 年第 6 期。

[9]杨泽伟:《中国与〈联合国海洋法公约〉40 年:历程、影响与未来展望》,载《当代法学》2022 年第 4 期。

[10]徐奇:《国际法上"货币黄金案原则"的再审视:法理演进和实践挑战——兼评"毛里求斯与马尔代夫海洋划界案"》,载《国际法研究》2021 年第 5 期。

[11]刘衡:《论强制仲裁在国际争端解决中的历史演进》,载《国际法研究》2019 年第 5 期。

[12]金永明:《新时代中国海洋强国战略治理体系论纲》,载《中国海洋大学学报(社会科学版)》2019 年第 5 期。

[13]金永明:《现代海洋法体系与中国的实践》,载《国际法研究》2018 年第 6 期。

[14]易显河、魏妩媚:《介入〈联合国海洋法公约〉附件七下仲裁程序?》,载《国际法研究》2015 年第 6 期。

三、中文学位论文

[1]吴志毅:《我国海洋权益司法保护研究》,上海海事大学 2022 年博士学位论文。

[2]马文婷:《习近平关于中国海洋安全保障论述研究》,大连海事大学 2021 年博士学位论文。

[3]马玉:《海洋划界方法的国际法理研究》,大连海事大学

2021 年博士学位论文。

[4]王惠茹:《国际法院判决遵行问题研究——机制、困境与完善》,吉林大学 2020 年博士学位论文。

[5]宋建欣:《改革开放以来中国共产党维护南海主权权益研究》,吉林大学 2020 年博士学位论文。

[6]董利民:《〈联合国海洋法公约〉体系下的调解机制及其实践研究》,厦门大学 2020 年博士学位论文。

[7]郑实:《国际法价值体系的重塑——以风险社会理论为视角》,中南财经政法大学 2019 年博士学位论文。

[8]翟新:《〈联合国海洋法公约〉"任择性例外"条款研究》,外交学院 2018 年博士学位论文。

[9]丁洁琼:《国际海洋争端解决中参加问题研究》,海南大学 2017 年博士学位论文。

[10]伊鲁:《条约解释规则实证研究》,华东政法大学 2017 年博士学位论文。

[11]弋浩婕:《〈国际法院规约〉第 62 条参加制度研究》,外交学院 2014 年博士学位论文。

[12]许昌:《国际法院迟延同意管辖权研究》,外交学院 2013 年博士学位论文。

[13]张卫彬:《国际法院解决领土争端中的证据问题研究》,华东政法大学 2011 年博士学位论文。

四、外文专著

[1]Panos Merkouris, The theory, practice, and interpretation of customary international law, Oxford University Press, 2022.

[2]Letizia Lo Giacco, Judicial decisions in international law argumentation: between entrapment and greativity, Hart

publishing, 2022.

[3]Natalie Klein, Unconventional lawmaking in the law of the sea, Oxford University Press, 2022.

[4]Alexander Orakhelashvili, Akehurst's modern introduction to international law, Routledge, 2019.

[5]John G. Merrills, International Dispute Settlement, Cambridge University Press, 2017.

[6]Lung-chu Chen, An introduction to contemporary international law—a policy oriented perspective, Oxford University Prcss, 2015.

[7]Hugh Thirlway, The law and procedure of the international court of justice: fifty years of jurisprudence, Vol. Ⅰ, Ⅱ, Oxford University Press, 2013.

五、外文期刊

[1]Daniele Bellutta & Kathleen M. Carley, Indicators of the formation of precedent at theInternational Court of Justice, Social Networks, 2024.

[2] Devaney James Gerard, The role of precedent in the jurisprudence of the international court of justice: A constructive interpretation, Journal of Empirical Legal Studies, 2022.

[3]Raju et al., Intervention before the international court of justice a critical examination of the court's recent decision in Germany v. Italy", 6 NUJS Law Review 63, 2013.

[4] Irina Buga, Territorial sovereignty issues in maritime disputes: A jurisdictional dilemma for law of the sea tribunals, The

International Journal of Marine and Coastal Law, 2012.

[5] Huston Putnam Lowry, Recent development in the international law of the sea, The International Lawyer, 2010.

[6] Tulle Treves, Flags of convenience before the law of the sea tribunal, San Diego International Law Journal, 2009.

[7] Stuart Kaye, Lessons learned from the gulf of maine case: the development of maritime boundary delimitation jurisprudence since UNCLOS Ⅲ, Ocean&Coastal Law Journal, 2008.

六、案例类

常设仲裁法院：

Preferential Treatment of Claims of Blockading Powers against Venezuela (Germany, Great Britain and Italy v. Venezuela), Award of the Tribunal, 22 February 1904.

常设国际法院和国际法院：

[1] S. S. Wimbledon, Judgment of 28 June 1923 (Question of Intervention by Poland).

[2] Haya de la Torre (Colombia v. Peru), Judgment of 13 June 1951.

[3] Monetary Gold Removed from Rome in 1943 (Italy v France, United Kingdom of Great Britain and Northern Ireland and United States of America), Judgment of 15 June 1954.

[4] Nuclear Tests (New Zealand v. France), Judgment of 20 December 1974.

[5] Nuclear Tests (Australia v. France), Judgment of 20 December 1974.

国际海洋法法庭：

[1]Case No. 21, Request for an Advisory Opinion submitted by the Sub-Regional Fisheries Commission (SRFC) (Request for Advisory Opinion submitted to the Tribunal).

[2]Case No. 31, Request for an Advisory Opinion submitted by the Commission of Small Island States on Climate Change and International Law (Request for Advisory Opinion submitted to the Tribunal).

常设仲裁法院：

[1] Preferential Treatment of Claims of Blockading Powers against Venezuela (Germany, Great Britain and Italy v. Venezuela), Award of the Tribunal, 22 - 02 - 1904.

[2]Larsen v. Hawaiian Kingdom, Arbitral Award, 15 - 05 - 2014.

七、主要查询网站

[1]联合国,http://www.un.org/。

[2]国际法院,http://www.icj-cij.org/。

[3]国际海洋法法庭,https://www.itlos.org/。

[4]常设仲裁法院,http://www.pca-cpa.org/showpage.asp?pag_id=363。

[5]国际法委员会,http://www.un.org/law/ilc/。

[6]国际海事组织,http://www.imo.org/home.asp。

[7]欧盟,http://www.europa.eu.int。

[8]东盟,http://www.aseansec.org/。

[9]中华人民共和国外交部,https://www.fmprc.gov.cn/。

附录1 第三方介入案例一览表

序号	机构	名称	第三方	依据		裁判	是否涉及海洋争端
1	常设国际法院	温布尔登案(英国、法国、意大利、日本诉德国)	波兰	《常设国际法院规约》	第63条	准许	是
2	国际法院	维克托·劳尔·阿亚·德拉托雷案(哥伦比亚诉秘鲁)	古巴	《国际法院规约》	第63条	准许	
3		核试验案(澳大利亚诉法国)	斐济		第62条	终止	
4		核试验案(新西兰诉法国)	斐济		第62条	终止	

续表

序号	机构	名称	第三方	依据		裁判	是否涉及海洋争端
5	国际法院	大陆架案(突尼斯诉阿拉伯利比亚人民社会主义民众国)	马耳他共和国	《国际法院规约》	第62条	驳回	是
6		大陆架案(阿拉伯利比亚人民社会主义民众国诉马耳他共和国)	意大利		第62条	驳回	是
7		尼加拉瓜境内和针对尼加拉瓜的军事和准军事活动案(尼加拉瓜诉美国)	萨尔瓦多		第63条	驳回	
8		陆地、岛屿和海洋边界争端案(萨尔瓦诉洪都拉斯)	尼加拉瓜		第62条	准许	是
9		喀麦隆与尼日利亚间陆地和海洋疆界案(喀麦隆诉尼日利亚)	赤道几内亚		第62条	准许	是
10		依1974年核试验案判决第63段请求审查情势案(新西兰诉法国)	①澳大利亚 ②萨摩亚 ③所罗门群岛 ④马绍尔群岛 ⑤密克罗尼西亚联邦		第62条	驳回	
11		对利吉坦岛和锡帕丹岛的主权案(印度尼西亚诉马来西亚)	菲律宾		第62条	驳回	是
12		领土和海洋争端案(尼加拉瓜诉哥伦比亚)	①哥斯达黎加 ②洪都拉斯		第62条	驳回	是
13		国家管辖豁免案(德国诉意大利)	希腊		第62条	准许	
14		南极捕鲸案(澳大利亚诉日本)	新西兰		第63条	准许	是

附录2　中国主要国际司法实践一览表

序号	名称	起止年份	机构	类型
1	废除中比之间于1865年11月2日签署的条约案	1926年至1927年	常设国际法院	诉讼类
2	执行联合国职务时所受损害的赔偿案	1948年至1949年	国际法院	咨询类
3	科索沃单方面宣布独立符合国际法案	2008年至2010年	国际法院	咨询类
4	1965年查戈斯群岛从毛里求斯分离的法律后果案	2017年至2019年	国际法院	咨询类
5	次区域渔业委员会提交的咨询意见请求案	2013年至2015年	国际海洋法法庭	咨询类
6	小岛屿国家委员会关于气候变化与国际法的咨询意见请求	2022年至2024年	国际海洋法法庭	咨询类